U0591585

法国文人相轻史

Une histoire des haines d'écrivains
de Chateaubriand à Proust

[法] Anne Boquel 安娜·博凯尔
Étienne Kern 艾蒂安·克恩　著
一梧　译

长江出版传媒 | 长江文艺出版社

北京长江新世纪文化传媒有限公司
www.cjxinshiji.com
出品

目　录

前言

> 我有两种朋友：友好的和不友好的……更确切
> 地说，我有三种朋友：爱我的、背叛我的和恨我的。
> ——维尼《诗人日记》，1844 年 3 月

"您有敌人吗？"巴尔扎克在 1832 年 11 月 18 日写给同行欧仁·苏的一封信里这样问道，他时年 33 岁。28 岁的欧仁·苏用同样的语气回答道："敌人？噢！问得好，当然有，而且有不少！"[①]

这两位年轻文人当时都还不太有名。他们装模作样地表现出一副老江湖派头，但做作的劲头和语气中流露出的嘲讽仍难掩盖他们所选择的道路上布满的艰辛和苦难。投身文学就意味着要面对失望、嘲笑、流言蜚语，还有 19 世纪常用的那个词——抨击。必须拥有真正的抗打击能力

[①] 欧仁·苏给巴尔扎克的信（1832 年），J.–L. Bory 著，《欧仁·苏传》第 190—191 页，巴黎 Mémoire du Livre 出版社 2000 年版。

才能面对如此多的抨击。仇恨如洪水猛兽一般从四面八方涌来，挡住作家前进的道路。龚古尔兄弟感叹道："如果读者们能了解到那一点点名气是用何种代价换来的，要忍受多少侮辱、诋毁和诽谤……他们肯定会可怜我们的。"[1]

看到这样的感叹，我们会因此流下哪怕一滴眼泪吗？恐怕不会。今天的弱者也绝不会坐以待毙，也许明天他就能出奇制胜。作家们比旁人更清楚，进攻通常就是最好的防守。

什么样的进攻？举个例子。巴尔贝·多尔维利认为梅里美的文风过于枯燥乏味，曾作出这样尖酸的评价："他的腿像孔雀一样，只是他没有孔雀的尾巴。"[2]那么，多尔维利是否喜欢雨果略显啰唆的《沉思集》呢？绝不可能。"它简直冗长不堪！"[3]他对左拉的评价又如何呢？"左拉就是大便一样的米开朗琪罗。"[4]

如果作家不攻击对手的作品，就会拿对手身上的小缺点取乐。除多尔维利之外（他自己因穿着打扮风格怪异而遭到讥讽，尤其是他那顶镶着宝石的蓝色狐皮帽），一些职业讽刺文人，如居斯塔夫·普朗什（个人卫生奇

---

① 龚古尔兄弟著，《龚古尔日记》1857 年 6 月 12 日篇，"老书丛书"第一卷第 273 页，巴黎 Robert Laffont 出版社 1989 年版。
② 多尔维利著，《作品与人》第十三卷"书信体文学"第 213 页，日内瓦 Slatkine Reprints 出版社 1968 年版。
③《作品与人》第三卷"诗人"（第一部分）第 23 页。
④《作品与人》第十八卷第 232 页。

差，经常因此遭到批评）、龚古尔兄弟（两人因一起生活，形似夫妻而备受质疑）或莱昂·布洛瓦（经常打嗝，喜欢向别人借钱），都拥有自己一套恶毒、尖刻的语言体系。在批评对手时，一切都可以用来当作借口，即使有失公允也在所不惜，而且这样的批评经常是粗俗、卑劣的。据说梅里美被评价为长着一个张扬的鼻子，"活像狄德罗的首饰①"。朱尔·勒纳尔把乔治·桑比喻成"文学界的布列塔尼母牛②"。亨利·德·雷尼耶提到妹夫皮埃尔·路易时，说他是"被凶手杀死后随意丢弃在雨中站立着的尸体③"。龚古尔兄弟是怎么评价年迈的泰奥菲勒·戈蒂埃的？"一个掉进粪桶里的、失败的机灵鬼，一头没精打采的河马。"④他们又怎么评价埃内斯特·勒南呢？"他像长着红斑的小牛头，或是磨出老茧的猴屁股。"⑤

别再列举了！面对如此恶毒的攻击，我们不禁会问，为什么会有这么多仇恨？

因为仇恨是文人生命中不可或缺的一部分。

---

① Ch.Monselet 著，《文学望远镜——与我同时代的大小作家们》Poulet-Malassis et de Broise 出版社版 1857 年出版。Edtions du Lérot 出版社 1990 年再版，第 159 页。

② J. 勒纳尔著，《勒纳尔日记》第 63 页，1891 年 2 月 23 日篇，巴黎 Robert Laffont 出版社 1990 年版。

③ L. 都德语，引自 J.-P.Goujon 著，《皮埃尔·路易传》第 103 页，巴黎 Fayard 出版社 2002 年版。

④《龚古尔日记》第一卷第 227 页，1857 年 1 月 3 日篇。

⑤《龚古尔日记》第一卷第 950—951 页，1863 年 3 月 28 日篇。

像夏多布里昂一样

雨果年仅14岁的时候，就在作业本上吐露出自己的雄心："要么成为夏多布里昂，要么一事无成！"[1]不知天高地厚？雨果伟大的一生证明他当时并非在痴人说梦。他从小就开始寻找与自己实力相当的对手和赶超的对象，他写出了伟大的《悲惨世界》，有过许多对手，但成就他的人却是《勒内》的作者夏多布里昂。

司汤达也一样。在整个一生中，他矢志不渝地对夏多布里昂进行着攻击。在他眼里，夏多布里昂的一切都应该被否定：无论是他的社会地位（夏多布里昂曾担任外交官，这是司汤达梦想的职业），还是他的政治观点（与司汤达对立），以及他的文风（司汤达认为夏多布里昂文风过于"自负"——《巴马修道院》中埃内斯特·拉努斯四世之所以偏爱这种风格，看来并非随意的情节安排）。司汤达总在不停地拿自己和伟大的夏多布里昂做比较，并想通过这种方式显示自己拥有同样重要的地位。

文人之间有一种相互依存的关系，这是亘古不变的铁律。荷马写出《奥德赛》，就是为了超越《伊里亚特》。

---

[1] 阿黛尔·雨果著，《生活伴侣眼中的雨果》，巴黎 Plon 出版社1985年再版时改名为《阿黛尔眼中的雨果》，第297页。

而超越正是巴尔扎克在1834年读完圣勃夫的《情欲》后萌生的念头。当时是一个绝好的机会，巴尔扎克终于可以借机侮辱对方一番。"我要用我的笔刺穿他的身体！"[1]巴尔扎克可不是说说而已，他确实采取了行动——把《情欲》的情节加以改编，创作出自己的代表作之一《幽谷百合》。

我们不用有所顾忌，不妨直说吧。所谓的好胜心也好，嫉妒心也罢，甚至还有仇恨，无论什么形式，这些都是文学创作的源泉。不能成为潜在对手的同行便不是真正的同行。无论是在实际接触中，还是仅仅停留在脑海里的想法，只要对手的影子一出现，就能激发你去超越他。赫西俄德在《工作与时日》中把对立关系分为两种：一种危害很大，可能导致战争；另一种有积极意义，"让穷人嫉妒穷人，歌手嫉妒歌手。"[2]文学界的对立关系无疑属于第二种，它能给创作提供动力和绝妙的灵感。很多作家像波德莱尔一样，在谈论这种对立关系时语气近乎虔诚：

仇恨是一种珍贵的液体，比波吉亚家族[3]的毒药更贵

---

① 圣勃夫，《月曜日丛谈》第十三卷"我的自传"第15页，巴黎Michel Levy frères出版社1870年版。
② 赫西俄德著，《工作与时日》第86页，巴黎Arléa出版社1998年版。
③ 译者注：波吉亚家族是15世纪、16世纪影响整个欧洲的西班牙裔意大利贵族，也是文艺复兴时期仅次于美第奇家族的著名家族。波吉亚家族的"名"不是美名，而是被财富、阴谋、毒药、乱伦的阴影笼罩着的恶名。但同时波吉亚家族对艺术的支持也使得文艺复兴得以迅速发展，使艺术家们成为那个时代意大利最耀眼的人物。

重，因为它是用我们的血液、健康、睡眠和三分之二的感情炼成的！不能将它轻易予人。[1]

左拉的表述也很直接，他在《我的仇恨》开篇这样写道：

> 仇恨是神圣的。它是从坚韧的心中发出的怒火，是愤怒的战士对平庸和愚蠢的蔑视。恨就是爱，就是感知灵魂的炽热和慷慨，就是对耻辱和无能的不屑一顾……如果说我今天有所成就的话，那是因为我桀骜不驯，胸中有恨。[2]

正是仇恨激励着作家不断追求更高的文学成就，直至成为浩瀚文学天空中璀璨的明星。19世纪的年轻文人们无不怀揣着这样的梦想。对于刚踏上文学之路的人来说，如果他出身贫微，前方的道路将会很漫长。如果他是外省人，那么他"上"到巴黎之后，通常要在简陋的阁楼里熬夜写东西。在某个剧场经理采用他的剧本或某家媒体主编发表他的爱情诗之前，他只能满足于给报纸提供些零碎文章，或在某个行政部门从事低级工作。多么凄凉！

---

[1] Cl.Pichois 和 J. Ziegler 编著，《波德莱尔作品集·给青年文人的建议》，"七星文库"第二卷第15页，巴黎 Gallimard 出版社1976年版。

[2] 左拉著，《我的仇恨》，Slatkine Reprints 出版社1979年版，《文献集》第1—2页。

如果他有幸实现自己的梦想，他会惊恐地发现，自己将要面对更多新的挑战：如果他的作品卖得不好，如果外界评价太差，如果在奥德翁剧场或法兰西喜剧院观众心目中，对手已经取代了他，那他就完蛋了。即使他战胜这些困难，他的成功又能持续多长时间？一旦他不再富有，他用所有收入供养的珠光宝气、欲壑难填的情人会不会弃他而去？再往后想，他是否有一天能实现自己儿时的梦想，头戴桂冠成为法兰西学术院的一员？他每走一步都源于攀比，都有同行在前方指引着他的脚步，让他能承受住如此多的艰难。

由此可以看出，作家获得的荣誉和他的敌人数量成正比。"我很荣幸成为一个被人嫉恨的人。"[1]年老的雨果在1866年这样写道。遭人嫉恨恰恰是一部作品或一个角色获得成功的最好证据。1857年，当龚古尔兄弟发现多尔维利猛烈抨击他们刚刚发表的作品时，他们为自己"遭到曾批评过雨果的人的批评[2]"而感到高兴。看来他们的高兴不无道理。

这就是作家的成长之路！

---

[1] P. Meurice 和 G. Simon 编著，《雨果书信集》第二卷（1849—1866）第525页，"致阿黛尔和孩子们的信"，巴黎 Michel-Ollendorff 出版社1950年版。
[2]《龚古尔日记》第一卷第271页，1857年6月8日篇。

上流社会的闹剧

1884年，圣勃夫随手写过这样几句话："从今往后我和雨果的关系变得非常简单，那就是：敌人，彻头彻尾的死敌。无论是我们两人面对面时，还是在别人面前提到对方时，我们只要给予对方基本的尊重和礼貌就足够了。"[①]

雨果和圣勃夫不仅是情敌，还是文学对头，但不管他们之间有怎样的仇恨，他们都不得不遵守"基本的尊重和礼貌"这条规则。这一点非常要命，因为当时文学圈里的文人们难免抬头不见低头见，想躲都躲不开。

大多数作家跟人们想象的不一样，他们不会深居简出，不会蜷缩在象牙塔里著书立说，然后高傲地把作品公之于众。作家首先是社会人，和同行之间保持着或者公开或者隐秘的关系。

除少数几个作家，如儒勒·凡尔纳居住在外省，司汤达和后来的兰波隐居于深山幽谷之外，绝大部分作家都生活在巴黎，彼此几乎都有往来。19世纪初期，他们经常出没于固定的几个沙龙：阿森纳图书馆的诺迪埃沙龙、塞夫尔大街的雷卡米耶夫人沙龙等。19世纪后半期，如果说作家之间的相互交往确有减少的话，人们仍然可

---

① 圣勃夫著，《我的毒药》第47页，巴黎 Plon 出版社1926年版。

以看到他们在孔特斯卡普—多菲纳大街上的玛尼餐厅聚会，在罗马大街的马拉梅家中专心讨论问题，或在圣·米歇尔路的勒孔特·德·利勒家里畅谈。为了出版自己即将完成的小说或诗作，他们要努力说服的依然是几家大出版社的主编：韦隆、比洛、吉拉尔丹等人。等到功成名就、成为法兰西学术院不朽的院士以后，他们还要在学术院里面无表情地相互对视。

他们相互对抗着，流言蜚语包围着他们。他们树立起自己的声望，污蔑和中伤又将其摧毁。他们就在这样的环境中建立起联系，学会相互记恨，形成不同派别，还装模作样地彼此交换作品。"我们把作品寄给自己鄙视的人。"①雷米·德·古尔蒙这样说道。简而言之，他们相互窥伺，彼此嫉妒。莫泊桑曾尽量避免前往都德家，因为他知道，在那里他可能会引起年老的埃德蒙·德·龚古尔的注意。龚古尔是都德家的老熟人，经常不怀好意地在《龚古尔日记》中如实记录下自己贬损别人的言论。②1865 年 5 月的一天，他在玛尼家中用晚餐时说过一句刻薄的话，还不无自豪地写了下来：

我说过一句话，在玛尼家里赢得了高度赞赏："波

---

① 引自 P. Léautaud，《文学日记》第一卷第 32 页，1899 年 12 月 6 日篇，巴黎 Mercure de France 出版社 1986 年版。
② L. 都德，《文学回忆录》，"红本子丛书"第 103 页，巴黎 Grasset 出版社 1968 年版。

德莱尔？他就是在夏朗东的贝朗热！"①

　　如果我们还记得在夏朗东有一个很出名的精神病院，就会明白若想出类拔萃，就要敢于大放厥词。有时候缺乏品位的文字游戏也能帮助文人获得成功。缪塞曾嘲笑丑闻记者阿方斯·卡尔："我很了解这个长脖大肚的玻璃瓶②（此处法语"了解卡尔"和"了解长脖大肚的玻璃瓶"谐音。——译者注）！"雨果把圣勃夫讽刺为"响尾蛇诗人③"。保罗·莱奥托更是干脆把虔诚的基督徒弗朗索瓦·科佩称为"上帝的屁眼④"。

　　文学界的爱恨情仇总会吸引很多观众，甚至连作家之间互相往来的信件也可能在第一时间被公之于众。在现实社会中，仇恨是一出永无休止的闹剧，一场随时都在上演的争斗。只有比对手表现得更加机智勇敢、幽默风趣，才能赢得观众的支持，成为最终的胜者。

　　每个人都在沙龙的明争暗斗中努力扮演着自己应该扮演的角色。备受社会关注的文学界还有隐晦的一面，

<hr>

① 《龚古尔日记》第一卷第 1168 页。波德莱尔精神失常后，龚古尔兄弟出于谨慎考虑，将这句话从手稿中删除。我们必须指出，根据有关报道和回忆录的描述来判断，我们现在掌握的资料大多对当时的谈话内容进行了修改和美化。

② E. de Mircourt 著，《缪塞传》第 71 页，巴黎 J.-P. Roret 出版社 1854 年版。

③ 雨果，《海洋》，R. Journet 编著，《雨果全集》第十三卷第 357 页，巴黎 Robert Laffont 出版社 1989 年版。

④ 《文学日记》第一卷第 226 页，1905 年 12 月 12 日篇。

那便是夹杂着一丝虚伪的、含沙射影式的语言攻击。批评一位不在场的作家显然不如当面用貌似客气十足、实则暗藏杀机的话语让对手变得脸色苍白更过瘾。这种攻击虽然隐蔽，杀伤力却丝毫没有减弱。在一个行为举止受到社会礼仪高度约束的社交圈子里，任何带有进攻性的语言，或者像心理分析学家所说的任何"致命的冲动"都要经过社会文明规范的缓冲。在这种情况下，手中的笔和嘴里的话比刀剑更有用武之地。

但随着时代的发展，情况也有所变化。夏多布里昂、维尼等大作家的仇恨显然和德雷福斯事件引起的政治恩怨有所不同，而拉马丁或大仲马平静且略带善意的高傲和更年轻、更急切想"成名"的兰波或左拉的怨气也不尽相同。随着工业社会的发展，传播和接收文学信息的途径不断现代化，文学界的各种观念随之发生变化，行为准则则也相应进行调整。与 19 世纪初期相比，作家的出身和背景更趋复杂。为了让自己的利益免受威胁，他们渐渐不再出入于上流社会的沙龙，因为正如玛蒂尔德公主评价龚古尔兄弟那样，"在那些沙龙里，作家们只剩下扮演'狮子狗'的份了。"他们更喜欢不太奢华却更加自由的聚会场所，比如韦伯餐厅。20 世纪初期，普鲁斯特就经常去那里。点上一杯苦艾酒或一杯茶，就可以高谈阔论，就可以进行直接的语言攻击。人们还经常能看到兰波、魏尔伦或洛兰等人与对手发生肢体冲突，卡蒂勒·孟戴斯一个人就有 10 次以上这样的记录。后来，由于发表论战文章不仅花费精力少，而且还能带来经济收入，报纸杂志就成为作家们进行较量的首选舞台。是啊，连面都不用见，攻击起来还会有什么顾忌呢？

蒙田说过，情随景迁，人随事变。我们撰写这段 19 世纪法国文人之间嬉笑怒骂的往事，只是想揭开那些近乎被神化的"伟大作家"们的神秘面纱，透过文学大门的缝隙窥探一下门内的真相。我们的好奇只是内心崇敬和爱戴之情的一种表达方式。

为什么要写作家的恩怨？因为他们比别人更懂得仇恨。雨果说过："文学仇恨是最真切的仇恨。政治仇恨简直不值一提。"[①]作家拥有滔滔的文笔，更善于用尖酸刻薄的语言表达各种想法。而从我们旁观者的角度来说，他们的表达也更具有娱乐性。再现他们当时的智慧火花、钩心斗角和相互蔑视的场景，以及他们的谎言和欺骗，是一件很有乐趣的事；用我们的视角审视这些受人敬仰的作家，真正理解他们内心的得失（无论我们感到可笑也好，惊讶也罢），是一件很有乐趣的事；透过"文人"迂腐僵化的表象，发现他们和普通人一样的感情变化，同样也是一件很有乐趣的事。

---

① 《龚古尔日记》第二卷第 671—672 页。

第一章　动荡的三角关系

巴黎蓝色大街，1829年2月。

一个人满脸幸福、志得意满地从美丽的阿尔贝特·德·吕邦普莱家里走出来。这个人就是司汤达，时年46岁。他长着一个"卡尔梅克人[①]"的脑袋，长长的颊髯染成了黑色，假发和鼻子都向上翘着。他是个大情圣，刚赢得一份美丽的爱情——成为"蓝夫人"的情人。"蓝夫人"是他以阿尔贝特居住的街名给她起的外号。

可惜司汤达虽然写过《论爱情》，在爱情面前却仍然笨手笨脚，甚至四处宣扬自己的情人有多么出色，以致最后跳出来和他竞争的并非阿尔贝特前任情人欧仁·德拉克罗瓦，而是被他的赞美所吸引，比他年轻20岁的梅里美。梅里美经过前思后想，觉得这位夫人完全符合自己的口味。这难道是老天的刻意安排？应该说司汤达并

[①] A. 乌赛，《法兰西学术院第四十一把交椅》第318页，巴黎 Hachette 出版社 1864年版。

不满足于在朋友面前夸奖自己的漂亮情人，还在情人面前赞扬自己的朋友，所以生性大胆豪放的"蓝夫人"在比司汤达年轻的对手的步步紧逼下不断屈从也就不足为奇了。

尽管如此，蓝夫人的魅力仍比不上友谊的力量。这位漂亮夫人并没能把年轻的花花公子梅里美留在身边，因为正如梅里美自己所说，看到她有褶皱的长筒袜，他很快就变得灰心丧气起来。而司汤达呢，甚至不乏幽默地这样自嘲："很不幸，我非常善于表达自己的喜好。"[①]于是，司汤达和梅里美这两个文学界的同道中人很快又和好如初。至少暂时是这样。

如此迅速的和好并不多见。作为一个特例，它在某种程度上印证了一点：爱情是在文人之间引起无休无止的怨恨的源泉之一。

在19世纪，作家的爱情（当然也包括作家和妻子之间的感情）并非个人私事。作家之间彼此熟知，在他们的小圈子里，没有什么事能长期保密。他们和某些特定的女士来往，认同同一种魅力，赞赏同一类举止，尽管这也许出于冲动和惯性，而并非真正的爱慕之情。这是一项社交活动，可以在别人面前展示自己驾驭文坛规则的能力，以显示自己确实是这个小社会中的一员。

[①] 司汤达，《自恋回忆录》第二卷第482页，巴黎 Gallimard 出版社1982年版。

通常情况下，美妇人身边都围着一群亦真亦假的追求者。要想吸引她的注意力，就要敢于在众目睽睽之下向她献殷勤。如果这位美妇人是沙龙主人的话，则更需要这样做，因为在精英满座的沙龙里总是充满明争暗斗，对沙龙主人的赞美会显得很合时宜。19世纪初，雷卡米耶夫人就把自己的阿贝奥布瓦沙龙变成了三名追求者的角斗场，他们分别是：著名物理学家安培的儿子、年轻的让－雅克·安培，哲学家巴朗什和她的"现任"情人、伟大的夏多布里昂。他们彼此暗中嫉妒。首先是安培，他努力在两位年事渐高的名人中间寻找自己的位置。请试想一下，把三只猛兽放在同一只笼子里会是什么情景！他们相互窥伺着，绝不会放过任何进攻的机会。1824年7月2日，雷卡米耶夫人说了一句冒犯夏多布里昂的话，安培大喜过望，随即抛出一句惊人而又滑稽的评论："夏多布里昂，哎呀呀。"①

当然了，求爱的方式会根据对象的不同而有所不同。通常情况下，沙龙女主人、拜金女和身份卑微的女人之间没有多少共同点，但各自都有各自的魅力。

最后还有一种女人，她们更能让文人们趋之若鹜，那就是女话剧演员。所有作家都或多或少地认识或结交过这类女性，而且总愿意把她们美化成自己想象出

① 安培在日记中提到过此事。请参阅 M.-J.Durry 著，《晚年夏多布里昂》第一卷第389页，巴黎 Le Divan 出版社1933年版。

来的人物，在奥德翁剧场或法兰西喜剧院的舞台上呈现给观众。

无论是玛蒂尔德公主和福楼拜之间含蓄而隐蔽的调情，还是维尼和玛丽·多瓦尔之间疯狂、充满肉欲和破坏性的情感纠葛，所有类型的感情都跌宕起伏，扣人心弦。如果被追求的女子本身也是文人，那么情况就会更加复杂，因为正如乔治·桑一样，她们会坚定地按照自己的意愿行事。

在这样一个小圈子里，作家们本来已有很多相互仇视的理由，再加上他们交往的女子大多行为随意，爱情和性欲就成为文学界催生仇恨的绝好温床。

世纪宿敌

好马配好鞍。世纪伟人雨果就是从诗歌和感情纠葛两方面开始自己的职业生涯的。随着他在文学界的名气不断增大，不可避免地树了不少敌人，其中包括小他两岁的圣勃夫。此人是那个年代颇具影响力的文学评论家之一。

他们两人之间的憎恨只因一个人——雨果的妻子阿黛尔。阿黛尔·雨果，婚前姓富歇。

人们对阿黛尔和圣勃夫之间短暂的暧昧关系已经说

得够多，也猜测得够多了。我们在此就不再重述从这件近乎传奇的事件中演绎出的各种细节，而是要探寻对于主角之一的圣勃夫来说，仇恨到底如何、以及在多大程度上成为他在此后20余年间创作的源泉。

简单来说，圣勃夫和雨果之间的关系非常微妙。这件事是一个所谓爱屋及乌的典型例子。雨果是丈夫，阿黛尔是妻子，但雨果似乎比阿黛尔更能吸引圣勃夫，阿黛尔似乎只是附带的战利品而已。

雨果和圣勃夫因文学而相识。尽管他们各自的说法不尽相同，但大家都知道，他们是因圣勃夫在《环球》上发表了一篇关于《颂歌与杂诗》的评论文章而在1827年有了第一次接触。他们之间很快就建立起友谊，而且关系越来越密切。圣勃夫愈发随便起来。雨果的寓所位于田园圣母大街，圣勃夫是那里的常客，有时甚至一天去两次。

雨果和阿黛尔1822年结婚。圣勃夫一开始就拜倒在阿黛尔的裙下了吗？并非如此。他当初甚至没太注意她，因为他的钦佩和崇拜之情都投向了雨果。雨果则非常享受这位无比忠诚的追随者的崇敬之情。

可惜这样的和谐局面没有持续太久。雨果全身心投入到浪漫主义文学创作之中，并在诗歌和戏剧上不断取得成功。1830年，雨果的作品《艾那尼》引起强烈反响并获得巨大成功。而圣勃夫的诗集《约瑟夫·德洛姆的生活、诗歌和思想》和《安慰集》并未得到预期的认可。他心怀苦楚，蜷缩进撰写文学评论的工作当中，却发现围绕在雨果周围的小圈子正在不断扩大，这让他非常气愤。年轻一代如戈蒂埃和内瓦尔等正在侵占他的地盘，在雨果周围形成新的包围圈。他们的崇拜让雨果昔日的友谊黯然失色。圣勃夫开始嫉妒，觉得自己被雨果抛弃了。他像失宠的怨妇一样对雨果写道：

> 从近期发生的事情来看，您的生命正在经受周围人的折磨，您失去了快乐，仇恨却有增无减，往日的友谊也离您而去，您身边取而代之的是一群愚蠢而疯狂的人……我为此感到痛苦，却只能怀念过去，还不得不向您挥手告别，躲藏到某个不为人所知的角落里……①

也正是在这一时期，腼腆的圣勃夫受到伤害之后，改变了对自己偶像的夫人的态度。渐渐地，他对自信、温柔的阿黛尔萌生了幽幽的爱意。阿黛尔的美貌十分炫目。和孩子们在一起时，她宛若慈蔼的女神。在缪塞的影响下，圣勃夫在社会底层妇女面前早已是情场高手，也习惯了明码标价的爱情，但他的伎俩在应对上流社会

---

① A.Glinoer 编著，《圣勃夫和雨果通信集》第 71 页，1830 年 2—3 月信件，巴黎 H.Champion 出版社 2004 年版。

贵妇时仍显得捉襟见肘。但这一次，这位文学评论家却发现阿黛尔对自己的忧郁十分关心。圣勃夫知道自己很丑："头上长着几根稀松的红棕色头发，耳朵扁平，长得挨到了腮帮子上的胡子。额头上天生就有很多皱纹，面色枯黄，两颊却泛着怯红。鼻子小而上翘。目光有神，但眼睛长得不是地方。嘴巴贪吃却没有文采。下巴缩向脖子，上面胡乱散落着几根胡须。整个人矮小短粗。"[1]但阿黛尔并不介意，只对这样的描述淡然一笑。她正经受丧母之痛，却发现丈夫只专注于不断上升的文学事业，这个圣勃夫倒比丈夫更能理解自己。

从 1829 年起，圣勃夫开始在《约瑟夫·德洛姆的生活、诗歌和思想》中以近乎直白的方式表达对美丽的阿黛尔的感情。她隐约感到这种过分亲密的关系可能会带来危险，但对方朦胧、含蓄的话语让她放松了警惕，况且他又那么乐于倾听自己的伤心事！圣勃夫认为"一头嫉妒的狮子"把阿黛尔困住了，"还侵占了自己在她身边的位置"。[2]但他坚持为爱情而战，甚至模仿《克莱芙王妃》中的情节，半遮半掩地向雨果吐露了自己痛苦的感情状况。雨果起初十分吃惊，但他是个非常理智

---

[1] A. 乌赛著，《年轻时期回忆录》第 10 页，巴黎 Ernest Flammarion 出版社 1896 年版。

[2] 圣勃夫，《爱情书》第 33 页，巴黎 Mercure de France 出版社 1906 年版。

的人，随即便近乎虚伪地大度起来，建议阿黛尔在他们两人之间做出选择。正如圣勃夫用疯狂的笔调在给雨果的信里描述的那样，随后他们之间的冲突定期爆发，但雨果仍把圣勃夫当作家中的亲密朋友，即使遭到拒绝也坚持不改：

> 您看到了吗，我很失望，也很愤怒！我想杀死您，想置您于死地。请原谅我这些可怕的冲动。①

在圣勃夫心里，这份对头号敌人妻子的感情让他百般纠结。他选择了参与如此危险的游戏，而这其中对雨果的敬仰之情到底起了多少推波助澜的作用？雨果在所有涉足的领域都取得了非凡成就，圣勃夫即使再怎么努力也难以企及。他是否想通过某种手段从雨果身边夺走点什么？

用圣勃夫的话来说，"最后的较量"可以开始了。②他们两人达成一项协议：圣勃夫每次来看阿黛尔时，都必须有雨果在场。但没过多久，雨果就厌倦了这种可笑的监护人角色。他相信阿黛尔不会出轨。但他所不知道的是，

---

① 《圣勃夫和雨果通信集》第 84 页，1830 年 12 月 7 日篇。
② 圣勃夫的秘书朱尔·特鲁巴在一封信中提到过圣勃夫保存雨果信件的文件夹。圣勃夫这样写道："雨果耍两面派，他在信里写得漂亮，做起事来却正好相反。我心知肚明，我们之间的长期较量就要开始了。"

从1831年7月开始，他的夫人就开始和圣勃夫秘密约会，而且已经确立起情人关系。然而这两个男人之间却一直维持着基本的礼节，因为不管怎样，他们仍是同盟，雨果也不得不考虑圣勃夫在文学界日益重要的地位，因为圣勃夫正逐渐成长为一位有影响力的评论家，其文章及偏好都极具影响力。

1833年，决裂终于发生。1月初，雨果遇到在他的戏剧《枭欤》(现译为《吕克莱斯·波基亚》) 中扮演小角色的女演员朱丽叶·德鲁埃。她26岁，年轻貌美——典型的鸭蛋脸，樱桃小嘴显得很有肉感，黑黑的杏眼投出温柔的目光，中间还夹着一丝忧郁。雨果被她征服了。一个月后，她成了雨果的情人。这种关系一直持续到50年后她与世长辞。

这一时期，圣勃夫正忙于给著名的《两个世界评论》撰稿。他指使普朗什（同为语言犀利的评论家）在该杂志上发表批评《枭欤》的文章。这种方式完全符合当时的游戏规则。普朗什曾是雨果小团体中的一员，但时间不长就脱离了出来，部分原因在于他和雨果意见不合，部分原因也在于他对几位圈内名人的不满，认为他们没有为自己成名出多少力。面对普朗什的攻击，雨果保持了克制，因为他知道把圣勃夫推向对立面对自己并无好处，圣勃夫对各大报纸的主编很有影响力。

表面上看，局势暂时得到缓和，但决裂不久就会产生。

1834 年 1 月，圣勃夫亲自发表批评浪漫主义领袖雨果的文章。雨果轻蔑地回应道：

> 如今，我面前有如此多的仇恨和如此多卑劣的攻击。我非常清楚，即使是久经考验的友谊也难免会退缩，甚至会背叛。所以永别了，我的朋友。我默默埋葬您身上消失的部分和我身上被您的来信伤害的部分。永别了！①

而圣勃夫的反应并非绝情：

> 写一些漂亮的诗句吧，我会认真评论的。回到您的作品中去吧，正如我要回到我的评论工作中一样。我没有派别，不轻视任何人。您有派别，小心别出岔子。②

决裂终难避免。这一年，圣勃夫在小说《情欲》中再次表达对阿黛尔的爱慕之情，而雨果无论如何也没有放弃自己妻子的意思。

自此，两人算是彻底撕破了脸。圣勃夫不会再放过任何攻击这位"波吕斐摩斯"、"独眼龙"的机会，而

---

① 《圣勃夫和雨果通信集》第 192 页，1834 年 4 月 1 日篇。
② 《圣勃夫和雨果通信集》第 195 页，1834 年 4 月 6 日篇。

雨果对"圣埛夫[1]"同样不会再有任何顾忌。1835年，事态差点愈演愈烈。11月，雨果发表诗集《黄昏之歌》。圣勃夫立刻撰文进行评论，但对最后一首名为"丽丽雅的日子"的诗有所迟疑。在这首诗里，雨果大胆歌颂他对妻子的爱，而现实中他却毫无廉耻地背叛着她：

> 正是她！
> 用美德抚摸我低垂的头；
> 用晶莹的面容呵护我隐匿的家！[2]

当时圣勃夫正在创作《爱情书》，阿黛尔的这位可怜的情人再也无法忍受。雨果居然在一本诗集里既赞扬情人朱丽叶的魅力，又歌颂妻子阿黛尔的美德！他"在同一部作品中引入两种难以调和的颜色和两类相互冲突的赞美"[3]实在有失妥当。雨果也不是好欺负的，他怒不可遏，要求和圣勃夫决斗。最后还是出版商朗迪埃尔出面把事态平息下来，毕竟这样一件并不光彩的事对双方都会造成负面影响。

---

[1] P.Albouy 编著，《雨果诗集》，"七星文库"第二卷第357页，巴黎 Gallimard 出版社1967年版。
[2] 雨果，《黄昏之歌·莉拉的日子》，《雨果诗集》第912页。
[3] 圣勃夫，《论雨果先生的<黄昏之歌>》，《两个世界评论》1835年11月11日刊，《当代文学集》第一卷第446页，巴黎 Michel Lévy frères 出版社1869年版。

在这个故事中，最让人意想不到的是尽管圣勃夫依然像骑士一样守卫着阿黛尔，但他越来越怀疑自己对她的感情，甚至觉得一两年以来这段温情只是在勉强维持。朱丽叶的出现也许可以解释为什么原来的三角恋情会发生变化，即自从雨果冷落阿黛尔以后（正如我们所知，他并未放弃她），她在圣勃夫眼里也就失去了一部分吸引力。

阿黛尔也开始感到厌倦，对这位情人猛烈攻击自己丈夫的行为感到愤怒。我们可以理解，不管怎样她还要和自己孩子的父亲团结一致。1837年，她终于和圣勃夫断绝关系。

但数年之后，圣勃夫仍在作品中宣扬对阿黛尔的爱恋之情。也许这源于失望之后的感情升华？可能是吧。但这份坚持更是延长他和雨果对立关系的绝好手段，他可以不断和伟人发生冲突，还能保持自己愤怒的情绪。

这一对世纪宿敌一直坚持各自的立场，始终难以和解。1843年9月，一起惨剧给雨果整个家庭造成严重冲击——雨果非常疼爱的女儿莱奥波迪娜和丈夫一起在塞纳河溺水身亡。圣勃夫认为自己不能无动于衷，于是在两个月后出版受阿黛尔启发创作的《爱情书》。这一次他真的是太过鲁莽！实际上他也曾犹豫过，作品印出204本以后他销毁了其中大部分，但最终无法下决心全部销毁，因为这毕竟是他经历过的唯一一场伟大爱情的见证。于是他送了几本给自己认识的女性朋友。这算得上是比较克制吗？他不应该忘记，这些女性朋友几乎每人都主持着一个沙龙，她们中的大部分人都和文学界有着广泛联系。

直到1845年，这件事才真正被曝光出来。记者阿方斯·卡尔在讽刺月报《黄蜂》上披露出圣勃夫《爱情书》的内容。卡尔用调侃的语调叙述了他是如何因印刷工人疏忽才发现圣勃夫写给那个女人的整篇的不雅诗文。实际上卡尔是通过圣勃夫赠出的几本书中的一本了解到了《爱情书》的内容。事情闹得沸沸扬扬，雨果想回击却又无法回击，因为他刚被任命为法国贵族院议员，还在1845年7月5日被判和一名叫莱奥妮·比亚尔的女子在圣·罗克街寓所里犯有通奸罪。所以这一次他并不想让大众的目光再次聚焦到他的家庭丑闻上……

难道雨果能就此忘记这一切吗？当然不能！很久以后的1874年，也就是圣勃夫死后5年，雨果尽情享受着活人报复死人的快感：

致圣勃夫

缘由？我看到一本你死后发表的小册子，这很好。

你的卑贱充满苦涩。

在我看来，你的一切都不足为奇。变态的骗子！

难以忘却，那天把你赶出家门时你冷酷的眼神，

卑贱的小丑！

在台阶上，我推着你的肩膀，

告诉你："先生，别再踏进我家大门！"

我看到你眼中闪烁着背叛，

在你的懦弱中，我体味到愤怒。罪人！

你阴暗的灵魂里充斥着懦弱、仇恨和厌恶。

我明白，这样的灵魂能有何为，

也明白你可鄙的丑陋面容后隐藏着的阴谋。

因为，看到蛛网就能想到蜘蛛。[1]

时空交错

很多故事的情节都和圣勃夫的经历有相似之处。例如一位作家难以获得内心向往的社会名望，却爱上比自己更有名的同行的妻子。即便是非常腼腆的内瓦尔，也对大仲马的情人（也就是后来的妻子）伊达·费里埃产生过一份柔情。

19世纪20年代，德尔菲娜（即后来的德尔菲娜·德·吉

---

① B.Leuilliot 编著，《雨果全集·诗歌四》，"老书丛书"第 1019——1020 页，巴黎 Robert Laffont 出版社 1986 年版。

拉丹）很受男作家们追捧。她和维尼、拉马丁都传出过绯闻，而最终赢得"桂冠"的埃米尔·德·吉拉丹可以自吹是最有魅力的男人了……当时，向德尔菲娜献媚几乎成为每个文人必不可少的经历。德尔菲娜的母亲苏菲以此为傲，因为她成功地把女儿打造成自己沙龙里最吸引人的亮点。

下面我们还将提到另一位作家的女人，她也是众人仰慕的对象。欧仁·苏的《巴黎的秘密》是19世纪文坛上最成功的作品之一。30年代初，年轻的欧仁·苏过着毫无节制的纨绔生活。他很清楚，若想从同类人中脱颖而出，就必须具备两样东西：一个豪华、时髦的沙龙和一位身居上层社会、能够凭借魅力吸引艺术家和文学家的情人。如果你很有钱，获得这两样东西其实易如反掌。父亲去世后，欧仁·苏继承了一笔相当可观的遗产，于是便毫无顾忌地挥霍起来。各方人士很快就闻风而来，他们不仅想参观欧仁·苏的沙龙，更想领略风姿绰约的女主人——演员奥兰普·佩利西耶的风采。奥兰普自夸曾是画家奥拉斯·韦尔内的模特。

正是在这一时期，欧仁·苏在《时尚》杂志编辑部结识了巴尔扎克。他们两人都曾和该杂志有过合作。欧仁·苏很快就把这位新朋友介绍到自己沙龙里来。此时的巴尔扎克依然穷困潦倒，立刻被沙龙里的各种墙饰、名贵家具和豪华摆设所吸引。更甚的是，他觉得奥兰普也完全符合自己的口味，况且她也不讨厌自己。实际上奥兰普和欧仁·苏之间的关系已经越来越不和谐。巴尔扎克和奥兰普之间的感情并未持续很长时间，但却相当热烈，甚至有人说巴尔扎克可能向奥兰普求过婚，只是她没有同意，因为她倾心于艺术家，注定日后要成为音乐家罗西尼的情人和合法妻子。巴尔扎克和欧仁·苏之间的关系似乎没有受到这段小插曲的影响，两人友谊的终结还要等到欧仁·苏的连载小说获得成功、而巴尔扎克在文坛上暂时失意的时候。这是另外一段故事，我们将在下文详述。

波德莱尔也有过类似的感情经历。他曾爱上戏剧演员玛丽·多布兰，从而和诗人泰奥多尔·德·邦维尔成为情敌。玛丽·多布兰原名玛丽·布吕诺，18岁开始在蒙马特尔剧院演出。波德莱尔在此后不久的1847年就遇见了她，但最初的追求并没有成功。她成为邦维尔的情人，于1859年离开巴黎南下尼斯，因为患病的邦维尔正在那里疗养。在这段时间里，波德莱尔再次向她求爱，但和第一次一样也没有成功。于是波德莱尔和邦维尔这两位诗人之间展开了一场表面上看似你死我活的争斗，由此引发的爱恨情仇也成为他们文学创作的灵感源泉。邦维尔为玛丽·多布兰写了《尼斯的大海》和《紫晶》，波德莱尔也为她写了《秋之歌》和《致玛利亚》，并在诗中发出嫉妒和复仇的呼喊：

我将在嫉妒中毁灭，只因你，玛利亚

我满心猜疑，我要狠狠地、重重地砍你一刀

是谁，像岗哨一般封锁住你的魅力[①]

　　是的，嫉妒。波德莱尔很早以前就和邦维尔相识，一直嫉妒他的名望，而波德莱尔自己那时仍是无名小卒。后来波德莱尔厌倦了这场争斗，最终选择放弃。两位诗人之间短暂的对决就此不了了之。

　　夏尔·克罗和阿纳托尔·法朗士之间的故事情节有所不同。19 世纪 60 年代末，很多故事都发生在沙普塔尔大街 17 号——妮娜·德·维拉尔的沙龙里。妮娜·德·维拉尔也称妮娜·德·卡利亚斯，因为她曾和埃克托尔·德·卡利亚斯伯爵结婚，后来又离婚。卡利亚斯伯爵是记者，嗜酒成癖，是警察局里的常客。妮娜的美貌摄人心魄，堪比马内画作《扇旁贵妇》上的贵妇。她的沙龙里会聚了很多新生代作家：魏尔兰、迪耶克斯、孟戴斯、马拉梅、克罗、维利耶·德·利勒－阿达姆……在如此众多的名人当中，年轻的法朗士（出生于 1844 年）试图在诗歌上有所建树，但最终却因小说而出名。当时他还不为人所知，再加上他的大鼻子、长头发、笨拙的手脚和油腔滑调的

---

① 波德莱尔，《恶之花·致玛利亚》，Cl.Pichois 编著，《波德莱尔文集》，"七星文库"1975 年版第一卷第 58 页。

做派，实在没什么吸引人的地方。然而在1868年，妮娜却注意到他，也许是因为感谢他曾帮助自己修改过作品吧。可惜才过一年，妮娜的注意力就转移到克罗身上。克罗是个奇特的人物，职业是化学家，著有《檀香盒》，比爱迪生早几个月发明了一种留声机。

1869年的一天，这一对情敌——新情人和可怜的旧情人终于在巴黎塞纳河左岸的一个咖啡馆里相遇。他们在那里讨论妮娜和法朗士共同完成的一个剧本。剧本情节荒诞，没有剧院愿意上演。三言两语之后，两人便开始对骂，紧接着就是拳脚相加。在一旁的魏尔兰看得目瞪口呆。最后，克罗把法朗士狠狠地收拾了一顿。"勇敢"的法朗士害怕再次挨打，决定自此放弃妮娜……

有道是君子报仇十年不晚。6年后的1875年7月，法朗士应邀承担一项让他喜出望外的任务：受出版商勒梅尔委托，他和邦维尔及弗朗索瓦·科佩一起为巴那斯派代表刊物《当代巴那斯诗集》第三卷挑选诗作。和同时期的其他诗人一样，克罗也投了一首诗……法朗士毫不犹豫地做出如下评判："如果他的诗入选，我将不得不收回我的作品。"在法朗士的坚持下，邦维尔和科佩终于被说服，克罗的诗只能被束之高阁。

女主角不同，冲突也有所不同。1879年，玛丽·卡恩和小说家保罗·布尔热确立情人关系，后者在19世纪末曾名噪一时。这个玛丽·卡恩是斯拉夫裔，丈夫是一位非常富有的犹太银行家。她声音悦耳，"涂着黑眼圈的大眼睛"闪烁着"狡黠的智慧"，宛若"镶在脸上的两颗漂亮黑果[1]"，性格古怪又不失幽默。莫泊桑作为布尔热的老师之一，把布尔热领上文学之路。1885年，玛丽·卡恩的好友博托卡伯爵夫人将莫泊桑介绍给她，莫泊桑几乎立即开始追求她。时机对莫泊桑很有利，因为玛丽·卡恩和布尔热的关系并不融洽。为了逃避当时的事态，布尔热跑到了西班牙，想借此换换环境。莫泊桑获胜了。由此看来，即使是在感情问题上，也要不时提醒徒弟谁才是师父。

事实上，事情远未就此结束。如果说莫泊桑善于和普通女人搞一夜情的话，却难以轻易吸引上流社会的贵妇，即使对她们有真情实感也难以奏效。玛丽·卡恩就像《我们的心》里冷漠、高傲的女主角米谢勒一样难以接近。她和布尔热之间的情人关系一直持续到1890年，其间不乏波折。人们最终也没搞清楚她是否顺从了莫泊桑。然而在1889年，布尔热曾怒斥她的背叛行为。到底是何种意义的背叛？她曾向莫泊桑透露，布尔热的新作《大都会》[2]的情节将主要围绕母女关系展开。莫泊桑得知后立刻在《不可抗拒的爱》中采用了类似的情节，并

---

[1]《龚古尔日记》第二卷第1202页，1885年12月7日篇。
[2] J.N.Primoli,《未发表的作品》第24页，M.Spaziani编著，罗马 Storia e letteratura 出版社1889年6月版。

先于《大都会》发表，致使布尔热不得不改变写作计划。

作家内心企图征服的对象并不总是女人。普鲁斯特就曾发誓再也不会犯下面提到的这种错误。他曾在1894年把一个名叫莱昂·德拉福斯的年轻钢琴家介绍给名噪一时的花花公子、诗人罗贝尔·德·孟德斯鸠。普鲁斯特曾被孟德斯鸠吸引，并和他维持了一段波澜起伏的感情。只可惜孟德斯鸠伯爵暴躁的性情和普鲁斯特过分儒雅的做派实在难以契合。普鲁斯特很快又喜欢上这位年轻的钢琴家，但孟德斯鸠马上就让普鲁斯特意识到，他要独占这位"天使"，普鲁斯特必须消失。后来，失望不已的普鲁斯特在另一位钢琴家雷纳尔多·哈恩那里找到了安慰。

我和岳父大人

其他复杂的"几何"关系和上文提到的三角关系一样让人觉得饶有兴味。有时，即使是一桩婚约也能把两代作家同时卷进同一个矛盾旋涡中。朱迪特·戈蒂埃和卡蒂勒·孟戴斯的婚事就是一个充满资产阶级韵味、又不乏戏剧效果的例子。泰奥菲勒·戈蒂埃，即"好人泰奥"和女歌唱家埃奈斯达·格里西一起过着平静而漫长的日子，孩子们围绕在他们身边，他们的生活很平静。不难想象，戈蒂埃应该是一位宽厚的长者，也许脾气中有一丝古怪，这一点从龚古尔兄弟 1864 年 4 月拜访他后写下的几行文字中可以窥见一斑：

> 椅子只有三条腿，烟囱里冒着烟，晚饭的开饭时间有点晚，格里西总是在抱怨。姑娘们都学习中文，开口讲话时绝对只说这种语言。至于泰奥，他沉浸在自己的文字世界里。[1]

1863 年，戈蒂埃的长女，22 岁的朱迪特爱上了年轻、英俊的诗人卡蒂勒·孟戴斯，卡蒂勒很想成为著名作家戈蒂埃的女婿。戈蒂埃非常了解他，知道他也是 22 岁，和年轻时的自己有点像，已经在文学路上追随了自己一段时间。卡蒂勒甚至自称是戈蒂埃的学生，并表示把第一本诗集《夜莺》献给他。

朱迪特想嫁给一个诗人，这难道不是很正常的事吗？家里再多一个文学家，仅此而已。所以戈蒂埃甚至和卡蒂勒的家长都见了面。但事情突然发生翻天覆地的变化。戈蒂埃作为一家之主，打听到一些未来女婿的情况，这些消息非常负面。在巴黎，熟悉卡蒂勒的人都知道他是个花花公子，嗜酒成性，随意搞女人。戈蒂埃对好友福

---

[1]《龚古尔日记》第一卷第 1067 页，1864 年 4 月篇。

楼拜讲述的各种性丑闻能一笑了之，却绝不允许将自己的女儿托付给这种类型的人！况且，卡蒂勒还是个犹太人，"他杀死了我的上帝！他不可能得到我的女儿！"戈蒂埃这样写道……

事已至此，绝不可能再有任何转机。"温柔的淫棍"不可能得到戈蒂埃的女儿。卡蒂勒却企图强迫戈蒂埃改变主意，并在报纸上公布他和朱迪特结婚的消息。戈蒂埃暴跳如雷，随即公开予以否认。失望的朱迪特决心已定，打算挑战父亲的权威。她继续和卡蒂勒保持秘密通信，并向父亲宣布一成年就和卡蒂勒结婚，无论他是否同意。这下子"好人泰奥"差点被气死。他派大儿子时刻监视朱迪特，随时向他报告任何可疑情况。"可恶的淫棍"被彻底扫地出门。

但即使这样也无济于事。1866 年 8 月 25 日，长大成年的朱迪特并未打算放弃斗争。另外，她的母亲和姨妈们也都支持她，一直以来都努力为她和卡蒂勒见面创造机会。戈蒂埃厌倦了这场争斗，最终决定妥协，但要求婚后的女儿不再踏进自家大门。于是，4 月 17 日，一场文学味儿十足的婚礼在安塞勒神父（波德莱尔的财产监护人）的主持下举行，福楼拜、利勒－阿达姆和勒贡特·德·列尔作为证婚人出席婚礼。卡蒂勒在报纸上公布了婚礼的消息，戈蒂埃的一些熟人看到消息后纷纷写信向他这位"幸福"的岳父表示祝贺。

几周后，戈蒂埃决定带小女儿埃斯黛尔去剧院散心，忘掉家里不愉快的事，没想到在那儿却发生了一件让他更加难受的事——女儿和女婿一家正好坐在旁边的包厢里！他们两家当时并不知情，但大厅里的观众却一边注视着他们，一边议论纷纷……后来，事情逐渐平息下去。卡蒂勒和朱迪特婚后并不和谐，于1874年离婚。

造化弄人，历史有时会惊人地相似。卡蒂勒和朱迪特的关系破裂后，又同当时著名的瓦格纳派女作曲家奥古斯塔·奥尔梅斯生活在一起。有一种流传很久的说法认为这位女作曲家是维尼的私生女，这种说法应该是真的！卡蒂勒和奥古斯塔共育有三女一儿四个孩子。小女儿的名字很有诗意，叫埃丽奥娜。1896年埃丽奥娜16岁那年，年轻的巴那斯派新兴诗人亨利·巴比斯被她的美貌征服。巴比斯日后发表了《火》，但当时还不知道第一次世界大战将彻底改变他的人生。

埃丽奥娜长着一头棕黄色头发和一张标准的鹅蛋脸，表情温柔可爱。这正是巴比斯一直以来梦想的古典美人。两个年轻人从幽会到秘密互通情书，形式虽然越来越隐蔽，感情却不断加深。后来，他们实在难以在家人面前装作若无其事。而卡蒂勒的姐姐巴尔夫人却像凶神恶煞一样约束着家中女孩们的言行。一天，巴比斯向卡蒂勒公开了对埃丽奥娜的感情。这时的卡蒂勒完全忘记了自己年轻时的经历，一口拒绝这个愣头愣脑的年轻人。诚然，正如巴比斯向埃丽奥娜开玩笑时所说，他有美好的前程，但当时他还很穷，没有发表过什么作品……这样门不当户不对的联姻是绝不可能成为现实的。

正如当年卡蒂勒坚持追求朱迪特那样，巴比斯没有因此而气馁，他坚信自己能成功，他是对的。当时，他和埃丽奥娜之间所有的联系都被切断。实际上，埃丽奥娜刚失去弟弟，这时候谈情说爱显然和家里的悲伤气氛不相符。但没过多久，事情就开始出现转机。1896年末，卡蒂勒终于和奥古斯塔离婚（这耗去他将近20年时间），并立即跟新欢——年轻诗人让娜·梅特结婚。当时的让娜刚刚丧偶，后来她又在1910年和60多岁的阿纳托尔·法朗士搭上过关系。卡蒂勒解决了自己的难题之后，开始体会到女儿的苦恼，最终决定妥协。于是，巴比斯和埃丽奥娜的婚礼在1898年得以举行。

相比之下，另外一位与戈蒂埃和孟戴斯同时期的作家若泽·玛利亚·德·埃雷迪亚对自己的子女就显得没那么宽厚。埃雷迪亚是19世纪末期著名诗人，喜欢邀请年轻文人到自己家做客。在这些年轻人当中，有两个很有潜力：一个是亨利·德·雷尼耶，当时已是公认的象征派诗人代表人物之一；另一个是皮埃尔·路易，著名的古希腊研究家，同时也是诗人和小说家，另外还是色情物品收藏者。

这两个人都很崇拜埃雷迪亚，也都很喜欢他的三个漂亮女儿——埃莱娜、玛丽和路易斯。但聪明、有学识、性情直率的玛丽最能吸引到访的客人，其中就包括重量级人物马塞尔·普鲁斯特。他一直称呼她为王后（暗指美拉尼西亚王后。美拉尼西亚是杜撰出来讽刺法兰西学术院的小社会团体名称）。后来，她用热拉尔·杜维尔的笔名在文学上取得了相当大的成就。

路易和雷尼耶很快便意识到他们爱上了同一个女人。可是他们已经是多年的好朋友，怎么办呢？他们像英勇的骑士一样达成协议——由玛丽来做出选择。他们互相承诺向玛丽求婚前要通知对方。可怜的路易，他曾一度博得玛丽的欢心，但最后雷尼耶违背了约定，抢先向美丽的玛丽求婚。埃雷迪亚夫人鼓动玛丽接受雷尼耶的求婚，因为他很有钱，路易则不同。埃雷迪亚痴迷于巴卡拉纸牌赌博，为此欠下一屁股债，只有把还债的希望寄托在未来女婿身上。雷尼耶同意替埃雷迪亚还债，但条件是迎娶他的女儿玛丽。埃雷迪亚毫不犹豫地答应了。

婚礼计划在 1896 年举行。但玛丽逐渐发现了事情的真相。她不仅得知自己是一场纯粹的金钱交易的牺牲品，还是雷尼耶和路易秘密协议的受害者。她怎么能把自己交给这样一个人！她决定报复。于是，就在婚礼的前两天，她决定把自己的身体献给路易。但路易拒绝了，声称自己只想娶她为妻，不想把她当作情人。但没过多久，玛丽和路易的恋情还是变得肆无忌惮起来。玛丽恨雷尼耶，她在他身边并不快乐，甚至拒绝和他亲热；而路易呢，知道自己心中仍然只有玛丽……从1897年10月起，他们在全巴黎人眼皮子底下开始近乎夫妻般的生活，玛丽还为路易生下一个儿子。玛丽的报复并未就此止步，她后来还做过伯恩斯坦、沃杜瓦耶、雅卢、迪南、达南吉奥等人的情妇……报复可谓淋漓尽致。

后来，路易娶了玛丽的妹妹路易斯。这样一来，和路易有夺爱之恨的雷尼耶竟成了路易的拐弯儿亲戚。出于礼貌，路易和雷尼耶之间一直以礼相待。但在信中，路易只称呼雷尼耶为"傻×"。他还根据词源学把这一骂人称谓加以引申，将雷尼耶的照片放进一本相册里，里面的照片都和库尔贝的名画《世界的起源》同出一辙。

第二章 玩弄文人的女人

　　三个女人在 19 世纪法国文坛占据着最重要的位置，她们分别是玛丽·多瓦尔、乔治·桑和路易丝·柯莱。一个是激情澎湃的戏剧演员，一个是天才小说家，最后一个是福楼拜的情人。她们像彗星一样划过世纪的天空，身后留下大批被冷落的追求者。这些人因遭到拒绝而心生嫉妒，直至要和情敌或她们本人决一死战。

　　她们虽争取到解放，却遭到旁人讥讽，只能忍受莫名的苦恼。她们经历的痛苦正如她们给别人造成的痛苦一样，都因她们异乎寻常的性格而更加清晰可见。她们往往会成为某些事件的中心人物，有时出于故意，有时她们并不知情。人们很难辨认其中哪些是爱情的幻想，哪些是感情的冲动，哪些是真挚的情感，哪些又是私利的争斗。

玛丽·多瓦尔和乔治·桑

玛丽·多瓦尔和维尼的感情纠葛涉及许多人，尤其是文学界人士，其中有男有女！例如大仲马、玛塞利娜·德博尔德－瓦尔莫、乔治·桑和普朗什等。

1831年，当多瓦尔遇到维尼的时候，她只是一个普通演员，期待着有朝一日能获得成功。1789年，她出生于洛里昂，16岁时失去父母，第一任丈夫是个名叫阿朗－多瓦尔的演员，后来一直随他的姓。起初，她的日子过得很艰苦，在外省的演出并不太出彩（这和玛塞利娜·德博尔德－瓦尔莫最初时的情形差不多）。最后，她于1827年在巴黎圣马丁门剧场获得成功。当时她和著名的弗雷德里克·勒迈特一起出演《三十年或赌徒的一生》，她的美貌和才华艳惊四座。

她长相到底如何？电影爱好者们可以回忆一下《天堂里的孩子们》中撩人的阿尔莱蒂。她表情忧郁，脸庞方正，额头高挺，脸周围散落着黑色的发卷。她鼻子细高，小嘴很有肉感，黑黑的大眼睛仿佛会说话。尤其是她的声音，平稳而舒缓，极易辨认，不免让人陶醉。她和勒迈特有过一段感情之后，又和剧院经理让·图桑·梅尔洛搞上了关系。梅尔洛曾是戏剧演员和戏剧评论家，拥护君主政体，人送外号"白梅"。

她的职业生涯变得绚烂起来，从此她再没离开过舞台的镁光灯。由于家境拮据，她拼命演戏。她的三个女儿，其中包括她和阿朗－多瓦尔生的路易斯和加布里埃勒，以及她和作曲家彼西尼的孩子卡罗琳都需要她来抚养。面对生活的艰辛，她坚强、泼辣的性格尽显无余。她感情丰富，内心充满憧憬，总是由着自己的性子行事，但经常也会心口不一。

多瓦尔知道如何利用自己日益上升的地位。梅尔洛的家在梅莱街通往圣马丁路的拐角处，几乎所有文人都希望通过那里在戏剧界出人头地，而她和他们几乎都有交往。他们中有连载小说家弗雷德里克·苏利耶和他的好友大仲马、圣勃夫、雨果、雨果的小舅子保罗·富歇，以及彼西尼。还有一些不太有名的作家，如冯塔内。大家一致公认多瓦尔拥有优雅的风度、过人的能力和细腻的心思，还有她表现年轻女性角色坎坷经历时充满激情、拿捏自如的过人功力。她是否意识到不久以后自己就要在现实生活中经历一场类似的如戏人生？

在众多富有名望的来客中，有一个人对她格外关注，而她也察觉到这个人在向她示好。此人是个美男子，金黄的卷发披散在肩上。他不仅出身贵族，还是个戏剧作家！此人就是维尼，经大仲马介绍来到这里。没过多久，他到访的唯一目的就变成了来看多瓦尔。多瓦尔拥有维尼妻子身上所没有的一切。那个可怜的英国女人名叫莉迪娅，维尼在 1825 年和她结婚。莉迪娅不仅笨手笨脚、体弱多病，甚至连法语都基本不会讲，但对丈夫倒是十分忠诚。在维尼眼里，多瓦尔身上聚集了所有的优点，不仅漂亮，而且演技出众。她肯定能满足他的所有要求，无论是肉体上的还是精神上的。

1831 年初，一场疯狂的恋情开始了。在这里，"疯狂"一词并不过分，因为在随后的几年间，这一对恋人经历了无数次的背叛和感情的放纵，以致后来他们的爱情似乎变成一种强迫症。1838 年的一天，维尼曾这样写道："昨晚，我梦到自己吞下了多瓦尔的骨架。"[1]

为捧红多瓦尔，维尼费尽心机。他和雨果一起先于1834 年将她带进法兰西喜剧院，后又为她量身打造职业生涯中最重要的角色。1831 年，多瓦尔已经因出演大仲马的《安东尼》而声名鹊起，而 1835 年《查特顿》中的凯蒂·拜尔更加确立了她在表演艺术上的成就。剧中的凯蒂是一位温柔的母亲，爱上一个穷困潦倒的年轻诗人。在全场观众全神贯注的目光下，多瓦尔淋漓尽致地诠释着这个角色——在最后一幕"在台阶上"中，她得知自己的情人查特顿自杀后悲痛欲绝，失足从斜长的楼梯上滚下来，瘫倒在地上。

这对情人本是绝配。维尼是当时的著名作家，而多

---

[1] Ambrière 编著，《维尼书信集》补编第三卷（1835 年 9 月—1839 年 4 月）第 533 页，1838 年 8 月 29 日篇，巴黎索邦大学 PUF 出版社十九世纪书信中心 1994 年版。

瓦尔是最受观众喜爱的女演员之一。但不要忘记他们有一个共同点，那就是猜忌心极强。维尼甚至难以容忍别的男人拉一下多瓦尔的胳膊，雨果就因此惹恼过他。此外，两人不停地相互背叛，却又要求对方对自己绝对忠诚。难怪当多瓦尔在雨果的《玛丽昂·德·洛尔姆》剧中高喊"你的爱让我守身如玉[1]"时，剧场里笑声一片……

我们仿佛在这出戏里感觉到雨果对朱丽叶·德鲁埃强烈的控制欲。但朱丽叶和多瓦尔之间有一点显著的不同，即朱丽叶虽然貌似天仙，但缺乏表演天赋，所以能够乖乖地顺从于她的情人雨果；多瓦尔的职业生涯非常辉煌，因此更有资本吊维尼胃口。所以，维尼通过剧中人物查特顿之口告诫多瓦尔说：

> 夫人，我告诉您，女人不应再相信我们这样的人。诗人的情感飘忽不定，最好别去爱他们。老实说，诗人谁都不爱，他们都是自私鬼。[2]

这些话不仅是在剧中说给凯蒂·拜尔听的，也是说给多瓦尔听的。

多瓦尔嫉妒所有接近维尼的女人，包括他的合法妻

---

[1] 后来雨果删掉了这句台词。
[2] 维尼，《查特顿》(III,8)，F. Germain 和 A. Jarry 编著，《维尼全集》第一卷，"七星文库" 1986 年版第 810 页。

子——可怜的莉迪娅。在多瓦尔看来，有些女人尤其危险。1836年，她到里昂巡演，借机会见了著名演员、诗人玛塞利娜·德博尔德–瓦尔莫。浪漫派作家，尤其是雨果和圣勃夫一直以来都对这位女诗人描写自己悲苦生活的伤心诗句赞赏有加。玛塞利娜也非常想见见这个名气比自己大的女演员。这场会面表面上看似为了艺术，实际上两个女人各有算盘，她们内心很重要的一个动机（可以肯定对多瓦尔来说是这样）是出于妒忌。为了更好地理解她们之间理不清的情感纠葛，我们必须追述另一段故事。

玛塞利娜生于1786年，当时已经算不上年轻，却因喜欢滥交男人而出名。19世纪20年代初，她刚和演员普罗斯珀·瓦莫尔结婚不久，就又疯狂爱上著名诗人、小说家和记者亨利·德·拉图什。更重要的是，拉图什还是个出色的出版商。正是他在1819年重新出版安德烈·谢尼埃的作品，从而为浪漫主义的流行起到推动作用。同样也是拉图什，在巴尔扎克刚开始写作时为其提供建议，帮助他宣传最初用笔名发表的几部小说，还在他的字模铸造厂濒临破产时伸出过援手。拉图什还为乔治·桑出过力，不仅毫无保留地向她提供建议，还帮她修改作品初稿。可惜拉图什生性古怪，喜欢和人争斗，很难接受不同意见。渐渐地，他和上述两位天才人物失去了和睦关系，尽管他已经感觉到他们的才华。同样，他也没能处理好和情人玛塞利娜的关系。

更客观地说，导致他们关系恶化的责任并不完全在拉图什，因为还有另外一个女人让事情变得更加复杂。被多尔维利视为典型风流女文人的苏菲·盖伊是"文学界的长舌妇[①]"，她和拉图什有过一段暧昧关系。但让她难以接受的是，拉图什更喜欢玛塞利娜。为人极端无耻的苏菲决定骗取玛塞利娜的信任，让拉图什的好事难以得逞……1824年，她给玛塞利娜写了一首名叫《花心的人》的诗。在诗中，她毫无掩饰地揭露拉图什的劣迹。她的阴谋得逞了，玛塞利娜决定结束和拉图什的感情，但同时也没有被这位"好心朋友"苏菲的险恶意图所蒙蔽。

我们的话题似乎和玛丽·多瓦尔没有什么关系，其实并非如此。玛塞利娜一生都深爱着拉图什，并怀疑多瓦尔在拉图什心中对自己构成威胁，甚至导致他对自己的不忠。

最令人惊奇的并不在于此。多瓦尔对玛塞利娜的感情非常复杂。为什么？因为多瓦尔对一些往事怀恨在心！多瓦尔知道早在1823年8月，年轻的维尼曾去过波尔多，在那里遇见了37岁的玛塞利娜。多瓦尔怀疑他们之间产生过超越友谊的感情。玛塞利娜似乎确实对维尼产生过

_____

①《作品与人》第五卷"女才子"第26页。

好感，但维尼并没有做出回应。（玛塞利娜和苏菲·盖伊尚有交往的时候，苏菲甚至在信中请她在维尼母亲面前为自己的女儿德尔菲娜说好话，以便促成女儿和维尼的婚事！[①]）

现在我们明白她们为什么对对方如此好奇了。多瓦尔总是假想最糟糕的情况，坚信自己已有的看法。她不仅结识了玛塞利娜，还认识了她的两个女儿——翁蒂和伊奈丝。她随即开始怀疑谁是小女儿伊奈丝的父亲，因为她发现伊奈丝和维尼长得出奇地相像，她在信中也和维尼提到过此事。实际上，只要我们对比一下时间，就会发现这种猜测站不住脚。1825年，伊奈丝出生前9个月时，维尼在巴黎而不在波尔多。尽管如此，多瓦尔还是被玛塞利娜的温柔、和蔼所征服。而玛塞利娜对多瓦尔并没有太多好感，反倒惊奇地发现她没有多少过人之处，同时也很奇怪她为什么不待在巴黎，陪在维尼身边。也许玛塞利娜暗中仍在嫉妒比自己年轻的多瓦尔，嫉妒她占有了一位伟大诗人的心。

"维尼一度把他和多瓦尔之间的关系想象得过于美好，直到多年后才发现自己爱的是一个荡妇。"[②]这种美好的印象是维尼的追随者们刻意渲染出来的。事实上，

---

① Ambrière 著，《瓦尔莫的世纪——玛塞利娜·德博尔德 - 瓦尔莫和她的追随者》第一卷第 328 页，巴黎 Seuil 出版社 1987 年版。
② 德·拉萨勒著，《维尼传》第 112 页，巴黎 Fayard 出版社 1963 年版。

他和多瓦尔很早之前就分别有了新欢。1838 年 5 月 10
日这天，维尼在本子上写下这样一句露骨的话："你真
是个大力士！"这是维尼和 20 岁的美国女孩朱莉娅·迪
普雷在巴蒂尼奥勒区的公寓里厮混时，女孩大声叫喊的
一句话。与此同时，多瓦尔也没有闲着，她也爱上过别
的诗人。

　　大仲马刚到巴黎就开始和她来往，却从未敢向她表
白爱慕之情。维尼生性多疑，总在暗中监视着那些献殷
勤的人，以防他们夺走自己的女人。可惜维尼的提防统
统无济于事，根本阻止不了自己的情人和别人交往，除
非是她自己不乐意。

　　1833 年 11 月 26 日晚，多瓦尔结束巡演回到家时已
是筋疲力尽。这时她收到一封信，不慌不忙地拆开信，
心想这个时候除了维尼还有谁会给自己写信呢？而维尼
很快就能见到自己了呀。

　　　　美丽的邻居，从现在起到午夜 12 点，我还要
　　一个人悲情地度过两个钟头。您在家吗？我能去看
　　看您，顺便讨杯茶喝吗？我只想亲吻您美丽的手，
　　不敢再有其他非分之想。①

---

① 1833 年 11 月 26 日大仲马写给多瓦尔的信，Cl.Schopp 著，《大
仲马传》第 260 页，巴黎 Fayard 出版社 2002 年版。

这显然不是"绅士"（圣勃夫习惯这样称呼维尼）的风格[1]。多瓦尔看到大仲马这封热情似火的信时也许笑了。她没有忘记自己因出演《安东尼》而首次获得巨大成功，而这都归功于大仲马。在戏中，她成功扮演品行不端的女人阿黛勒·德尔维。排练时，维尼经常满怀狐疑地出现在现场，他要监视多瓦尔，也要监视大仲马。大仲马还虚情假意地请维尼吃过饭：

> 亲爱的阿尔弗雷（即维尼），
>
> 有两件事我一定要告诉您：您是我结交的最出色的朋友之一；当今世上只有三个诗人：拉马丁、您和雨果。
>
> 如果我做了什么让您觉得哪怕有一点不舒服的事，那肯定因为我不是一个正直的人。[2]

维尼怎么可能把自己的情人完全托付给"好朋友"？

多瓦尔和大仲马偶尔会在剧院相遇，他们成为邻居后见面的次数逐渐多起来。而那晚，就在那晚……到底是什么让她接受了大仲马？是无聊，是欲望，还是打破

---

[1] J.Bonnerot 编著，《圣勃夫书信全集》第一卷第 320—322 页，圣勃夫 1832 年 11 月 13—14 日写给雨果的信，图卢兹 Privat 出版社 1935 年版。
[2] 大仲马于 1831 年 4 月 22 日写给维尼的信，《维尼书信集》第二卷第 60 页。

禁忌的冲动？那一夜之后，大仲马开始经常在圣·拉扎尔街44号的多瓦尔家中过夜，而维尼却丝毫没有察觉。

　　依然是为了挣钱，多瓦尔12月必须到鲁昂去履行一项演出合同。大仲马希望和她一起去。她像个虔诚的葡萄牙女人一样倾诉道：

　　　　你想来就来吧，但这是最后一次，因为我不能再做你的情人了。你自己记得吗？你说不想做情人，你会嫉妒到发疯。你说不想欺骗他，但只要一次，一次就好！你要的是我们之间一生不变的友谊。现在你想要什么？你只想对我谈情说爱，可我们的爱能有什么未来！……求你了，不要再给我写信！一写你就停不下来。①

　　多瓦尔和大仲马在相互欺骗中继续着这段感情。与此同时，大仲马依然在追求伊达·费里埃，并最终娶她为妻。1834年1月，多瓦尔和大仲马在波尔多一起度过3天。这一年的7月初，大仲马要和一个名叫莫里斯·阿卢瓦的记者决斗，因为这个记者在一篇名叫《熊》的文章里质疑大仲马到底是不是绅士。②这一次，大仲马居然邀请维尼

----

① 1833年12月28日多瓦尔写给大仲马的信，《大仲马传》第261页。
② 见《维尼书信集》第二卷第340—342页和《大仲马传》第268—269页。

为他充当证人。维尼礼貌而坚决地予以拒绝，或许是因为他发现了多瓦尔的不忠？好像不是。他对大仲马并无太多仇恨。在上文我们也看到，大仲马知道如何写信拍维尼的马屁！况且，大仲马和多瓦尔的关系只是昙花一现。

维尼的另一个情敌更具有杀伤力，因为这一次的对手是个女人。

维尼从骨子里讨厌男人婆一样的乔治·桑，因为她打破了既定的社会规范和行为准则，而这些恰恰是维尼一直推崇的。

应该说维尼的担心确实事出有因。如果他真对多瓦尔和大仲马的事不知情的话，对1833年3月以后多瓦尔和乔治·桑之间突然拉近的关系却难以视而不见。他甚至在自己的日记中露骨地称多瓦尔为"萨福（古希腊女同性恋诗人——译者注）"！一段时期以来，饱受争议的女作家乔治·桑一次次地获得成功，她创作的小说受到评论界追捧，尤其赢得著名记者、评论家普朗什的高度赞扬。当然，也有传言说普朗什是乔治·桑的情人。

这两个女人之间将会产生一段热烈的感情。她们都追求艺术和美好的事物，都因滥交男人而出名，也都花销无度。她们都处在社会的边缘，因为她们一个是行为放荡的女演员，一个是女扮男装、饱受非议的女作家，都难以被当时的社会所接受。在乔治·桑写给多瓦尔的信中，我们可以清楚地断定两人的关系，尽管我们差点分辨不清这到底是感情的真实表露，还是现在已不太常用的旧时书信中夸张的表达方式。1833 年 3 月 18 日，乔治·桑向多瓦尔写道：

> 夫人，我应该亲吻您，无论是在剧院里还是在您的床上。我应该更疯狂一些！①

此外还有乔治·桑于 1833 年创作的小说《莱丽娅》，她在其中委婉地表达出对多瓦尔的爱恋，并以多瓦尔为原型塑造了皮尔谢丽。

维尼虽然没有拿到她们之间的信件作为证据，但坚信这两个女人感情不一般。乔治·桑对多瓦尔和维尼之间的关系同样嗤之以鼻：

> 我一点也不喜欢维尼这个人，这和您完全不一样（很有趣，不是吗？）。但我向您保证，我在精神上是支持您的。好好对他吧，我的宝贝，男人们需要关爱，也应该得到关爱。②

---

① 1833 年 3 月 18 日乔治·桑写给玛丽·多瓦尔的信，G.Lubin 编著，《乔治·桑书信集》第二卷（1832 年—1835 年 6 月）第 286 页，巴黎 Garnier frères 出版社 1966 年版。
② 1835 年 2 月 15 日乔治·桑写给玛丽·多瓦尔的信，《乔治·桑书信集》第二卷第 808 页。

不知"男人们"对这段话作何感想……维尼努力想阻止多瓦尔和乔治·桑交往,但没有成功。1833年7月18日,多瓦尔在莱昂演出期间,乔治·桑竟然写信给维尼索要多瓦尔的临时地址。维尼用铅笔在乔治·桑的信上写道:"我禁止多瓦尔给这个讨厌的女同性恋回信。"[1]无济于事!

数十年以后,维尼终于还是承认了乔治·桑在文学上的天赋。但在当时,他认为乔治·桑是个不折不扣的泼妇。对乔治·桑的极度厌恶激发他创作出著名诗作《愤怒的桑松》,他通过这首诗谴责所有女性:

> 很快地,他们隐退于丑恶中
> 女人在蛾摩拉城,男人在索多玛城
> 远远地,彼此投来愤怒的目光
> 并在各自的城中死去[2]

更有趣的是,多瓦尔对乔治·桑也并非完全信任。一天,当多瓦尔得知维尼陪乔治·桑一起回家后,她变得暴跳如雷,并当面指责维尼。那么乔治·桑到底有没有勾引维尼呢?当时她刚刚认识缪塞,马上就要和缪塞开始一段从未有过的痛苦恋情。

当多瓦尔和维尼彻底决裂时,她和乔治·桑的短暂

---

① 《维尼书信集》第二卷第340—342页。
② 维尼,《愤怒的桑松》,《维尼全集》第一卷第141页。

感情经历早已成为过去。多瓦尔和维尼之间最后的感情波折曾成为媒体追踪报道的热点。维尼和朱莉娅·迪普雷的关系暧昧起来以后，他发现多瓦尔也在和魅力十足的小说家、记者儒勒·桑多谈情说爱，而这个桑多又恰恰是乔治·桑的旧情人。1838年6月18日，维尼决定派人跟踪多瓦尔。19日，他抓到证据后随即和多瓦尔分手。22日，两人复合。24日，维尼和朱莉娅以及她的姐姐一起厮混了一个晚上……7月7日，他命令多瓦尔和桑多断绝来往！但直到1838年8月17日，维尼才在笔记本上用大写希腊字母毅然决然地写下"决裂"。

和多瓦尔相比，乔治·桑的感情经历更加错综复杂，而多瓦尔也在某种程度上陷入其中。乔治·桑同样激起过别人的深切仇恨。为了讲清楚来龙去脉，我们同样要追溯一下之前发生的事。

乔治·桑出生于1804年，是19世纪法国文坛一位非常另类的人物。她的美貌、坚韧性格以及男人式的行为方式受到当时社会的高度关注。巴尔扎克觉得和她交谈时就像面对一个"哥们儿[1]"，龚古尔兄弟认为她"有点雌雄同体的感觉[2]"。关于她的艳史数不胜数。她的女

---

① R.Pierrot 编著，《巴尔扎克致韩斯卡夫人书》，"老书丛书"第一卷第442页，1838年3月2日篇，巴黎 Robert Laffont 出版社1990年版。
②《龚古尔日记》第一卷第295页。

婿、雕塑家克莱桑热和她关系极差，谣传克莱桑热曾对她说过这样的话："如果我雕一个您的屁股，所有人都能认出来。"①

1831年，当她还随前夫的姓叫奥赫·迪德旺时，便毅然撇下自己的家人，从诺昂堡"北上"巴黎，希望在首都出人头地，并期待在文学上有所建树。陪她同去巴黎的正是比她年轻的情人儒勒·桑多。没过多久，她又把桑多介绍给巴尔扎克当秘书。

在和玛丽·多瓦尔的友谊中，乔治·桑那颗被男人伤害过的心灵得到了慰藉。然而在1833年，乔治·桑又情不自禁地爱上一个男人。这个男人叫普罗斯佩·梅里美，他高高的个子，身材苗条，相貌英俊。他额头很高，鬓角稍秃，嘴很小，鼻子微翘。他眼光游离而有穿透力，举止随意，神情高傲，说话很少用动词。他的面部表情经常因旁人的冷嘲热讽而扭曲变形。通常情况下，他总显出一副彬彬有礼而又百无聊赖的样子，让人很有距离感。人们说他骄傲自负、野心勃勃，而他自己的态度也印证了这种说法。正如乔治·桑后来向圣勃夫解释的那样，她希望通过梅里美改变自己过分敏感的习惯。"如果说梅里美能理解我，也许是因为他爱我；如果说他爱我，也许是因为他征服了我；如果我能屈

①《龚古尔日记》第一卷第55页。

服于一个男人，也许我就得救了，因为自由侵蚀着我，将会置我于死地。"①她这样写道。至于梅里美，我们至少可以认为他对这个不寻常的女人非常好奇。

在这两个天生都很强统治欲的人之间本来很难擦出爱情火花。一天晚上，他们去剧院观看《魔鬼罗贝尔》，人们争相打量这对在当时引起轰动的人物，而他们两个则各自在剧院台阶上炫耀自己。梅里美更是把乔治·桑的女儿索朗热托到肩膀上。在谈及与乔治·桑发生关系的那个晚上时，梅里美的语气显得异常淡定：

> 我坐在一把很舒服的椅子上，等着夫人上床。
> 她当着我的面让女佣帮她穿上睡衣，然后像一个结
> 婚多年的妻子那样随意地躺在我面前。②

但两人并未产生真正的激情。"不是我的原因，就是她的原因，反正总有不协调的地方，我们两个都变得不耐烦起来……"③乔治·桑和梅里美都觉得自尊心受到了伤害，这倒也容易理解。但当他们这晚的事情在整个巴黎闹得沸沸扬扬时（主要因为乔治·桑向多瓦尔透露

---

① 1833 年 7 月 24 日乔治·桑写给圣勃夫的信，《乔治·桑书信集》第二卷第 375 页。
② A.Billy 著，《梅里美传》，巴黎 Flammarion 出版社"伟人传记丛书"1959 年版第 74 页。
③《梅里美传》，"伟人传记丛书"第 75 页。

了口风），他们就变得更加难以忍受对方。

　　乔治·桑在多瓦尔面前说话总是毫无遮掩，所以直白地告诉她："我昨天和梅里美共度了一夜，没什么大不了的①。"尽管多瓦尔保证不会说出去，但还是没能管住自己的嘴。后来大仲马也知道了这件事，而他也不是个守口如瓶的人。6月19日，大仲马和《两个世界评论》编辑部的人以及乔治·桑本人一起吃饭时，明目张胆地影射到这件事。

　　乔治·桑不能当众回击，但胸中燃烧着复仇的怒火。相关的闲言碎语也越传越多。"别人的闲话让我很痛苦。"②乔治·桑向多瓦尔写道。她显然已经完全原谅了多瓦尔。关于梅里美性能力不足的流言传遍了整个巴黎，他对自己的一夜情人变得怒不可遏。

　　至此，事态变得越发糟糕起来。乔治·桑一直无法原谅大仲马6月19日晚上的言行。恰在这一时期，评论家普朗什又掺和进来。几乎没有人喜欢这个普朗什，因为他的评论太过严苛，外表又总是放荡不羁。儒勒·雅南曾这样评价他："当他一个人坐在剧院里看戏时，两旁的座位肯定都是空的。"③尽管如此，乔治·桑却并不

---

① 《梅里美传》，"伟人传记丛书"第75页。
② 1833年6月乔治·桑写给玛丽·多瓦尔的信，《乔治·桑书信集》第二卷第321页。
③ 《龚古尔日记》第一卷第57页，1852年8月篇。

讨厌他。

乔治·桑知道普朗什是《两个世界评论》的重要人物，在主编比洛身边很有影响力。比洛总是想挑起文人之间的口诛笔伐，好让自己的刊物借此吸引更多读者。普朗什没有交过什么像样的情人。他虽是犀利的评论家，对乔治·桑的个性和作品却赞不绝口。他不仅在比洛面前为乔治·桑争取到一些实惠的写作合同，还在她创作小说时提供建议，尤其是在《莱丽娅》上。终于，他彻彻底底地爱上了乔治·桑。

普朗什坠入情网后开始全力维护乔治·桑，写出很多赞扬她的文章。面对不可一世的大仲马，他决定充当乔治·桑的护花使者，陪她一起去要求大仲马道歉。大仲马没有因此而惊慌失措，反倒提出和普朗什决斗。于是，两位文人开始通过信件相互挑衅，催促对方赶紧做出最后决定。但随着决斗日期的日益临近，普朗什开始打退堂鼓……大仲马表示可以收回前言，条件是普朗什承认不是乔治·桑的情人。普朗什最终妥协道："我不是乔治·桑的情人，不对她以前的言论负责，也不对她将来的言论负责。"①

我们已经了解到，乔治·桑和梅里美的失败恋情牵

① 1833 年 6 月普朗什写给大仲马的信，M.Regard 著，《居斯塔夫·普朗什——浪漫主义的敌人》第二卷第 77 页，巴黎 Nouvelles Editions latines 出版社 1956 年版。

扯到一些旁人。普朗什对要求他发表如此屈辱声明的人到底怀有怎样的仇恨，我们不得而知。

梅里美和乔治·桑的关系并未随着时间的推移而有所改善。首先，梅里美的个人魅力因为这件事而饱受质疑。对于他这样一个根据别人的评价调整自己态度的人，这样的笑柄实在难以忍受。如果没办法报复，至少也要扭转舆论以求自保！"她是一个性冷淡的荡妇，对男人只是好奇，并非有真正欲望。"[1]梅里美这样对小说家奥拉斯·德·维埃勒－卡斯特尔描述道，后者在回忆录中记下了这段话。

实际上，梅里美和乔治·桑是"相互误会"的牺牲品，而《相互误会》正是他给刚完成的短篇小说起的名字。在小说中，他似乎以自己为原型塑造了理智、善于算计的达西。乔治·桑多次试图与他和好，但都没有成功，因为敌意已经在他心中扎根。从此以后，乔治·桑开始抓住所有机会攻击他，他也因此和乔治·桑的敌人站在了一起，比如缪塞。1870年，乔治·桑在戛纳快要去世时，他依旧拒绝前去看望。

和缪塞相处期间，乔治·桑经历了以往不曾经历过的感情波折。关于她对缪塞母爱式的感情，缪塞喜怒无常的性格，还有巴杰罗医生，世人已经说得够多了。

---

[1] 维埃勒－卡斯特尔著，《拿破仑三世统治时期回忆录》第一卷（1851—1855）第 243 页，巴黎 Guy Le Prat 出版社 1942 年版。

两位作家之间短暂而热烈的感情和其中不同的阶段，想必大家也都耳熟能详，我们在此不再赘述。从最初在晚宴上乔治·桑遇到缪塞时的迟疑，到后来两人开始书信来往，再到缪塞笨拙却感人的爱情宣言，直到最后两人共同游历意大利，其间两人相互欺骗并给对方造成无比的伤心和失望，所有这些都已被研究、剖析、夸大、篡改，以至于有人认为此事对两人造成极其重要的影响。然而今天相对一致的看法是，此事对缪塞个人的影响非常有限。

这段疯狂的恋情被各种传言诋毁着，尤其是圣勃夫这个"下流的听众、挑事者、假和事佬、总爱打听女人秘密的人[①]"更是把19世纪30年代法国文坛几乎所有的人都牵扯了进来。

总是看不清局势的普朗什后来也掺和其中。即使在缪塞正式成为乔治·桑的情人之后，普朗什还是因为乔治·桑而卷进一场决斗，这一次比他和大仲马之间的冲突更加激烈。1833年8月，评论家让－加布里埃·卡波（又称卡波·弗伊德）发表了一篇对《莱丽娅》非常不利的文章。时刻准备保卫自己心中女神的普朗什随即向卡波发起挑战。决斗在田间进行，开始之前还驱赶了附近的一个放牛人和一头黄牛，因为他们正好在两人快要互相开火时

---

① 《龚古尔日记》第一卷第1000页，1863年8月19日篇。

出现在那里。"感谢上帝，没有人受伤，包括弗伊德先生、那头牛以及所有旁观者。"①

缪塞非常讨厌这个评论家的言行举止，更不希望他到乔治·桑家里来，因为缪塞认为那是他的地盘。最终，缪塞要求情人赶走这个不受欢迎的家伙，并为此写下一首短讽刺诗：

> 为了整洁，
> 让这个爬行动物去外面随便咬人吧；
> 以为它是条蛇，
> 打死后才发现是只臭虫。②

乔治·桑遵从了缪塞的意思，普朗什只得离开。但乔治·桑没有预料到的是，她的这个决定又将引起新的仇恨！

普朗什受到侮辱后，企图寻找一段更能引起轰动、更成功的新恋情聊以自慰。没想到他竟然跑到玛丽·多瓦尔那里！可以说这样一来梁子算是结定了。在多瓦尔看来，普朗什只不过是又一个追求者。他衣冠不整，不招人喜欢，所以毫不客气地拒绝了他。她已经厌倦了男

---

① R.Bellet 编著，《瓦莱斯作品集·逃兵》，"七星文库" 1975 年版第一卷第 212 页。
② M.Allem 编著，《缪塞诗全集》，"七星文库" 1957 年版第 528 页。

人们不断向她示爱并要求得到回应，所以开始当众朗读她收到的火辣辣的情书，借此戏弄那些追求者。一天，她当着沙龙所有客人的面朗读维尼和普朗什写来的信，还把"正式情人"和"追求者"的文风做了一番比较，以此作为消遣……文学圈这么小，可以想象没过多久维尼就得知此事，《愤怒的桑松》中的诗句可以作证：

> 虚假的爱情
>
> 掩饰着背叛
>
> 充满谎言的吻
>
> 从我们内心骗取秘密
>
> 天地啊！
>
> 给它们应有的惩罚吧！
>
> 天地啊！[①]

普朗什就像记恨曾经冒犯过自己的大仲马那样，认为是维尼破坏了他和多瓦尔的好事，决定把账都算在维尼头上。而维尼却还以为和普朗什关系不错，因为普朗什作为评论家，曾在 1832 年 8 月的《两个世界评论》上发表文章，称雨果的水平还不及维尼的脚踝高。但从那以后，维尼对普朗什勾引自己情人的事态有了清醒认

---

① 维尼，《愤怒的桑松》，《维尼全集》第一卷第 142 页。

识。无奈当时他寄以厚望的作品《查特顿》即将上演，他很清楚事情的利害关系，希望从普朗什那里得到积极评价，所以还是邀请普朗什作为第一批读者在小范围内阅读剧本。

可惜事与愿违。1835年2月，《查特顿》刚上演后不久即获得成功，普朗什紧接着发表极其严厉的批评文章。在文章中，他发泄自己所有的怨恨，声称多瓦尔的才能远远超过维尼："她完全把握住自己的角色，并超越原剧本的限制。她似乎对角色中悲情的清教主义色彩愤怒不已。"[1]

作为维尼忠实的朋友，缪塞对普朗什的所作所为非常气恼，而且在心中深深地记恨着这个昔日的情敌。缪塞随即写出一首十四行诗，并把它寄给维尼。在诗中，他把普朗什描述成"牛蝇"、"三级学究"、自大狂，不知羞耻地认为自己是个"有灵感的诗人[2]"。圣勃夫从来不会放过任何报复维尼的机会，所以在日记中记下导致普朗什攻击维尼的深层次原因。[3]

异常愤怒的维尼当即写信给《两个世界评论》主编比洛，向他表达对普朗什的不满——自己居然遭到效力

---

[1]《居斯塔夫·普朗什——浪漫主义的敌人》第一卷第149页。
[2] 缪塞，《答维尼对〈查特顿〉的批评》，十四行诗第一卷，《缪塞诗全集》第528—529页。
[3]《居斯塔夫·普朗什——浪漫主义的敌人》第一卷第150页。

于同一家刊物的评论家的批评！但普朗什对此不以为然，这下子两人的关系算是彻底闹僵了。除了那封拒绝在米尔古诽谤案中为普朗什辩护的信以外，维尼再没有跟普朗什有过联系。但在1857年，维尼还是参加了他的葬礼。

柯莱及其他人

路易丝·柯莱出生于1810年，本姓雷瓦尔。她相貌出众，头发金黄，身材丰腴。她于19世纪30年代中期离开自己的家乡普罗旺斯，到巴黎追求更美好的前程。没过多久，她就开始在巴黎进行文学创作并取得一定成功，招致了一些同行的嫉恨，其中有男作家，也有女作家。尽管这些人对她心存鄙夷，但她依旧对他们平等相待。

圣勃夫成为她这种性格的第一个受害者。1837年，在御医阿利贝尔男爵举办的晚宴上，圣勃夫恰好坐在柯莱旁边。当晚，他的眼睛一刻也没有离开她。哎！您还记得这位评论家有多丑吧。对于柯莱来说，她只是被他的幽默风趣所吸引。自此，他开始向柯莱发起猛烈攻势，给她写信，还去拜访她。有人好奇地打听她和圣勃夫关系的进展，她天真率直地回答说："他太幽默了，总让人很开心！但他没有别的想法……噢！别开玩笑了，他够不幸的了。我敢肯定，如果他能改变自己容貌的话，他宁愿拿出一半的名气做为交换。"[1]显然，这些话很快就传到了圣勃夫耳朵里，他决定终止和柯莱刚刚建立起来的友好关系。

1839年，柯莱成为哲学家维克多·库赞的情人。库赞时年47岁，没有妻子，感情冷酷。他是法兰西学术院院士、法国贵族院议员，后来还当上了部长。他和柯莱之间更多是利益关系，而并非真正的感情。库赞不是富翁，但凭借社会关系帮助柯莱在经济上获得了很多好处，他甚至一度替柯莱家管理财务。柯莱的丈夫是个音乐家，对此并不太反对，因为他非常需要库赞帮助他成为音乐学院的教师。另一方面，他自己也并非完全忠于柯莱。

但当1846年7月28日柯莱遇到福楼拜时，情况就完全不同了。当时他们都在参观朱丽叶·德鲁埃的旧情人、雕塑家雅姆·普拉迪耶的工作室……当时名不见经传的福楼拜还很年轻，只有25岁，而柯莱已经36岁，然而他们的关系发展得非常迅速。第二天，他们就有了第一次接吻。接下来的几天，他们在布洛涅森林散步并互诉衷肠。最后，他们在旅馆共度良宵。柯莱清楚地意识到自己这次确实坠入了爱河。

但当时她还不知道，他们之间不仅会有爱，还会有恨。

---

[1] 柯莱著，《爱慕虚荣的女人们》第119页，巴黎 E.Dentu 出版社 1873年版。

福楼拜还深深地爱着另一个人，那就是他的母亲。没过多久，他便返回诺曼底的克鲁瓦塞，因为母亲长时间见不到儿子就会焦躁不安。于是，福楼拜和柯莱之间开始了一段非同寻常的分分合合。福楼拜喜欢自由，总试图摆脱柯莱的控制。作为情人的柯莱有很强的占有欲，总想限制福楼拜。更不幸的是，他们之间几乎没有什么共同点：他平时喜欢安静，她却向往浪漫的激情；他厌恶政治，她却因自己的社会主义倾向而扬扬得意；他把文学看得很纯粹，她却觉得文学只是获取功名的一种手段。

他们两个堪称史上第一对"铁路情人"，不仅在信中相互争吵，即使福楼拜坐火车去看望柯莱，见面后依旧争吵不休。福楼拜相当自私，他时不时地来看柯莱，实际上只是为满足自己的生理需求。痴情的柯莱不仅苦苦地等他，而且还渐渐地疏远了维克多·库赞。1846年，54岁的库赞决定彻底断绝和柯莱的关系。后来，柯莱还埋怨福楼拜破坏了她和库赞或许可能成真的婚姻，因为福楼拜总给她以期待。

福楼拜越来越难以忍受柯莱。1849年，他出发去东方旅行前第一次提出和柯莱分手。1851年，当他回来后，却又对柯莱产生了一股短暂而热烈的感情。当时，福楼拜的好友迪康也在追求柯莱。迪康是文学家，日后成为法兰西学术院院士。柯莱拒绝了缺少风度的迪康，认为自己和福楼拜的关系能够恢复到从前。但很快她就发现，这一次她又不得不苦苦等待。当柯莱名望渐退并深陷经济困境中时，福楼拜只知道冷嘲热讽。柯莱不由得产生这样的疑问：有没有另外一个作家能帮自己摆脱这种困境呢？

她想到了缪塞。当初为在法兰西学术院诗文竞赛中胜出，她曾和缪塞打过交道。

1834 年，乔治·桑和缪塞因无法忍受起起伏伏的感情波折而决定分手。将近 20 年后，这段尘封的往事中又插进另一段更加悲怆的故事，和柯莱短暂的恋情让缪塞仿佛回到了 20 年前。柯莱根据这段痛苦的感情经历创作出文学作品，并借机使自己成为乔治·桑的对头——和乔治·桑的旧情人在一起，这可不是闹着玩的。

1852 年，当柯莱开始和缪塞交往时，他们两人都是42 岁。其实柯莱并不太吸引缪塞，因为他们的接触总让缪塞不舒服。在相识之初，有一天他们在植物园散步，走到狮子笼前时缪塞叫道："这些家伙真臭！"柯莱问道："臭味从哪里来？它们吃腐肉，是腐肉留下的味道。"柯莱继续讨人厌地说："事情就是这样，经常吃什么，身上就会带什么味道。"缪塞不仅没觉得幽默，反而生起气来，因为他嗜酒成性的毛病众人皆知。"真可恶！我岂能容忍这样的讥讽，不管它出自女人之口还是男人之口。"[1]

---

① 柯莱，《1852 年 6 月 22 日纪事》，J. Bruneau 编著，《福楼拜书信集》，"七星文库" 1980 年版第二卷第 887 页。

关于这段超乎寻常的文坛友谊，柯莱都向福楼拜做了如实交代。尽管福楼拜并不太介意柯莱整天围着别的男人转，但他还是在给柯莱的信中诋毁过缪塞。福楼拜对缪塞这个爱情和文学上的双重对头所作的感情诗厌恶不已，并有过这样刻薄的评价："和格洛斯特大公一样，缪塞的才华泡在酒桶里，霉烂腐朽，一文不值。酒精不能留住才华，只能乱性。"[①]在福楼拜看来，缪塞认为诗歌可以抚慰心灵的想法是错误的："想把太阳放在裤衩里，没想到太阳烧着了裤衩，自己还尿在太阳上。这就是他的遭遇。"[②]

但柯莱坚持和缪塞保持来往，两人还再次到植物园散步。这一回，柯莱大胆地把手伸进一只叫作马佐的狮子笼里，吓得缪塞目瞪口呆。

1852年7月2日，缪塞向柯莱求爱，但他的示爱之举并未达到预想效果。柯莱在自己的本子上这样评价道："懦夫！"[③]第二天发生的事情更是将这份迟到的表白击得粉碎。他们两人一起乘马车出行，缪塞和往常一样喝得醉醺醺。在车上，缪塞强行和柯莱亲热，甚至企图解开她的上衣。柯莱愤怒不已并奋力反抗，最后从马车上

---

① 1852 年 6 月 27 日福楼拜写给柯莱的信，"七星文库"第二卷第119 页。
② 1852 年 7 月 5 日、6 日福楼拜写给柯莱的信，"七星文库"第二卷第 126 页。
③《1852 年 6 月 28 日纪事》，"七星文库"第二卷第 888 页。

跳下去，摔伤了膝盖。福楼拜得知此事后，叫嚷着要"收拾"这个没有教养的家伙，却一刻也没想到过要离开克鲁瓦塞，更何况他当时正在创作《包法利夫人》。后来，缪塞向柯莱道歉，柯莱原谅了他。一个夏天就这样在争吵和复合中过去。

1852年8月17日，柯莱在法兰西学术院领取诗歌竞赛奖。这一次，福楼拜专程赶来参加颁奖仪式，缪塞和柯莱的旧情人维克多·库赞作为学术院院士也都在场，另外还有柯莱未来的情人维尼和一直追求她却一直遭到拒绝的维尔曼。这几个人相互蔑视，相互嫉妒，他们会用怎样的眼光看待彼此呢？

1852年9月11日，缪塞在"摄政咖啡馆"和柯莱做出最后的了断。当年年末，两人的关系宣告结束。不久后，柯莱在维尼那里重新得到抚慰。维尼当时已经55岁，虽然比缪塞老，看起来倒还比较精神。柯莱对1852年夏天遭受的侮辱耿耿于怀。第二年，她创作出长篇叙事诗《女仆》，毫不留情地揭露缪塞的放荡行径。福楼拜认为这样的报复于事无补，劝柯莱减少诗中人物利昂内尔·德·韦尔农与缪塞的相似度，柯莱没有同意。事情发展到最后，整个巴黎都明白诗中所指，而这首诗并非柯莱最后一部自传性作品。

后来，柯莱和福楼拜的关系也逐渐疏远。福楼拜越来越觉得和柯莱在一起是一种羁绊，于是变得多疑起来。也许是想给自己一个归宿吧，柯莱产生了和福楼拜结婚的念头。但福楼拜没有任何结婚的意思，而且宁可和别人结婚，也不愿和柯莱结婚！就让柯莱和那个哲学家库赞结婚去吧！福楼拜的好友路易·布耶甚至告诫他：结婚实在太危险。

1855 年 3 月，柯莱和福楼拜的关系终于决裂。福楼拜在没有告知柯莱的情况下悄悄来到巴黎。柯莱得知后跑去见他。一连三次，柯莱都没见到福楼拜。福楼拜最终难以忍受，给柯莱留下了一张绝情的小纸条：

夫人，我得知您昨晚不辞辛劳三次来我家。我当时不在，因为担心自己对您的这份坚持做出不礼貌的举动，我必须通知您：您永远不会再见到我。谨向您告别！[1]

柯莱同样很粗鲁地在这张条子上写下几个字："懦夫、胆小鬼、浑蛋！"最后的"浑蛋"用笔重复描了三遍。[2]

就这样，福楼拜又给自己增添了一个敌人。他大概

---

[1] 1855 年 3 月 6 日福楼拜写给柯莱的信，"七星文库"第二卷第57 页。
[2] 见福楼拜的注解，"七星文库"第二卷第 1270 页。

也知道这样的背叛行为肯定会招致报复。上一次，柯莱为报复缪塞写了一首诗。1856 年，她故伎重演，创作了小说《士兵的故事》。仅从题目上我们无法看出这是根据她和福楼拜的爱情经历改编的故事。小说的男主人公莱昂斯暗指福楼拜，而无忧无虑的女主人公卡洛琳·德·莱莫就是指柯莱。在小说中，她毫不留情地揭露情人的弱点，从恶劣的品行到生理的无能，无不极尽其详。在小说结尾，卡洛琳（即柯莱）在剧院遇到莱昂斯（即福楼拜），后者怀里搂着两个风尘女子。"虽然他变化很大，但我不得不承认，那真的是他。他的脸涨得通红，好像喝多了酒一样。他穿着白色马甲，身体显得臃肿不堪。"[1]福楼拜表面上对此一笑了之，但在 1862 年 2 月 21 日曾私下向龚古尔兄弟坦言，他一度想杀死柯莱[2]，但后来放弃了这种想法，因为我们知道"天真"的柯莱很擅长用刀。关于这段往事，我们将在下文详细介绍。

柯莱和她的情人们的故事还没有结束。

1856 年，她又与尚弗勒里暧昧了一段时间。这一任情人是前任情人的朋友，而且也是现实主义小说家。在柯莱之前，尚弗勒里还曾是巴尔扎克的遗孀爱娃·昂斯卡等人的情人。有一天，天气非常好，尚弗勒里和柯莱决定去沙维尔附近散心。在无拘无束的田野里，他们忘

---

[1] 柯莱，《士兵的故事》第 140 页，巴黎 A.Cadot 出版社 1856 年版。
[2]《龚古尔日记》第一卷第 774 页，1862 年 2 月 21 日篇。

乎所以起来。正巧有一个乡村警察路过那里，以有伤风化罪对他们进行处罚。柯莱只得在情人的陪伴下前往警察局。为获得保释，她不得不向沙维尔当地居民、自己的死对头之一迪康请求帮助。这段插曲很快便传遍了整个巴黎城。尚弗勒里羞愧难当，在《巴黎化妆舞会》里极度丑化柯莱以示报复。

1859年，乔治·桑发表小说《她和他》。尽管缪塞两年前已经去世，但乔治·桑对他一直怀恨在心，现在利用小说进行报复。小说中关于缪塞的评价着实不高。可以说乔治·桑没有像缪塞在《世纪之子的忏悔》（1836年）中表现的那般大度。缪塞的弟弟保罗·德·缪塞难以忍受对亡兄的这番侮辱，创作出《他和她》予以回击，竭力想证明错误全在乔治·桑一边。各大报纸纷纷表明立场，整个文学界也跟着沸腾起来，大家纷纷用文章或证据表明自己支持一方或另一方。

柯莱的反应又是怎样的？那一年，她也在《他》中表明对事情的看法。在这本小说中，福楼拜和缪塞分别以莱昂斯和阿尔贝·德·兰塞尔的面貌出现。而柯莱化身为斯特凡妮·德·罗斯坦。小说虽然很畅销，但遭到众人谴责。第一个跳出来的就是乔治·桑，她猛烈抨击这部"便桶[1]"式的小说，而实际上她才是挑起事端的罪

---

[1] 雅各布编著，《福楼拜和乔治·桑通信集》第375页，巴黎Flammarion出版社1981年版。

魁祸首！福楼拜的旧友迪康在回忆录中用厌恶的笔调对小说中的要素进行了一番分析："他，指的就是缪塞，她一直在试图抗拒，因为她想对心爱的莱昂斯保持忠诚；莱昂斯，指的就是福楼拜。啊！我知道这个故事，我已经受够了这件事，它简直让我感到恶心。"[①]

其他人却都以此为乐。据说有个叫莱斯居尔的人曾准备写一部名为《他们和她们》的小说来支持缪塞的弟弟保罗。多尔维利不无讽刺地建议大家写一部巨著《大家一起来》，还有一个爱开玩笑的专栏作家写了一篇文章，取名为《一潭浑水》。

① 迪康著，《文学回忆录》，见《文学视角》第 250 页，布鲁塞尔 Complexes 出版社 2002 年版。

第三章　他人的成就

成功总让最好的朋友难受。

——夏多布里昂

在大革命恐怖时期，一位年轻修士被任命为神父，但他本人并不乐意接受任命，因为他爱上了一个姑娘。然而在最初，他以为这个姑娘是个男人。这就是《约瑟兰》的故事情节，它也许会让人觉得好笑，可是1836年阿方斯·德·拉马丁发表这首长达几千行的诗作时却引起了轰动，因为它能体现出诗歌的重要价值。在各个沙龙里，人们兴致勃勃地谈论着这首诗的内容如何大胆，它又如何被宗教界列为禁书。拉马丁自认为他的巨作内容涵盖了上帝、大自然、人类命运，乃至整个宇宙。《沉思集》（1820年）中的抒情诗早已被大家抛到脑后，拉马丁坚信《约瑟兰》才是他的代表作，它标志着"法国维吉尔"（维吉尔是古罗马诗人——译者注）的诞生。

总之一句话，46 岁的拉马丁认为自己的作品已经达到登峰造极的文学境界。然而在得到 19 世纪文学泰斗、伟大的夏多布里昂认可之前，他的成绩还显得不够分量。雷卡米耶夫人的沙龙在阿贝奥布瓦（字面意思为"森林修道院"——译者注），从名字上看不出它坐落在巴黎市中心的塞夫尔大街上。夏多布里昂在雷卡米耶夫人的沙龙里很有威望，经常像大理石雕像一样坐在壁炉旁的角落里，沉着脸，一动不动。这位年事渐高的《基督教真谛》作者当时正忙着撰写《墓畔回忆录》。虽然维尼恶毒地说他即使坐在"一把普通的工作椅上，脚也够不着地[①]"，到访的客人却无不对他留下深刻印象。

　　拉马丁的作品刚发表不久便决定前去拜访夏多布里昂，并希望得到他的肯定。拉马丁迈着坚定而自信的步伐走过众多艺术家和文人曾经来过的地方，走到最神圣之所——一间朝着花园的房间。他是否瞥了一眼热拉尔的著名画作《科琳娜在米塞纳呷》上的斯塔埃尔夫人像，或是大理石壁炉上摆放着的希腊风格的瓶子？他想听听雷卡米耶夫人的意见，尤其是"猫"的意见——这是伟人夏多布里昂的绰号。他们是否读懂了《若瑟兰》中的精妙之处？作者要传达的东西他们能否体会到？

　　当时，夏多布里昂正坐在椅子上打盹，他似瞧非瞧

[①] 维尼，《诗人日记》，《维尼全集》第二卷，F.Baldensperger 编著，"七星文库"1948 年版第二卷第 1165—1167 页，1842 年 2 月 3 日篇。

地看了看走进来的拉马丁。拉马丁高大、英俊，身材修长，表情庄重，举止优雅。屋里并非只有夏多布里昂一个人，圣勃夫正坐在另一个角落里，颇有兴致地看着即将上演的好戏。

女主人恭维拉马丁，如对其他客人一样客气："先生，我读了您的书，我们都读了。您的书很有意思，夏多布里昂先生很欣赏……"她说到这儿时，夏多布里昂在椅子上稍稍动了动，却始终没有开口接话茬。不但如此，他开始轻轻地咬自己的围巾！这可不是好兆头，因为沙龙里的常客都知道，当"猫""摇响送客铃"时，无论来访者是谁，都必须起身告辞。但雷卡米耶夫人装作什么都没看见，她是否已经陶醉在拉马丁圆润的嗓音里？

"先生，有些人的批评毫无道理……您的文风如此纯粹，如此优美！"听到这些，拉马丁变得神气起来。但雷卡米耶夫人到底读了几遍他的作品呢？"第一遍！"她回答道。"可是只有读第二遍时才能真正体会到一本书的妙处。"雷卡米耶夫人有点窘迫，表示马上就会读第二遍。但拉马丁不太谦虚地打断她说："至于文风，那正是我用心最多的地方，可以说是费尽心思！"

"猫"仍旧一动不动。他是否会伸出爪子？圣勃夫是这样记述这场对话结尾的（这件逸事给他留下非常深刻的印象，以至于他在《备忘录》中讲述过很多遍）：雷卡米耶夫人继续赞扬着拉马丁，后者则完全陶醉在自己卓越的才华中。最后，雷卡米耶夫人把拉马丁送出了门。

这位骄傲的诗人刚走，夏多布里昂就高声喊道："大傻瓜！"①

最起码我们可以这样认为，处在荣誉和声望顶峰的夏多布里昂不太喜欢这个在很多场合都以其接班人身份自居的拉马丁，尤其是此人还想代替自己在贵妇们心中的位置。就拉马丁而言，也没有对夏多布里昂表现得无比尊重，反倒认为夏多布里昂是"悲剧界的伪君子②"。

正在享受荣誉或至少是已经获得成功的作家，通常瞧不起运气欠佳的同行，同时又非常在乎别人是否对自己表现出应有的尊重；没有获得成功的人总怀疑别人在沽名钓誉，暗地里又非常嫉妒。两类人之间充满误解、蔑视和猜忌。由此而生的流言蜚语自然难免恶毒、下流。然而这些又都是文学圈不可或缺的组成部分。在这方面，雨果同样没有表现得多么大度。1832年，乔治·桑的第一部小说《印第安纳》的成功使他备受刺激，尽管他连见都没见过乔治·桑。当评论家雅南说写了一篇褒奖乔治·桑作品的文章时，他毫不掩饰地大叫道：

---

① 圣勃夫著，《帝国时期的夏多布里昂和他的文学团体》第二卷第313—314页，M.Allem编，巴黎 Classiques Garnier 出版社1948年版。
②《拉马丁书信集（1830—1867）》第440页，1831年11月5日篇，Chr. Croisille 和 M.-R.Morin 编，巴黎 Champion 出版社2000年版。

小鬼，怎么着？你认为《印第安纳》是最好的小说？那我的作品呢？你把《巴黎圣母院》当成婊子吗？①

　　作家的野心是绝对化的、无条件的。无论他是否才华出众，都渴望得到同行和读者的双重承认，即文坛和社会的双重认可。这两方面相互影响，难以区分。一方面，作家都希望自创一派，成为"文学泰斗"，从而达到周围人难以企及的高度。下文中我们将列举几个典型事例。另一方面，作家又渴望金钱和名誉，希望征服女性。更甚的是，作家不仅希望得到外界的一致赞赏，还希望自己是独一无二的。我们知道，奉承的言行只有针对具体人时才能达到谄媚的效果。作为公众人物，文学家渴望得到重视的强烈程度和其自身的社会地位成正比。例如巴尔扎克内心就有着最虚幻、最不现实、最超乎寻常、最高傲的野心……这种野心堪比教皇、皇帝或独裁者，只有真正的主宰者才会有，那就是征服世界。②

　　那些竞争对手，那些他们佯装尊重但实际轻视的人，理应没有立足之处。地位越高的人越时刻担心自己的声

---

① 《乔治·桑书信集》第119—120页，乔治·桑1832年7月3日、6日、7日写给德塞尔夫的信。
② 《龚古尔日记》第一卷第161页，1855年10月13日篇。

誉和地位受到威胁。几乎所有作家都觉得公众对自己对手的赞扬言过其实。巴尔贝不明白为什么人们对乔治·桑"敬佩得五体投地[①]"。1881 年，为庆祝雨果 80 岁生日，浩浩荡荡的人群到雨果住所所在的埃罗街游行，埃德蒙·德·龚古尔看到这番场景后高喊"马屁精[②]"，气得差点背过气去。朱尔·勒纳尔曾说过一句名言："别人的成功让我不舒服，如果他的成功名副其实，我会更加难受。"[③]

说到底，对作家而言，相互嫉妒和攻击就像空气一样必不可少。批评可以燃起作家超越别人和超越自我的欲望，激励他在世人面前证明自己的价值，去争取流芳百世的美誉。"别人的攻击让人难过，但它实际上是有益的，因为它可以为创作增添一丝愤怒。"[④]埃德蒙·德·龚古尔恰如其分地评价道。

在人世间的游戏中，没有敌人就意味着自身无足轻重。

圣勃夫除了和雨果进行过"决斗"外，还卷入过另一场轰动一时的文学争斗。这一次，他的敌人是巴尔扎克。

---

① 《作品与人》第五卷"女才子"第 31 页。
② 《龚古尔日记》第二卷第 887 页，1881 年 2 月 27 日篇。
③ 《勒纳尔日记》第 639 页，1903 年 3 月 30 日篇。
④ 《龚古尔日记》第二卷第 821 页，1879 年 5 月 9 日篇。当时埃德蒙·德·龚古尔因发表《桑加诺兄弟》（1879 年）而遭到弗朗西斯克·萨尔塞的猛烈批评。

根据不太喜欢巴尔扎克的阿塞纳·乌赛的说法，巴尔扎克不是一个任人欺负的角色：

> （巴尔扎克）自认为有消灭敌人的天赋。当时，他的很多敌人都被他置于死地，只是时间上有早有晚。他从来不会手下留情。他从不嫉恨女人，对男人却毫不客气，尤其是那些不承认他有才华的"伪文人"。他最恨的敌人之一就是圣勃夫。[1]

他们之间的仇恨起源于一起文学冲突。我们知道圣勃夫于 1834 年 7 月通过出版商朗迪埃尔发表了小说《情欲》。这是一部根据他和阿黛尔·雨果的感情纠葛创作的作品。主人公阿莫里放纵无度，但在已婚的库阿埃纳夫人纯洁的爱情感化下开始悔过自新。库阿埃纳夫人在临死之前的忏悔中透露出自己的真实想法：她对阿莫里的爱只是为了满足自己的情欲，而并非阿莫里认为的柏拉图式的精神之恋。

巴尔扎克看到《情欲》时，圣勃夫恰好刚在《两个世界评论》上发表了一篇批评他的文章，巴尔扎克当然不会欣赏这部作品。在巴尔扎克看来，小说中任何有价值的元素，无论是文笔、结构，还是矫揉造作的人物，

---

[1]《年轻时期回忆录》第 20 页。

都有待改进。[1]巴尔扎克并不只是评价一下而已，他还要借《情欲》教训圣勃夫一番。还有比重写对手的小说更大的侮辱吗？"我要报复，我要重写《情欲》！"[2]巴尔扎克在儒勒·桑多面前大叫道。随后，他还说出那句我们在上文引用过的话："我要用我的笔刺穿他的身体！"

没过多久，巴尔扎克将想法付诸实施。正是由于巴尔扎克对圣勃夫的仇恨，我们才能有幸读到1836年出版的名著《幽谷百合》。小说中，年轻的费利克斯·德·旺德奈斯爱上了充满母性魅力的莫瑟夫公爵夫人，但遭到她的拒绝。在小说结尾，莫瑟夫夫人在遗书中袒露她疯狂地爱着费利克斯。实际上，巴尔扎克在小说中加入很多自己年轻时的经历和回忆，因此这部名著已经和《情欲》没有太大关系。但我们依然可以料到，圣勃夫大喊巴尔扎克在抄袭自己的作品。此外，圣勃夫清楚地意识到《幽谷百合》的文学成就超过了自己的作品，这让他的虚荣心受到更大伤害。当看到巴尔扎克的小说也遭到批评时，他才稍感安慰——一些报纸刊登了模仿《幽谷百合》的讽刺作品，如《山间晚香玉》，原本就有点滑稽的费利克斯被戏称为"丑陋的费利克斯"。

---

[1] 圣勃夫在小说结尾对库阿埃纳夫人的感情状态描写较模糊，巴尔扎克笔下的莫瑟夫夫人则感情鲜明。
[2] 圣勃夫著，《波尔·罗亚尔修道院史》，M. Leroy 编，"七星文库"第一卷，1953 年"补编"第 959 页。

1839 年 9 月，巴尔扎克和圣勃夫再次发生龃龉。圣勃夫发表名为《工业文学》的评论文章，批评文学越来越商业化。他认为 1830 年的革命导致各种思想体系崩溃，作家变得唯利是图，只知道用挣钱多少来衡量一个作家的才华。文章最后痛斥"著作权恶魔[①]"，这其实在暗指巴尔扎克，因为他刚成立一个作家协会并自任主席，协会的宗旨即保护知识产权和著作权。巴尔扎克通过《两个世界评论》做出回应。1840 年 3 月 1 日，圣勃夫再次挑起事端，发表《十年后的文学》。这篇文章导致圣勃夫和维尼关系决裂，对此下文将有详述。文章认为巴尔扎克"尽管已经发表过 50 部小说"，但文风冗长，笔锋也不够犀利，"虽然可能还会发表 50 部小说，但早已该退出文坛。"[②]按照圣勃夫的说法，1840 年以后的巴尔扎克已是江郎才尽。然而事实是巴尔扎克后来又创作了很多杰作，尤其是 1846 年的《贝姨》！

就在那一年，圣勃夫发表历史文学巨著《波尔·罗亚尔修道院史》第一部分，巴尔扎克随即对其展开猛烈攻击：

S.B. 先生居然企图再现如此无聊的事，真让人

---

① 圣勃夫著，《当代肖像》，第二卷第 448 页"工业文学"，巴黎 Michel Lévy frères 出版社 1869 年版。
②《当代肖像》第 472 页。

惊讶……我谨请这位异常固执的荷兰人给《波尔·罗亚尔修道院史》找出哪怕一丝趣味、一条叙述线索、一点意义……①

1841年，一件看似无关紧要的事暴露出圣勃夫对巴尔扎克深深的敌意——拒绝玛丽·达古特的晚宴邀请。达古特沙龙的客人大多是音乐家和作家，社会名流们对她组织的宴会趋之若鹜。圣勃夫拒绝的原因是雨果和巴尔扎克也在邀请之列。作家对文坛里的气氛总是异常敏感，每一句话、每一个表态都可能引起别人的注意和许多议论。拒绝邀请可以说是太无礼了！圣勃夫写信向达古特道歉，他把巴尔扎克称作《人间喜剧》中有名的杀人犯沃特兰，表示"共进晚餐和简单的见面不同，那意味着还要跟他握手，向他承认错误，承诺自己已经纠正了错误"。"原谅？原谅之前的一切？我可没有这么好说话，也不是如此虔诚的教徒。"②

可以看出，圣勃夫字里行间带着讽刺，他对自己小小的冒犯之举颇感得意。晚餐还没有举行，他已经陶醉在自己挑起的事端中，知道自己将成为晚餐讨论的主题。

---

① 巴尔扎克，《论文学、戏剧和艺术——谈圣勃夫的〈波尔·罗亚尔修道院史〉》，《巴黎评论》1840年8月25日第二期第193页。
②《圣勃夫书信全集》第四卷第108页，圣勃夫1841年6月写给玛丽·达古特的信。

据他猜测，邀请他的另一层意思也许是达古特天真地想让他和仇敌和好？

想让自己偃旗息鼓？这种冒险的事可不能干！他花了那么长时间经营自己的仇恨，绝不会和敌人和好。为什么要和好呢？不是随便什么人都能成为巴尔扎克的敌人，而且是全世界公认的敌人！

总之，文学界的仇恨不可小觑，它可以旷日持久。成为著名作家的敌人也就意味着谱写了自己的人生传奇。圣勃夫是这样理解文学评论家的角色的："每个评论家都有自己偏爱的猎物，他会扑上去将猎物撕咬成碎片……而我偏爱巴尔扎克。"[1]猎物可以成就猎人。直到1850年巴尔扎克辞世，这场争斗才因主角缺席而不得不宣告结束。圣勃夫也终于为《幽谷百合》的作者做出公正评价，承认了他的才华。但在巴尔扎克生前他一直拒绝这样做。

多年以后，《情欲》和《幽谷百合》的恩怨情仇在《玛耐特·萨洛蒙》和《杰作》之间再次上演。1867年，埃德蒙·德·龚古尔和茹尔·德·龚古尔两兄弟分别45岁和37岁，正值人生旺年。他们已发表代表作《勒内·莫普兰》和《热曼妮·拉瑟顿》，开始在文学界拥有一定声望。戈蒂埃、乔治·桑、福楼拜都很欣赏他们。紧接着，他们又出版了描写画家生活的小说《玛耐特·萨洛蒙》，

---

[1]《我的毒药》第111页。

讲述了画家面对创作和爱情时的痛苦经历。之后不久的1868年12月，左拉前来拜访他们。当时左拉28岁，风华正茂，已因创作《黛莱丝·拉甘》而小有名气。龚古尔兄弟很喜欢这个前途无量的年轻人，左拉也知道如何迎合他们。"我们和左拉共进午餐，他是我们的崇拜者和学生。"[1]崇拜者？的确！但随着左拉不断获得成功，个人财富不断增加，他和埃德蒙·德·龚古尔的关系渐行渐远（埃德蒙的弟弟茹尔已于1870年去世）。

《龚古尔日记》记录了埃德蒙和这位"学生"之间关系变化的过程。1875年3月7日，埃德蒙愉快地将福楼拜评价左拉的话写在纸上："左拉纯粹是个傻瓜。"[2]同时，他却依然和左拉交往。但当龚古尔认为左拉在抄袭自己的作品时，他们的关系就真的急转直下了。1876年12月，他给左拉朗读了一大段当时他正在创作的小说《艾丽莎女郎》梗概，后来他对此后悔不已。这部小说于1877年出版。但当他看到左拉的《小酒店》后，发现里面的人物热尔维斯在某些地方和他创作的艾丽莎很像。[3]他作为老师，越来越难以忍受自己的学生超过自己。1877年4月，龚古尔对左拉的嫉恨终于爆发出来：

---

[1]《龚古尔日记》第二卷第186页，1868年12月14日篇。
[2]《龚古尔日记》第二卷第632页，1875年3月7日篇。
[3]《龚古尔日记》第二卷第720页，1876年12月17日篇。

事实就是事实。在我的《热曼妮·拉瑟顿》发表前，左拉写过什么？《给尼侬的故事》而已！发表之后呢，他模仿我写出了淫乱的《黛莱丝·拉甘》。[①]

此后，龚古尔对左拉的指责变本加厉，认为左拉不满足于获得巨大财富，还不断剽窃自己的作品。在 1883 年 4 月 20 日的晚餐上，龚古尔难掩内心的不满：

> 我认为《悲惨世界》的结局多多少少是从巴尔扎克那里抄袭来的。左拉随即半抱怨、半无奈地说："我们大家不都在相互借鉴吗？""也可以这么说，我亲爱的朋友！"我回答道。老天啊！我明白他为什么持这种观点，因为他根据《热曼妮·拉瑟顿》创作了《小酒店》，模仿《热尔维赛夫人》写出了《穆雷教士的过错》……[②]

两人从含沙射影到针锋相对，矛盾变得越来越激烈。1885 年，左拉正在创作《杰作》，小说讲述了一个遭人唾弃的画家克洛德·朗捷的故事。这个画家最后陷入绝境，自杀身亡。我们知道保罗·塞尚认为这是在影射他，所以和左拉关系失和。当龚古尔看到这部小说时，他更

---

① 《龚古尔日记》第二卷第 738 页，1877 年 4 月 25 日篇。
② 《龚古尔日记》第二卷第 1001 页，1883 年 4 月 20 日篇。

加坚定了之前的看法：可以肯定，左拉在剽窃《玛耐特·萨洛蒙》。

争吵在左拉的小说问世前已然开始。人们似乎错将一些贬低《杰作》的言论安在龚古尔头上。愤怒的左拉在《费加罗报》上反驳道：自己的小说和对手的《玛耐特·萨洛蒙》不同，不是简单地"将一幅幅铜版画和水彩画并排放在一起的组合[①]"。龚古尔是有名的艺术品收藏家，知道左拉话中有话。在 1885 年 8 月 2 日的《龚古尔日记》中，他愤怒地写道：

> 报纸末版撰稿人可以说这样的话，但我们不能，除非已经彻底丧失了羞耻感。走吧，走吧，了不起的左拉！像科里奥利和玛耐特（《玛耐特·萨洛蒙》中人物名）那样去看看心理医生吧。[②]

阿方斯·都德曾给双方写信，希望能修补左拉和昔日老师之间的关系，但左拉的反应非常干脆：

> 必须承认，我已经难以忍受他整天指责我剽窃的病态行为。长久以来，他四处宣称我抄袭他的创意，什么《小酒店》就是《热曼尼·拉瑟顿》，《穆

---

① 《龚古尔日记》第二卷第 1176 页，1885 年 8 月 2 日篇。
② 《龚古尔日记》第二卷第 1176 页，1885 年 8 月 2 日篇。

雷教士的过错》来自《热尔维赛夫人》啦。最近（您当时也在场），他难道没有指责我在听完他朗读《亲爱的》的一个章节后创作了《生的快乐》片段吗？我只好放弃原有的创作计划，可最后他又承认从没给我读过上述章节。现在《杰作》还没有发表，他又开始吵闹了！不，不，亲爱的朋友，我是个有度量的人，但我真的受够了！[①]

《杰作》发表于 1886 年。龚古尔心中的怒火尚未平息，却又发现一处剽窃，这一次他更是气得要死——在《玛耐特·萨洛蒙》的结尾，画家科里奥利"产生严重的幻觉，在画布上画满闪闪发光的奇珍异石"，而左拉用自己的方式改写了这一情节。龚古尔苦笑道：

> 该死！左拉真是个滑头。画家产生幻觉的主意是我想出来的，他倒正好捡个便宜！他安排自己作品中的画家画放在模特肚脐和生殖器上的宝石。在我这里本是平淡无奇的情节，却让他添加了下流、淫秽的内容，这下子他的小说能多卖出去好几千本……左拉真称得上是文学界的抄袭大师。[②]

---

① B.H.Bakker 主编，《左拉书信集》第五卷第 285 页，蒙特利尔大学出版社和 CNRS 出版社 1985 年版。1885 年 7 月 25 日篇。
②《龚古尔日记》第二卷第 1237 页，1886 年 4 月 5 日篇。

可惜龚古尔的非难并没有影响左拉不断上升的声望。凭借自身的才华和对新广告手段的运用，左拉成为19世纪末法国文坛大名鼎鼎的人物。下文我们还将看到，没过多久，龚古尔这位年事渐高的老师在左拉竞争法兰西学术院院士席位过程中又对他展开了新一轮攻击。

第四章　明天上头版

在这种下流的工作中，哗众取宠、阴险和嫉妒
普遍存在。

——莫泊桑《致普里莫利公爵的信》

1836 年，《新闻》杂志主编埃米尔·德·吉拉尔丹
想出一个革命性的主意，这个创意日后给他带来了巨大
财富——把大仲马和巴尔扎克的作品分期出版，以保证
订户数量。日后大红大紫的连载小说就这样诞生了。在
随后的半个多世纪里，法国大部分文学作品都通过这种
方式先在报刊上发表，最后再结集成册。

在这种情况下，包括左拉这样的作家在内，大部分
作家与报刊主编打交道的次数超过了与书商及出版商，
而像比洛（《两个世界评论》的主编）之类的主编大多
专横跋扈。从无名小报《海盗船》到久负盛名的《巴黎
评论》和《两个世界评论》，文人们的成名之路都要从

这里开始。

报刊并非仅仅用来发表作品，还能提供评论。几乎所有报纸都在头版开辟文学评论专栏或专区。巴尔扎克、内瓦尔、戈蒂埃、左拉……19世纪的大部分作家都或多或少地担当过评论员的角色，其主要职责是评论最新发表的文学作品，创作供连载的戏剧剧本。作家们的这项工作收入颇丰，同时正如龚古尔兄弟所说，这也是一个"为自己报仇[①]"的机会。他们打着文学理想的旗号，评论时却暗藏私心，经常不怀好意地借机疯狂报复对手。有时候，一个作家刚在某报纸上发表一篇作品，几天后的同一报纸上就会出现抨击他的文章。

最后要说明的一点是，报刊还是宣介作者的绝好平台。和现在一样，当时的"炒作"总能增加作品销量，尤其在19世纪末，作品的销售数量随着报刊发行量的增加而不断增加。左拉是利用报纸的高手，年轻时的经历为他这方面的能力打下良好基础。他曾在阿歇特出版社当过广告员，从中充分汲取经验，把报刊当作推广自己作品的有力工具。这引起当时一些作家的不满或羡慕，如福楼拜、莫泊桑等。

---

①《龚古尔日记》第一卷第362页，1858年6月5日篇。

销售量

销售量代表一切！读者对文学派别之争如痴如醉，报刊主编们当然对此心知肚明。著名的《两个世界评论》主编比洛就是如此，他像久经沙场的商人一样经营着这份刊物。

根据巴尔贝的说法，比洛是"文学界的人身牛头怪[1]"，喜欢在与他合作的作家之间挑起争端，并报复不再跟他合作的人！"他们知道'不为蜂箱带来蜂蜜'的作家将遭到系统性攻击，他们的才华将不再被承认。"所以巴尔扎克死后，比洛开始跟他进行清算，并指使一个叫欧仁·普瓦图的人攻击他。然而普瓦图对《人间喜剧》的评价并不算太刻薄：巴尔扎克只知道不断重复，他笔下的人物都很相似，他的理念过于物质化，等等。巴尔贝认为，比洛的上述行为源于巴尔扎克曾向他透露过自己的真实想法："您不是《两个世界评论》的主编，您只是它的看门人。"[2]

《伏尔泰》的主编儒勒·拉菲特（甘必大的好友）在这方面同样经验老到。他知道从自己麾下最有名气的左拉身上能获得什么。1879年，以连载形式发表的《娜娜》帮助他的刊物赢得了相当可观的发行量。当左拉寄给他

---

① 《作品与人》第二十六卷"杂评"，第262页。
② 《作品与人》第二十六卷"杂评"，第262—263页。

抨击雨果浪漫主义和勒南实证主义的《致年轻人的信》时，他很清楚如何从中捞取利益。他十分希望挑起笔战。从1879年5月17日至21日，拉菲特分5次发表这封信。不久，卡蒂勒·孟戴斯也寄给拉菲特一封内容尖刻的信——《文学讲坛·致左拉先生》，指责左拉以学派领袖自居。6月3日，左拉同意拉菲特将这封信公之于众。于是，读者在6月20日就读到了这封信。孟戴斯没有在信中署名，而仅以"一个古典派作家"落款。对于拉菲特而言，剩下的事就是让左拉或他的门徒做出回应即可。6月22日，拉菲特在信中向左拉写道：

> 如果您愿意，我将为他们（年轻的自然主义作家们）提供一个辩论的机会——就像文学讲坛一样。卡蒂勒·孟戴斯先生将研究您的学派，并向我提供研究结果。对他们来说，这是一次论战的机会。[1]

一位象征主义诗人因为一本批评雨果的小册子而和自然主义学派结下仇恨——这样的笔战有三重背景，并且完全是学派之争，影响一定非同一般。左拉看穿了拉菲特的商业动机。在他看来，和孟戴斯纠缠对自己有害无利。6月23日，左拉向小说家塞亚尔授意：

---

①《左拉书信集》第三卷第347页。

拉菲特先生想把我们卷入一场笔战。我觉得孟戴斯是个小人物……他显然想挑起事端。我看无声的轻蔑是目前最有力的回击。[1]

总之，左拉认为不值得为孟戴斯大动干戈，否则是过于抬举他。可是就在同一封信中，左拉又让自己的门徒们做好进攻准备："让他们随便发表文章，我们先按兵不动，除非我下令干掉这位先生……通知一下于斯曼、埃尼克和亚历克西。"我们还记得，孟戴斯在信中指责左拉以派系领袖自居，看来我们不得不同意这种观点！同一天，左拉又道貌岸然地给拉菲特主编写了一封信：

就我个人而言，我是不会回应卡蒂勒·孟戴斯先生的。我对自己的敌人和地盘是有选择的。至于我的年轻朋友们，他们可以做自己想做的事。[2]

笔战最终没有挑起来。1880年2月，孟戴斯和左拉仅在纪念《欧那尼》发表50周年之际就雨果的诗发生过一次擦枪走火。拉菲特企图将新生的自然主义作家卷入笔战的想法没有实现，他对左拉的反应愤怒不已，最终

①《左拉书信集》第247页。
②《左拉书信集》第248页。

在那年9月终止与左拉的合作。

作为学派创始人和领导者，左拉失去了一个捍卫自己学派的舞台，也失去了一个攻击对手的渠道。在被龚古尔兄弟称为"文坛战争[①]"的争斗中，作家们正是凭借笔战和学派之争相互成就对方。

朋友写的小文章

我们知道，相对于友谊而言，批评的理由截然不同。巴尔扎克对雨果不满，指责他利用记者中伤自己。后面我们还将看到，大仲马与雨果不和的原因也在于此。

> 怎么向您描述雨果的卑劣行径呢？真是罄竹难书！……太可怕了！他不仅写文章抨击我，还……四处说我坏话，甚至指使人攻击我！这不是伟大诗人应有的行为。他的诗作伟大，但人格渺小。对他只能做出这样的评价：他是个伟大的作家，也是个跳梁小丑。我和他完全不同，哪怕是在对待敌人的态度上也不同。[②]

[①] 最初此为龚古尔兄弟一部戏剧的名称，后改编为小说《夏尔·德马依》。

[②]《巴尔扎克致韩斯卡夫人书》，"老书丛书"第606—607页。

巴尔扎克没有忘记，他刚在《幻灭》中讲述过主人公吕西安·德·吕邦普雷的艰苦经历，其中揭露出不少巴黎出版界幕后的秘密。主人公吕邦普雷不断地妥协着，在利益驱使下恶意攻击一位老朋友的小说。因此可以说，那些指责巴尔扎克的记者，不管他们是否受雨果指使，都和吕邦普雷的处境没有太大不同。

　　多尔维利的所作所为同样让人联想到吕邦普雷。《罗锅》的作者保罗·费瓦在《故乡》上发表《船长幽灵》（1862年）后，巴尔贝开始琢磨是否可以利用自己在《故乡》上的专栏撰写一篇关于费瓦的文章：

　　　　现在是谈论保罗·费瓦先生的时候了吗？……嗯，我看没什么不行的。他也在这里发表文章，但没关系！为什么不能在完全真诚和自愿的情况下，在他供稿的报纸上批评他？……我经常提到德·斯塔埃尔夫人说过的一句非常经典的话，这句话是对外界批评最有力的回击：别人把我带向死亡的时候，我想我已经开始审判刽子手了。①

　　巴尔贝没有太多顾虑。与沙龙里虚伪客套的气氛相

---

① 《作品与人》第四卷"小说家"第145—146页。

比，报纸提供了一个截然不同的环境。在报纸上谁也没有优先权，谁也不必顾忌脸面，谁的声望也不足以吓倒别人。

1863年，巴尔贝再次发难，这次的对象是戈蒂埃。后者"好人泰奥"的绰号并非徒有虚名，虽然他也饱受争议，甚至惹人厌烦，但大家一致认为他是个好人。一个没有敌人的作家？不可能。仅仅这个好人的名声就足以招致别人的嫉恨。巴尔贝在抨击戈蒂埃之前振振有词道：

> 我肯定会听到四面八方传来的劝阻声：戈蒂埃是个和蔼的老实人，为什么要说他的坏话？和蔼是一种宝贵的品质，但不是文人应有的特点。凭借和蔼的性格就想免遭别人批评？在我看来纯属无稽之谈。周围人的成见和压力真可谓力量强大。我们的民族也许依然相信拉法耶特将军那句"反抗是最神圣的权力"的名言，但不允许文学界发生反抗。[1]

果然，没过多久，人们就看到巴尔贝尖刻的批评：戈蒂埃的小说平淡无奇、枯燥无味，没有一点生命力。"《弗拉卡斯上尉》已是支离破碎、残败不堪。如果它花了30年时间才来到读者面前，那么消失的时候肯定用不了30年！"[2]

---

①《作品与人》第四卷"小说家"第296—297页。
②《作品与人》第四卷"小说家"第306页。

19 世纪 60 年代，当红作家福楼拜也沦为类似事件的牺牲品。自从 1857 年福楼拜发表《包法利夫人》之后，他就和龚古尔兄弟一起成为文坛的中坚力量，他们一致的目标是埋葬已经日薄西山的浪漫主义及其代表人物拉马丁、雨果等。在他们看来，诗歌已经没有存在的价值，只有小说这种新文学形式才能拥抱生活、表达生活，尽管它也有自身的缺陷，有的平淡无奇，甚至情节低俗，以至于引起因循守旧人士的不满。总之，福楼拜即代表潮流。1862 年，他发表《萨朗波》。"那是在迦太基城郊的梅加拉，在阿米尔卡花园里……"小说的开头沉浸在久远的回忆中，故事发生的地点与诺曼底的村庄相距遥远，更与奥迈药师没什么关系！小说描述的是一个斗士和一位迦太基公主之间的爱情故事，语言华丽，略带浮夸，能够让读者如痴如醉，完全沉浸在福楼拜构筑的小说世界里。

　　在此背景下，1862 年 12 月 1 日，龚古尔兄弟前往蒙巴纳斯街拜访圣勃夫。他们用恶毒的语言描述圣勃夫的住所："冰冷的客厅显得空空荡荡，毫无新意还略带庸俗，让人联想到外省的妓院。"[1]著名评论家圣勃夫正在修改几篇关于这部小说的评论文章。看样子"他很不喜欢《萨朗波》，不满和愤怒尽显无余。"对他而言，

---

[1]《龚古尔日记》第一卷第 849 页。

这部小说简直罪不可赦：

> "首先，它可读性差……其次，它是个悲剧，属于已经过时的古典风格。战争、瘟疫、饥饿，这些都是文学课上讲授的基本元素……简直和马蒙特尔、弗洛里安的作品如出一辙！而我比较喜欢努马·庞皮留斯（罗马王政时期第二任国王——译者注）。"在将近一小时的时间里，尽管我们一直在为这本书说好话（毕竟应该在评论家面前维护自己的同行），他还是流露出十足的厌恶之情。[1]

几天之后的 12 月 5 日，福楼拜找到龚古尔兄弟，他们告诉福楼拜，圣勃夫将要发表的评论文章对他不利。这一消息对福楼拜犹如晴天霹雳，让他难以承受：

> 他差点没挺住，因为羞辱而愤怒不已。"悲剧"、"古典风格"，这些词深深刺伤了他。足足两分钟以后，他才向我坦言："哼！圣勃夫是个流氓！他是拿破仑三世面前卑躬屈膝的奴才……他卑鄙无耻，简直就是一头猪！"[2]

---

[1]《龚古尔日记》第一卷第 849 页。
[2]《龚古尔日记》第一卷第 896 页。

事态愈发严重起来。圣勃夫这样的评论家撰写的辛辣文章往往能给评论对象造成很大负面影响。龚古尔兄弟这样记述道：12月6日，在玛尼餐厅，福楼拜跑到这个批评他的人面前，"动作粗鲁，企图让对方相信自己的作品很优秀……"可以想象，这顿晚饭吃得很热闹。散席之前，福楼拜终于放下心来，因为他说圣勃夫答应写三篇文章，在第三篇文章中会对他笔下留情。"他是个有魅力的人。"福楼拜补充道。显然，天真的福楼拜已经消除了对圣勃夫的敌意。第一篇文章于12月8日发表在《立宪党人报》上，预示着激烈的批评将要到来："我们应该忘记和作者之间的关系，把同他的友谊抛到脑后"，才能"做出认真、公正的评价，不掺杂任何阿谀奉承的成分。"①

在几十页的文章中，圣勃夫极尽批评之能事，其中最严厉的部分要算是拿《萨朗波》和夏多布里昂的《殉道者》（1809年）做比较了，我们知道，《殉道者》是夏多布里昂比较失败的作品之一。但圣勃夫还是信守了诺言。12月15日第二篇文章发表之后，12月22日发表的最后一篇文章笔调开始有所变化：是作品的主题差强人意，而非作者的才华。福楼拜终于松了一口气，最糟糕的情况最终得以避免。而且在前两篇文章中，圣勃

---

① 圣勃夫，《月曜日丛谈》第四卷第31页，巴黎 Michel Lévy 出版社1865年版。

夫也没有像那天在龚古尔兄弟面前那样不顾情面。后来，福楼拜给圣勃夫写了封感谢信，标志着两个人正式和好。1865年，圣勃夫公开了这封信：

> 您第三篇关于《萨朗波》的文章让我平静下来（实际上我压根儿没有太生气）。我的好朋友们对前两篇文章有点不满，我却要感谢您对我表现得如此宽厚，虽然您曾开诚布公地向我谈及对这本书的看法……您有点伤我的自尊心，但也温柔地向我伸出了友谊之手。①

这次惨痛经历让福楼拜认识到，正如让·洛兰所说，评论家们并非总是在"弃恶扬善②"，也并非总为有才华的作家出头……

---

① 《月曜日丛谈》第四卷第 445—446 页。
② O.Uzanne 著，《让·洛兰——艺术家、朋友、美好往事及未发表的信件》第 19 页中援引让·洛兰的话，巴黎 Champion 出版社 1913 年版。

第五章　今晚在剧院

在剧院，作家之间的幕后争斗比台前更激烈，爱恨情仇也更强烈，因为这里的得失更加明显——没有比在剧院更容易获得成功并赢得声望的地方，也没有比写剧本更容易赚钱的行当。人们嘲笑欧仁·斯克里布的风俗剧，却暗中嫉妒他的惊人财富；人们鄙视大仲马态度轻浮，却眼红他的声望和金钱，羡慕他可以肆意挥霍。成功的剧作家享有的优待更是让人向往不已，剧院经理对他们百依百顺，女演员们也甘愿为获得可以出名的角色而不惜一切代价。

因此，19世纪的作家对写剧本趋之若鹜也就不难理解，他们中包括被后人界定为诗人或小说家的某些作家。左拉和维尔纳的小说改编成剧本后便跻身19世纪末最成功的戏剧作品行列。

然而戏剧创作的道路并非一番坦途。在众多参与者当中，有几人能最后获得成功？有多少费尽心血写出来的剧本，在满足剧场各项苛刻条件之后，上演时却根本得不到观众认可？一个雨果或大仲马的产生，背后有多少个内瓦尔甚至巴尔扎克做出过失败的尝试？

从另一方面来说，剧本本身质量的好坏并非能否获得成功的唯一决定因素，剧场的运作方式、为剧作家进行的宣传、现场观众中的"内应"（作者雇来在关键时刻带头鼓掌的"支持者"），以及第一批评论文章的基调等等，都是需要考虑的重要因素。在此举一个典型案例：1830年，缪塞的《威尼斯之夜》在奥德翁剧场首次上演即遭遇惨痛失败。当天晚上，观众突然狂笑不止，为什么？因为女主角的裙子被刚刷完漆的舞台道具染上了颜色！缪塞异常沮丧，发誓再也不把自己的剧本搬上舞台。然而他并没有放弃创作剧本，只是从那以后只写"椅子上的剧本"——仅供阅读而不在剧院上演。

浪漫主义剧作家中的三大"男高音"——雨果、大仲马和维尼在巴黎戏剧界曾掀起一场对决。雨果和大仲马都出生于1802年，维尼比他们年长5岁。他们三人相识于19世纪20年代初，分别写出过《艾那尼》《安东尼》和《查特顿》。他们的作品风格多少有些相似，同样都有大胆的文笔和精湛的写作技巧。但也正因为如此，他们都认为自己是三个人中最好的。另外还有一个不可调和的因素，就是雨果和大仲马的剧本比维尼的赢得了更多掌声。

三个人过从甚密，获得的成功却大小不同，冲突很快便爆发出来。他们之间的爱憎如此强烈，有时甚至让人以为是发生在情人之间的感情纠葛。

19世纪30年代初，大仲马是雨果最忠实的崇拜者之一（直到后来他一直如此），但和其他普通文人不一样的是，他也期待自己的作品能在戏剧舞台上获得成功。写剧本比写诗更容易赢得公众的认可，因为说服出版商出版一本诗集是相当困难的，而且即使能出版，读者也不会太多。另外还有一点不容忽视，那就是出版诗集的经济回报很少。至于小说，当时人们仍认为它是一种低级文学，难以获得文学界认可，尽管写小说可以获得可观的经济收入。

从那时起，雨果和大仲马就成了直接的竞争对手。谁能有幸毫无争议地获得"浪漫主义戏剧大师"的殊荣？历史最终选择了雨果，而不是大仲马。但在当时的人们看来，形势并非如此明朗。尤其是在1831年，大仲马即便没有超过雨果，也至少和雨果打成了平手。雨果因《马利翁·德洛姆》遭受冷遇而气愤不已，有人甚至指责他是受大仲马新近发表并大获成功的《安东尼》启发，才创作出迪迪埃的人物形象。大仲马很有大将风度，立刻在《两个世界评论》上发表声明予以否认："大仲马先生谨委托我们告知读者，在他本人构思《安东尼》一年前，

《马利翁·德洛姆》已创作完毕。因此，如果存在抄袭，也是他本人抄袭雨果，而非相反。"①尽管大仲马做出了表态，他个人的成功最终还是导致浪漫主义剧作家三人组之间关系失和。

两年后发生的另一件事让他们之间的争斗持续了很长时间。1833 年夏，雨果看到一个叫卡萨尼亚克的人写的一篇文章。此人是职业评论家，波德莱尔评价他是"正面抨击派"的杰出代表。②当时他已经发表过数篇诋毁大仲马的文章。在雨果看到的这篇文章中，他对雨果大加赞扬，还批评大仲马没有任何才华，只知道四处抄袭。雨果显然不会对有利于他的对比表示不满，但还是劝与他关系密切的报纸主编不要予以发表。实际上，雨果的作品《玛丽·都铎》马上就要在圣·马丁门剧场上演，大仲马及其追随者的支持对该剧的成功至关重要。所以当时并非雨果表达对大仲马不满的好时机。

尽管如此，危险时刻还是渐渐来临。大仲马创作的剧本《安热尔》被安排在《玛丽·都铎》之后上演，剧院经理阿雷尔冒失地将海报词设计成："第一天演出《玛丽·都铎》，接下来是《安热尔》。"③其中似乎暗含雨

---

① Cl.Schopp 在《大仲马传》第 208 页中引用大仲马的话。
②《波德莱尔作品集》第二卷第 16 页，"给青年文人的建议"。
③《阿黛尔眼中的雨果》第 540 页。另有版本认为海报词是："即将上演《玛丽·都铎》，接下来是《安热尔》。"

果的作品难以获得成功的意思……雨果很愤怒，坚信是大仲马在后面捣鬼。他当即示意发表一个月前拦下的那篇文章，卡萨尼亚克对大仲马的批评就这样出现在《辩论报》上。

大仲马惊愕不已，写信给雨果：

> 亲爱的雨果，
>
> 很久以前有人告诉过我，《辩论报》上会出现攻击我的文章，还说这篇文章虽然不是您写的，却是您授意的。我根本不相信……
>
> 朋友，怎么对您说呢。在我的戏剧即将上演之际，我的朋友，而非我的对头，却在《辩论报》上发表批评我的文章。难道让我对此毫不在乎吗？
>
> 依然是您忠诚的——大仲马。①

落款的这个"依然"表达了深深的责备之意，雨果的回应相对很模糊，似乎没有为自己辩解的意思：

> 亲爱的大仲马，
>
> 很多人在指责我，有的您能想到，有的您根本想不到。作者是我的朋友，是我帮他在《辩论报》

---

① Cl.Schopp 在《大仲马传》第 257 页引用大仲马的话。

上发表的这篇文章……

　　不要忘了，在这件事上，如果您产生一点儿怀疑我不是您友好、真诚的朋友的想法，您就是天底下最没有正义感、最忘恩负义的人。[①]

　　如此软弱无力的友谊宣言，怎能让人信服？这件事很快被炒得沸沸扬扬。很多人支持大仲马，认为雨果在背后算计了他。阿雷尔经理也支持大仲马，同时他也明白，这件事很有经济价值——两位当红作家之间产生不和，这难道不是剧院借机做广告的绝好时机吗？

　　最终，《玛丽·都铎》在这件事中受到很大影响，演出效果非常糟糕，雨果在剧场中被观众喝倒彩。在剧中扮演主要角色的朱丽叶·德鲁埃表现很差，外界认为她应对剧本的失败负一部分责任。朱丽叶因此抑郁成疾。也许是命运有意捉弄人吧，她的角色被伊达·费里埃顶替，而这个伊达正是大仲马的情人。

　　雨果急于摆脱不利境地，想将自己写给大仲马的信公之于众，以求为自己辩护。大仲马极力劝阻，但未能奏效。雨果发表了亲笔签名信，否认自己和整件事有关。两位作家之间的关系由此进入持久冷战期，直到后来他

---

① P.Meurice 和 G.Simon 编著，《雨果书信集》第一卷（1814—1848 年）第 534 页，1833 年 11 月 2 日雨果写给大仲马的信，巴黎 Albin Michel/Ollendorf 出版社 1947 年版。

们因共同反对拿破仑三世才有所缓和。

那么维尼呢？在这种三足鼎立的关系中，他虽经常被人忽视，自身的想法却并不少。他和另外两位对手兼朋友一样生性多疑，他和雨果之间的关系也正是因为戏剧而产生裂痕。为了把事情交代清楚，我们有必要做一番回顾。雨果和维尼很久之前就有交情。贵族出身的维尼欣赏年轻、才华横溢的雨果，雨果也敬佩比自己年长、拥有才华和名望的维尼。1822 年 10 月 12 日，雨果甚至邀请维尼为自己和阿黛尔的婚礼做证婚人。当 1825 年维尼结婚时，雨果略带夸张地向他写道：

> 我们会经常见面，我们的生活会很相似，正如我们在精神上的一致。我们的爱人也会彼此珍视，我们四个人将亲如一家。[1]

我们能够料想到，后来事情的发展并非如此。诚然，雨果介绍维尼认识了圣勃夫（雨果和圣勃夫的关系那时正处于"蜜月期"），维尼和圣勃夫互相交换作品，圣勃夫还会帮维尼一些小忙。但不幸的是，维尼和雨果之间很快便出现了不和，有公开的，也有未公开的。应该说是雨果变了。1829 年，维尼在日记里记录下那段时期

---

[1]《维尼书信集》第一卷第 201 页，雨果 1825 年 2 月 9 日写给维尼的信。

雨果身上发生的变化。从雨果以前给未婚妻阿黛尔写的信中可以看出他曾是一个羞涩的青年，努力保持着严谨、刻苦的态度，而如今他已经变成不知奋进的享乐主义者，维尼对此并不欣赏：

> 他曾经那么虔诚，在舞会上只知道跳舞，看到袒胸露背的年轻女子都要把目光避开……现在，他已经不再是那个我喜爱的雨果。他以前笃信宗教和王权，纯洁得像处女一样，同时有一点儿狂野。这样的他很好，我们很喜欢。如今，他言语放肆，行为不羁。这样的他不好。什么！难道他是先经历成熟，然后变得幼稚！[1]

老天啊！

除此以外，间接的因素也对他们的关系造成很大影响。雨果和大仲马因《马利翁·德洛姆》产生矛盾时并没有得到维尼的支持，因为维尼怀疑雨果笔下的马利翁剽窃自他的小说《桑·马尔斯》，而这部小说于1826年就已经搬上了舞台。两人之间嫉妒的种子已经孕育多年。

1829年，雨果似乎故意开始忘记向维尼寄最新创作

---

[1]《诗人日记》第893页。

的作品，如《东方集》和《一个死囚的末日》。维尼马上就做出反应。雨果随即予以回复并重申和维尼的友谊。当时《马利翁·德洛姆》遭到查理十世的查禁，雨果急需在舞台上推出另一部作品《艾那尼》，但维尼根据莎士比亚的《奥赛罗》改编的戏剧却排在《艾那尼》前面，这让雨果很生气。维尼没有给雨果留面子，声称莎士比亚的作品应该排在所有人前面，雨果也不例外。最终，维尼占据了上风。

真正的决裂发生在1832年，整个过程历时数月。上文多次提到的雨果的宿敌普朗什也卷入其中。

1832年8月1日，普朗什似乎主动在《两个世界评论》上发表文章，试图证明维尼比雨果更有才华。当事人之一的维尼自然受宠若惊，于8月4日给普朗什回信表示感谢。在信中，维尼表示很欣赏这种"细致、公平的评论"。在他的笔下，老朋友雨果只能算是一个"继承者[①]"。

另一方面，圣勃夫对普朗什这篇文章愤怒不已，他通过文章看透了维尼的险恶用心。大家别忘记，这时候圣勃夫还没有和雨果断绝交情。于是圣勃夫也于1832年11月1日在《两个世界评论》上也发表文章力挺雨果。他委婉地影射到普朗什的文章，语言看似轻描淡写：

---

① 《维尼书信集》第二卷第175页，维尼1832年8月4日写给普朗什的信。

戏剧、小说、诗歌，所有的一切都得益于一位作家（雨果），他既是伟大的散文家，也是伟大的诗人。[1]

维尼本来就是个异常敏感的人，看到上面这些话更是坐不住了。什么！所有都"得益于"雨果？难道说所有的一切，当然也包括维尼本人，都欠雨果点什么吗？他难道不比雨果年长5岁吗？这下子维尼可以理直气壮地到《两个世界评论》主编比洛那儿去抗议了。比洛感到很尴尬，责令圣勃夫再写篇文章加以更正。1832年11月15日，圣勃夫果然再次发表文章，"看似褒奖的文字中间却流露出恶意[2]"：

借此机会，我想指出一点，最近在《两个世界评论》上提到很多作家都得益于一位伟大作家。毋庸置疑，这其中并不包括诸如拉马丁、维尼、梅里美、巴尔比耶、大仲马等大师级人物，因为他们完全受益于自身。[3]

---

[1] 引自圣勃夫在1832年11月1日《两个世界评论》上发表的"半月漫谈"，《维尼书信集》第二卷第186页。

[2]《龚古尔日记》第一卷第1065页，1864年4月11日篇中龚古尔如此评价圣勃夫的文章。

[3] 引自1832年11月15日《两个世界评论》，《维尼书信集》第二卷第187页。

把维尼和梅里美、巴尔比耶归为一类？这篇似是而非的更正文章实际上贬低了维尼，因为维尼自认为高于那些人，绝不想和他们沦为同一层次！比洛预感到这篇文章可能招致维尼的不满，结果果然如此。愤怒的维尼和圣勃夫反目成仇，同时也和雨果结下了怨恨。下文我们还会提到圣勃夫和维尼之间交恶的经过。

第六章 战斗的神经

诗人，虽如柏拉图所说是"清高之人"，但毕竟也是人。财富的积累和他人的认可是获得名望之后的必然结果，也是追逐成功的重要动力。而成功的背后往往隐藏着辛酸和苦楚。本书前言曾提到巴尔扎克在信里问欧仁·苏："您有敌人吗？"后者回答道：

> 敌人？噢！问得好，当然有，而且有不少！他们给我带来很多自信。他们并非嫉妒我的名望，而是我的财富。用他们的话说，我抢了他们的饭碗，才变得如此富有。照此说法，作家在写作之前应该先给医院捐款，资助波兰、意大利、西班牙难民，还有被债主逼得走投无路的同胞们。[1]

---

[1]《欧仁·苏传》第 190—191 页，欧仁·苏写给巴尔扎克的信（1832年）。

欧仁·苏的对头们认为，他的父亲是非常富有的外科医生，他自从生下来就没经历过任何艰辛。还是那句话：富人没有好东西。1908年，作家夏尔－路易·菲利普讽刺富有的瓦莱里·拉尔博（其父因开发维希－圣约尔水资源而发家致富）："遇到让纪德相形见绌的富人总是一件让人愉快的事。"[1]

没能出生在富裕之家的作家也同样难逃攻击，因为人们会把他们努力还债的事当作笑谈。1854年，可怜的内瓦尔应邀到富有的约瑟夫·梅里家出席晚宴。梅里是成功的作家，因善用动词而备受各沙龙推崇。主人热情款待来宾，大家在餐桌上畅饮夏布利干白葡萄酒。但人们奇怪地发现，内瓦尔吃饭速度很慢（当时他正患有神经性疾病，虚弱不堪。一年后他因病自杀）。一位客人粗鲁地大声叫嚷说他是想从牡蛎中找出珍珠。[2]

实际上，贫穷潦倒的作家写作的目的和雨果、福楼拜、普鲁斯特等作家有着天壤之别。正如内瓦尔在1830年写给其父亲的信中所说，他们必须"将所有精力投入到一项回报甚微的工作中，比如写小说或给报纸供稿，因为

① E.Marty 编，《纪德日记》，"七星文库"第一卷（1887年—1925年）第602页，1908年7月28日篇。
② Ph.Audebrand 著，《19世纪小忆》第160页，巴黎 Calmann-Lévy 出版社1892年版。

这项工作难度不大①"。和好友泰奥菲勒·戈蒂埃一样，内瓦尔也经受过"连载小说的折磨"，一周接着一周，被耗得筋疲力尽，根本没有时间创作自己的作品。很多作家都在努力挣钱，其中不仅包括柯莱和普朗什之类的二流作家，也包括乔治·桑和巴尔扎克等顶级作家，因为这些人花钱总是大手大脚。这也是某些作家写作速度奇快的重要原因之一。巴尔贝轻蔑地称他们为"草率作家②"。

巴尔扎克总是嫉妒比自己更走运的小说家。无论是弗雷德里克·苏利耶还是欧仁·苏获得巨大成功，巴尔扎克内心都充满痛苦。欧仁·苏凭借1842年发表的《巴黎的秘密》和1844年发表的《流浪的犹太人》（巴尔扎克曾给出这样的评价："我看这种市侩的作品应该叫《流浪的猪油》更合适。"③）获得了丰厚的经济回报，这更让巴尔扎克难以忍受。欧仁·苏的这两部连载小说一度成为当时最畅销的作品，在读者中掀起史无前例的热潮。巴尔扎克谴责他创作随意，作品有哗众取宠之嫌：

尽管欧仁·苏的两部作品销路很好，也引起

---

① J.Guillamue 和 Cl.Pichois 编，《内瓦尔全集·书信集》，内瓦尔1839年末写给其父亲的信，"七星文库"1989年版第一卷第1325页。
②《作品与人》第四卷"小说家"第16页。
③《巴尔扎克致韩斯卡夫人书》第二卷第52页,1845年8月31日篇。

不少关注，可我不必也不想承担此事对我造成的负面影响。我一定会创作出成功作品、文学杰作，让世人看到他那些平淡无奇的文章根本不值一提。我要让他笔下的迪比夫看看我创作出的拉斐尔。你们了解我，知道我对他和读者并不刻薄，更不会心怀嫉妒！感谢上帝，我的对手是莫里哀、沃尔特·斯科特、勒萨日和伏尔泰，而不是满身绫罗绸缎的保罗·德·科克。[1]

对巴尔扎克而言，最让他难以忍受的是看到欧仁·苏的小说比自己的更畅销，卖的价钱也更贵。

巴尔扎克经常负债累累，这成为一段匪夷所思的文坛往事。为了摆脱困境，他时常制定出宏大的计划，从办印刷厂到种植菠萝，每次都以失败告终，经济状况随之每况愈下。波德莱尔因此多次嘲笑过巴尔扎克，尽管他的处境并不比巴尔扎克好多少（波德莱尔花销无度，家人请昂塞勒律师为他担当经济监护人并制定消费计划）。1845年11月24日，波德莱尔在《海盗船》上发表题为"天才如何还债"的文章。在文章中，他描述了在街角偶遇巴尔扎克的场景："从种种迹象判断，这位著名作家本身就应该是'《人间喜剧》中好奇心最重、

---

[1]《巴尔扎克致韩斯卡夫人书》第二卷第910页，1844年9月17日篇。

最滑稽、最有趣、最爱慕虚荣的人物'。这样的人物在生活中让人难以忍受，在作品中却让读者觉得妙趣横生。他就像个大孩子，满腹才华却又极度虚荣，身上的优点很多，缺点也不少，只好任凭自己如此发展下去，直至不可救药。"①

事情还真让波德莱尔说对了。巴尔扎克非常焦虑，因为他欠下的1200法郎马上就该还了（请注意，当时一名巴黎工人的年薪平均是900法郎），但还没有凑齐这笔钱。于是他想出一个办法，找到一家报社并签下一项报酬丰厚的合同——替该报撰写两篇长篇文章以供第二天发表，报社付给他1500法郎的报酬。合同签好后，剩下的事就是把要完成的两篇文章分包给要价更低的写手……第一个写手是波德莱尔的朋友爱德华·乌利亚克，这个人又把活儿分包给了热拉尔·德·内瓦尔……；第二个写手是泰奥菲勒·戈蒂埃，此人"身材臃肿，惰性十足，整天无精打采，只知道夸夸其谈，矫揉造作"。最后内瓦尔没能按时完成任务！波德莱尔总结道："我本想证明巴尔扎克作为伟大的作家，在解决经济困难时会像创作最神秘、最复杂的小说一样容易。"②

巴尔扎克满腹的才华没有用在正途，却扮演了很多次失败商人的角色。1842年，他推出新剧本《基诺拉的

---

① 《波德莱尔作品集》第二卷第6页，"天才如何还债"。
② 《波德莱尔作品集》第二卷第8页。

能力》，并亲自负责演出的票务预订工作。他提高了票价，给媒体赠票时表现得很抠门……最后，演出惨遭失败，观众十分不满……几家小报刊登了诸如《记返场票票贩子巴尔扎克先生》《投机的浪漫派戏剧》之类的文章。在后来的演出中，甚至出现过观众喝倒彩的现象。[1]

　　和巴尔扎克一样，拉马丁也经常成为嘲笑的对象。他在写给韩斯卡夫人的信中甚至把自己和巴尔扎克的境遇做了一番比较。1848 年革命后，他一度出任总理，但后来债务缠身，穷困到食不果腹的地步。文学同行们没有什么同情心，纷纷嘲笑他不善经营，还四处宣扬他将最珍贵的收藏品拿出来拍卖，贱卖自己写的"游记和年轻时的爱情记录[2]"以及亲笔书信，用以换取钱财……直到 1869 年拉马丁去世前，他一直想方设法多发表作品，内容涉及多个领域：他在《拉斐尔》（1849 年）和《格拉齐耶拉》（1852 年）中记述过前半生的美好回忆，发表过一系列平庸的说教型小说，编纂过文学课本，还撰写过《土耳其史》（1854 年）。他获得的财富足以让对手们目瞪口呆，但只能全部用来偿还欠下的债务。有的报道说拉马丁用作品换了个储钱罐[3]，把他戏称为靠读者

---

① R.Pierrot 著，《巴尔扎克传》第 380 页，巴黎 Fayard 出版社 1944 年版。
②《拿破仑三世统治时期回忆录》第一卷第 46 页。
③《拿破仑三世统治时期回忆录》第二卷第 87 页。

订单过活的乞丐，或是说话没谱的街头混混。梅里美不无恶意地评价说："这个'文字苦役'还不如去杜伊勒里公园门口卖钢笔。"[1]

梅里美有资格如此评价拉马丁吗？当时人们认为梅里美利用和欧仁妮皇后母亲的关系，在拿破仑三世时期摇身变为参议员，是个不择手段向上爬的人。1853年，维埃勒－卡斯特尔在一篇文章中讽刺道：

> 梅里美很有头脑，而且他会表现得比实际更有头脑……他没发表过什么作品，也没引起外界多少关注，却能得到想得到的一切。这些对他来说似乎不费吹灰之力！历史建筑总督察、法兰西学术院院士、参议员，这些头衔能给他带来4万法郎的收入。真不知道他还想得到什么！……"有本事"就是好！[2]

"有本事"这个词显然有点儿刻薄。无论是家境殷实，还是靠自己的能力积累起财富，凡是富有的作家都会引起别人质疑。像左拉这样从零做起、自学成才的人，只身前往巴黎，为实现目标而努力奋斗，也会因作品热

---

[1] M.Parturier编著，《梅里美书信全集》第六卷第312页，梅里美1864年12月30日写给达坎的信，图卢兹Privat出版社1958年版。
[2]《拿破仑三世统治时期回忆录》第一卷第182页，1853年7月18日篇。

卖而引起他人的仇恨。前文我们提到过，龚古尔同样也曾身陷类似境地。而对左拉最强烈的批评则来自他的宿敌——文风粗野的评论家莱昂·布洛瓦，此人攻击左拉的言论甚为恶毒，堪称闻所未闻。1892 年 7 月的一天，布洛瓦去梅塘别墅拜访左拉，结果吃了闭门羹。后来，布洛瓦在日记中有过尖刻的描述：

> 他到底是个什么样的人物？一个沉浸在幸福中、饱尝成功滋味的家伙。他知道我是个穷文人（我甘愿受穷），刚花掉仅剩的一点钱，做了一次"长途"旅行——乘坐 45 分钟火车，再走上半个小时的路，只为能拜访他，可他居然不肯见我！①

于斯曼曾是布洛瓦的好朋友，他也发现左拉满脑子只想着钱，随即表示自己更喜欢"维利耶的荒唐"和"布洛瓦的狂躁"，而不是梅塘别墅里飘出来的"世俗气"。②于斯曼认为，左拉一味追求物质享受的习气毒化了他的弟子们，让他们沦为彻头彻尾的"小商贩"。③

---

① P.Glaudes 编著，《布洛瓦日记·忘恩负义的乞丐》，"老书丛书" 1999 年版第一卷（1892 年—1907 年）第 31 页。
② Richard Griffiths 在 "于斯曼和《逆流》的秘密" 中引用于斯曼 1887 年 11 月写给阿里杰·普兰斯的信，《于斯曼和他的〈逆流〉——风味浓汤》第 50 页，巴黎 CDU—SEDES 出版社 1990 年版。
③ 同上。

更甚的是，魏尔兰去世以后，左拉在1896年1月18日的《费加罗报》上发表题为"孤独者"的文章，把这位死去的作家说成是"病态的天才"，只有"寥寥几个名不见经传的弟子"崇拜他。左拉之所以贬低年轻一代对魏尔兰的崇拜，因为魏尔兰和左拉不是一类人，不像他那样擅长煽动人心和挑弄是非。布洛瓦愤笔反击道：

> 字，这些文字无非想阐明一个并不高明，甚至有点拙笨的观点：不能挣钱的作家都是失败的作家。我倒认为事情不能一概而论。[1]

布洛瓦抨击左拉"龌龊十足"，在"文学界从事肮脏的勾当"，居然还以大师自居！布洛瓦指出，左拉认为"力量、正义、荣誉、名望和崇高的地位都可以用财富来体现，但事实上只有成为真正的大师才能赢得别人的敬佩"。

显然，作家最好不要太过富有。也许正是因为如此，戈蒂埃虽然在第二帝国时期达到很高地位，却一直在哭穷，以致招来龚古尔兄弟的讽刺。普鲁斯特虽然继承了一大笔遗产，却表示自己没能力支付一套大公寓日常所需的开支。福楼拜虽在前半生过着悠哉的食利者生活，

---

[1]《布洛瓦日记》第一卷第182页，"在丹麦的17个月（1896年—1900年）"。

却信誓旦旦地告诉柯莱自己手头没什么钱。

诚然，这些人装穷的态度中不乏下意识成分，但福楼拜声称自己不太在乎是否成功，肯定是因为本身已经很富有。也正是出于这个原因，福楼拜的朋友迪康催他赶快发表作品以获得名望时，他严词拒绝：

> 我有更高的追求，我要实现自己的目标。成功只是结果，而非目标……谈到巴黎时，你说那里才有"生命的气息"。我觉得你所谓的"生命气息"充满臭味。在我看来，你邀请我加入的那个巴那斯派团体里乌烟瘴气，让人头晕目眩。可以说，他们获得的荣誉上沾满了污点……有没有文学争论，我不在乎；奥吉耶是否获得成功，我也不在乎；瓦格里和蓬萨尔的影响是否越来越大，以致侵占了我的一席之地，我更是不在乎。我不会去和他们争这些东西。①

福楼拜并非一直这样无所谓。1857年，《包法利夫人》事件掀起不小的波澜，无形中给福楼拜提升了不少名气。1862年，他发表第二部小说《萨朗波》时，俨然已经以文坛老手自居，并对外放风说出版商米歇尔·莱维付给

①《福楼拜书信集》第二卷第114—115页，福楼拜1852年6月26日写给迪康的信。

他 3 万法郎。实际上他只得到 1 万法郎。没过多久，他的谎言被圈子里的人揭穿，龚古尔兄弟公开对此进行嘲讽。另外，根据埃德蒙·德·龚古尔 1875 年 5 月 5 日的精彩描述，福楼拜和出版商之间的关系并不和睦：

> 我把米歇尔·莱维的死讯告诉福楼拜。我看到，他听到这个消息后用手指穿过上衣扣眼，把勋章挂在显眼的位置。而在这之前，因为莱维也获有同样的勋章，他一度不愿让别人看到自己的勋章。[1]

像莫泊桑一样公开自己财富的作家实属特例，因为那要冒着被指责为自大狂的风险。1886 年 8 月的一天，已经成名的莫泊桑应邀到伦敦参加罗特席尔德男爵举行的盛大宴会，出席的嘉宾都是社会名流。作为新贵，莫泊桑在所有认识的人面前炫耀财富，包括很久没有联系的老朋友。这些人并不欣赏莫泊桑自吹自擂的行为。小说家亨利·塞亚尔严厉地批评他说："看来你混得不错，不再是以前在'小酒店'里花 15 个苏（法国当时货币单位——译者注）就能吃顿晚饭的时候了，也不再是舔舔马西尼老妈屁股就很满足的时候了。"[2]

---

①《龚古尔日记》第二卷第 664 页。
② P.Michel 和 J.-F.Nivet 著，《奥克塔夫·米尔博——虔诚的诅咒者》第 275 页，Séguier 出版社 1990 年版。

第七章　成为和已经成为

莱昂·都德曾经说过，荣誉就像一个"金球[1]"，得到它是一回事，控制它是另外一回事。如果能利用它的时候不及时利用，它就会毫不犹豫地滚向对手那边。

对于已经尝到成功滋味的作家来说，担心被读者遗忘是他们内心永远挥之不去的忧虑。面对别人的尊敬，他们表面上傲慢，内心却小心翼翼，生怕担心的事情终有一天会发生。自认为了不起的作家都对周围人不怀好意的态度异常敏感，总认为别人想把他们赶出文学名人的殿堂。

老一辈作家很难容忍比自己年轻的作家。19世纪40年代，夏多布里昂正在创作他的《墓畔回忆录》，他完全有理由对自己的寿命感到自豪，也完全有理由为他光辉的一生撰写一部文学巨著。但反过来讲，对于周围的

---

[1] 都德，《文学回忆录》中某章节标题。

年轻人而言，他是否已经年事过高？尽管他始终被赞扬声包围着，还是能感觉到阿贝奥布瓦沙龙里年轻作家们的野心，知道他们认为他已经是上个时代的人物了。我们知道夏多布里昂并不欣赏拉马丁，认为在浪漫主义滋养下成长起来的那些作家都是忘恩负义之辈，他对此十分恼怒。

1845 年 7 月 20 日，法兰西喜剧院一个名叫戈特的演员经历了一幕颇耐人寻味的场景：当他坐上公共汽车前往夏多布里昂的住所时，不知道身边坐着的两个人是声望已日薄西山的名人——讽刺歌作者贝朗热和神父拉芒内。直到走进夏多布里昂的沙龙，他才和这两个人互做介绍。戈特在日记里记录下当天的谈话内容，他认为 77 岁的夏多布里昂、65 岁的贝朗热和 63 岁的拉芒内都在无情地阻挠年轻作家的成长，没有哪个年轻作家能够幸免，嗜酒成性的缪塞更是首当其冲：

贝朗热：这家伙颇有拉封登的遗风！

夏多布里昂：不是拉封登，倒像是酒精。

拉芒内：果真如此？

夏多布里昂：看看他的《月亮颂歌》吧！

贝朗热：那玩意儿简直是贻笑大方！

夏多布里昂：酒鬼写的东西！正如雨果的《莱茵河》一样是一篇废料！……昨天，别人刚给我寄来插图本的《巴黎圣母院》。是欧仁·德拉克罗瓦画的插图吗？

贝朗热：我看不是。

夏多布里昂：可惜了，他们两个都是焦躁不安的人。现在流行诗人给诗人画插图……贝朗热先生，我知道拉马丁先生（当时是众议员）是您的朋友……可您能想象这么一个写出《沉思集》和《天使谪凡记》的诗人在众议院里像读诗一样同战争部长讨论武器装备和战争工事，与奥迪隆·巴罗、勒德吕－罗兰、比佑等人钩心斗角吗？[①]

不难看出，"猫"依然还会咬人。但如果我们看到年轻一代对他的攻击的话，我们还能责怪他吗？年轻人说他是个骗子，自命不凡，说话颠三倒四。普朗什说他"愚弄大众[②]"，维尼骂他"徒有虚名[③]"，而雨果更甚，说：

夏多布里昂先生不仅才华老了，心也老了。他整天咕咕哝哝的，别人稍一招惹就大发脾气。……可悲啊，一头狮子变得只知道犬吠。[④]

[①]《晚年夏多布里昂》第一卷第 442 页。

[②]《巴黎漫谈》1836 年 8 月刊。

[③]《诗人日记》第 1048 页，1836 年 9 月 3 日篇。

[④] 雨果著，《目击录（1838—1877）》第一卷第 150 页，H. Juin 编著，巴黎 Folio 出版社 1972 年版。

没过多久，攻击"老狮子"的"狼崽子"们也陷入四面楚歌的境地。拉马丁在 1848 年时已经 58 岁。后来的第二帝国时期，他的事业开始下滑，他创作的诗被认为落后于时代，还遭到嘲笑。巨额债务也压得他喘不过气来，他只能靠夸耀昔日的辉煌勉强硬撑着。1869 年，拉马丁去世，人们对这位老人的离去没有太多惋惜。一次，迪康应邀到拉马丁的沙龙参加朗诵会，他毫不客气地描述"年老的阿波罗神"道："他思维不正常，脑袋遭过雷霹。他像个失势的神灵，还对奥林匹斯山念念不忘。"①

　　朗诵会开始了，拉马丁舒舒服服地坐在椅子上，没过多久居然打起呼噜来。他时不时醒过来，说上一句"非常好"，然后继续回到梦神摩耳甫斯的怀抱里。

　　　　他一只脚放在脚凳上，我的目光被这只脚所吸
　　引。这只脚上穿的是一只宽大的奥尔良小牛皮鞋，
　　上面涂着亮漆，那只畸形的脚就放在里面（请原谅
　　我的直率）。大脚趾上长着可怕的老茧，就像从侧
　　面凸起一个大泡。这只脚曾经那么纤细、有线条，
　　斯坦霍普夫人曾经那么喜欢它。拉马丁曾靠它游走

①迪康，《文学回忆录》第 211 页。

在黎巴嫩的山区，像年轻的国王一样优雅。①

我们的这位诗人已经年迈。岁月的流逝更增添了对手们攻击他的借口。维尼比拉马丁年轻 7 岁，当圣勃夫让他意识到虽然他只有 43 岁，但已经被人们遗忘的时候，他还是愤怒不已。1840 年 3 月 1 日，圣勃夫在《两个世界评论》上发表的"文学十年路"引起很大反响。在这篇文章中，他以学派带头人自居，对 19 世纪 30 年代的作家提出质疑。他习惯性地挖苦了雨果和巴尔扎克一番，同时赞扬乔治·桑等作家。至于维尼，他根本没有提到。这太让人生气了！维尼在 1832 年曾跟圣勃夫产生过矛盾，这一次更是气得发狂。他跑到《两个世界评论》主编比洛那儿抗议，还派人给圣勃夫送去一套自己的作品全集，希望引起对方重视。圣勃夫的回应相当巧妙，声称没有任何"贬低"他的意思②：

> 请相信我十分欣赏您的才华，也十分敬佩您高贵的人品。请相信我对公正和完美的追求，也许我表现出的客观略显残酷，还稍带固执。③

---

① 迪康，《文学回忆录》第 212—213 页。
②《维尼书信集》第四卷第 169 页，圣勃夫 1840 年 5 月 26 日或 27 日写给维尼的信。
③《维尼书信集》第四卷第 170 页。

这种语气实在相当无礼!

拉马丁和维尼好歹可以从昔日的辉煌中找到安慰,内瓦尔的情况就不同了。他从未真正品尝过成功的滋味,只落得在1855年自杀身亡。虽然他不太成功,但也难逃别有用心的"朋友"的攻击。内瓦尔称自己是"可怜的热拉尔",因为我们知道他患有精神疾病。1841年,他的病再次发作,情况特别危急,他只得在布朗什大夫的诊所里住上好几个月。内瓦尔把著名评论家雅南当成朋友,不料此人却借机发表文章讽刺他的精神病。内瓦尔被描述成做白日梦的痴人,虽不会危害他人,却让人感到羞愧。"他是个阴郁的鳏夫,心灵得不到慰藉",难免感到孤独。内瓦尔康复后马上写信给雅南表示不满,告诫他如此卑劣的行径也会损害他自己的声誉。可叹!当内瓦尔再次发病时,类似的事情竟再次发生。这一次是大仲马把他说成是疯子。他再次反驳,但同样没有起到什么作用。[①]虽然我们不能像儒勒·瓦莱斯那样认为大仲马"从未诋毁过弱者[②]",但内瓦尔去世后,大仲马却四处奔走,努力为内瓦尔树一座墓碑,以求将功补过。他因此和内瓦尔的好友戈蒂埃发生了小小的冲突。后者

[①]《内瓦尔全集·书信集》第一卷第1380—1382页。
[②]《瓦莱斯作品集》第二卷第1095页,1883年11月6日"人民的呼喊"。

责令他管好自己的事情，让内瓦尔真正的朋友来负责丧葬事宜。

如果一个作家生了病，尤其是当他变疯了，可千万别指望得到同行们的宽容。莫泊桑染上梅毒后，病症首先从眼睛爆发出来。埃德蒙·勒佩勒捷为报昔日的一箭之仇，在和莫泊桑共同出席晚宴之前查阅了不少医学资料。席间，他开玩笑似的列举所有可能致命的眼疾，让莫泊桑"羞愧难当①"。在莫泊桑生命的最后几个月里，勒佩勒捷又雇人写文章大肆攻击莫泊桑的疾病。雅南和大仲马对内瓦尔背信弃义的一幕在莫泊桑身上再次上演。奥克塔夫·米尔博也暗含讽刺地评价说：莫泊桑的遭遇不足为奇，那是上天在惩罚这个没心没肺的人，他既没爱过女人，也没爱过朋友……

莫泊桑也曾为死去的良师益友——福楼拜的名声斗争过。1881 年末，莫泊桑从阿尔及利亚旅行归来，发现迪康在《两个世界评论》上发表的《文学回忆录》里说福楼拜年轻时患过癫痫，还认为这种病影响了福楼拜的才华。迪康的言论引起广泛不满，莫泊桑也批评他言语冒失。这场口水仗三年后再次爆发。

1884 年 6 月中旬，莫泊桑前往戛纳和母亲团聚，临行前交代《政治文学杂志》主编欧仁·杨发表他刚写完

---

① 《龚古尔日记》第三卷第 282 页，1889 年 6 月 15 日篇。

的一篇关于福楼拜的文章。这篇文章提及迪康在1856年7月寄给福楼拜的一封信，当时正值福楼拜创作《包法利夫人》时期。在这封不乏侮辱的信中，文人迪康高傲地告诉伟大的小说家福楼拜：要想发表《包法利夫人》，就必须对它进行修剪，他可以联系到一家愿出100法郎的出版商！福楼拜觉得既可气又可笑，就在这位"老朋友"信的背面写了句"了不起"，并像展示罪证一样把这封信拿给来访的朋友看。莫泊桑重提这段插曲，是否想报复迪康在《文学回忆录》里的言论呢？

很有可能。迪康难掩心中怒火，把欧仁·杨告上了法庭。1885年1月26日，《政治文学杂志》发表莫泊桑文章的后半部分。杂志首页刊登了法院的判决：从今后禁止任何人发表迪康的信件。文章同时指出，迪康在《文学回忆录》里同样引用过福楼拜的信。法兰西学术院院士迪康马上意识到事情再闹下去对自己有害无利，况且福楼拜的侄女卡洛琳·克芒维尔手中还掌握着自己的其他信件，另外莫泊桑也没有妥协的意思。这件事看起来要到此为止。但在1887年，莫泊桑又实施了最后一次报复。他把《于松太太的贞洁少男》中滑稽可笑、假装正经的于松太太取名为阿黛尔·于松，而这正是迪康情人的名字。

还是在1887年，莫泊桑差点和龚古尔发生冲突，起因是在鲁昂为福楼拜修建塑像的费用问题。福楼拜委员会募集的捐款尚有缺口，作为委员会主席的龚古尔想通过戏剧演出筹集余款。但他的想法遭到法兰西喜剧院经理儒勒·克拉勒蒂的反对，只好转向奥德翁剧场。龚古尔和都德为1886年圣诞节制定了一个演出计划，事先没有与左拉和莫泊桑商量，却安排演出莫泊桑的《陈年往事》和左拉的《红杏出墙》。这样的计划注定只能以失败告终。

左拉很快便表示反对。1887年1月1日，《吉尔·布拉斯报》一名记者指责龚古尔本可以自己填补为福楼拜修建塑像的3000法郎的缺口，因为福楼拜在遗嘱中规定，死后给每个龚古尔学院成员6千法郎遗产。龚古尔只得自食苦果。1887年1月4日，他发现莫泊桑给《吉尔·布拉斯报》主编的信中不但不支持他的计划，反倒赞同那个记者的说法，他再也难忍心中的怒火。

龚古尔马上向莫泊桑递交辞去福楼拜委员会主席的辞呈。莫泊桑自感左右为难，毕竟委员会还需要借助龚古尔的声望。于是莫泊桑自己也辞了职，并请求龚古尔重新担任委员会主席的职务。最终龚古尔虽然接受了请求，但还是在《龚古尔日记》中狠狠地报复了莫泊桑几句：莫泊桑已经沦为一个"狡猾的诺曼底二道贩子①"。

如果说有哪位作家从来没被大众遗忘的话，那非雨果莫属。无论是流亡海外还是1870年胜利返回巴黎，他

①《龚古尔日记》第三卷第11页，1887年2月2日篇。

总善于把自己打造成传奇式人物，并因此一直深受群众喜爱。他去世之前反复念叨的一句话是："到了'腾位置'的时候了"。

然而在 1879 年 4 月，雨果在《晓月报》上看到一幅有趣的漫画：左拉正使劲想把雨果的塑像从底座上移开，但怎么也移不动。年迈的雨果心情一定很复杂。虽然漫画的标题叫"左拉先生正在徒劳地干什么"，但这就足以让他放心了吗？在雨果漫长的一生中，他难道没有亲眼目睹曾经红极一时的诗人卡齐米尔·德拉维涅和讽刺歌作者贝朗热是如何消沉，直至销声匿迹的吗？他知道，只要稍有不慎，文学评论家和其他作家就会借机对他发起恶意攻击，这些人没有宽宏大量的习惯。二十多年前，他发表的《笑面人》没有赢得公众太多认可，穷凶极恶的多尔维利便想趁机置他于死地：

> 他叫维克多·雨果。这个名字真适合他！从今以后，人们可以叫他"失败的雨果"了（Victor 与拉丁语 victus "失败"拼写相似——译者注）。[1]

巴贝尔显然言之过早。雨果的声望不仅没有随着时间的流逝而消减，反倒在第三共和国时期变得更加如日

---

[1]《作品与人》第二十四卷"旅行家和小说家"第 210 页。

中天。写出了《悲惨世界》的雨果犹如圣人一般不可侵犯：

> 三十多年来，我们一直拿最神圣的事物开玩笑，比如宗教、道德和公权力……如今，我们却不能公开评论雨果！[1]

在雨果生命的最后时期，更是没人敢当面指责他。圣勃夫、拉马丁和维尼都已经谢世，曾经在19世纪60年代批评过他的瓦莱斯也在巴黎公社之后改变立场，只有那些一无所有、无所顾忌的人敢对他的权威说三道四。他们聚集在一些不切实际的文学团体里，如"伊托巴特"（1878年）和"伊尔宿特"（1881年）等。1882年，年轻诗人埃德蒙·阿罗古用笔名发表《性的传说和疯狂的诗作》。这部"下流史诗"被戏称为"一部不完整的辉煌巨著"（暗指雨果的《世纪传说》）的补充版。[2]1891年，阿罗古在接受《巴黎回声报》记者儒勒·于雷采访时如此评价当时的文学团体：

> 实际上，不同文学派别之间唯一的共同点就是

①《作品与人》第五卷"女才子"第46页。
② H. Haraucourt 著，《性别传说——歇斯底里的诗·前言》第27页，Philippe Martin-Lau 编，巴黎 Les Editions du Sandre 出版社 2006年版。

努力削弱对手的影响，大力推崇本派作品，好让追随者们可以从中受益。[1]

　　"削弱对手的影响"？大多数作家，例如左拉、龚古尔或莫泊桑，宁愿将妒忌之心隐藏起来，以待有利时机。莱昂·都德在《文学回忆录》中讲述的一段故事就是很好的证明。雨果去世后，左拉给雨果的孙子写了封信，对雨果进行无礼而卑劣的攻击。莱昂写道：

　　　　左拉急于在雨果去世后搅和一把，所以用极其高傲的语气给乔治·雨果写了封信，其中极尽自吹自擂之能事："先生，也许有一天您会知道，即便当着您祖父的面，我也敢批评他……"最后的结果当然是"文学天才左拉彻底获得胜利"。由此可以引申出："雨果终于完蛋了，左拉万岁！"[2]

　　莱昂·都德还为我们描述了当时的作家如何被迫屈服于雨果的才华和超长的寿命（享年83岁）。其中为雨果守灵的片段让人觉得更像是一场闹剧：只有一些二流作家，如保罗·阿雷纳（都德的助手，据说是《塞甘先生的山羊》的真正作者）、让·艾卡尔、埃米尔·布莱蒙，

---

① 于雷著，《文学发展调查》（1891年）第325页，巴黎 José Corti 出版社1999年版。
② 都德，《文学回忆录》第63页。

以及名气稍大点儿的卡蒂勒·孟戴斯在为雨果守灵。孟戴斯几杯苦艾酒下肚后开始不停地讲鬼故事，最后却只吓到了他自己。"尽管是那种场合，或更确切的说由于在那种场合"，在场的人都"狂笑不止"。议员埃德蒙·洛克瓦（娶了雨果儿子的遗孀）更是难掩如释重负的感觉。

　　毋庸置疑，那天晚上的气氛压根儿谈不上庄严。这帮人最后还跑到对面的咖啡馆喝了杯咖啡。

第八章　入选法兰西学术院

> 您会陷入痛苦之中，但您的痛苦随即会变成快乐（《约翰福音书》第十六章第20页）。这句话道出了所有新当选的法兰西学术院院士面对前任院士去世时的心情。
>
> ——维尼《法兰西学术院秘闻》，1862年

"猪！猪！"

1869年4月的某一天和往常有所不同，肃静的法兰西学术院里回响着前所未有的叫喊声。

经过数轮投票，"不朽者"们（法兰西学术院院士别称——译者注）终于圆满完成任务，陆续起身离开自己的座位。他们正为选出一名新院士而感到高兴。诗人巴尔比耶获此殊荣，他创作的《讽刺诗集》在当时非常流行。他的竞争对手泰奥菲勒·戈蒂埃虽然付出过四次努力，最后还是没能入选。选举结果就是这样，巴尔比

耶获 18 票，戈蒂埃只有 14 票。

正当院士们准备离开时，一个肥硕的身影突然出现。只见一个衣着华丽的妇人横冲直撞地走进来，这个女人是谁？

"猪！猪！"

喊声发自肺腑。每当走出去一个巴尔比耶的支持者，喊声就响起一次。院士们都很气愤，到底是谁敢这样侮辱"不朽者"？

可是，所有出去的人都选择了沉默，甚至连头都低了下去，因为他们认识这个人，她是第二帝国时期巴黎最有影响力的女人之一。这个打破会议庄严气氛的并非旁人，正是玛蒂尔德公主，其父热罗姆·波拿巴亲王是拿破仑的亲弟弟。玛蒂尔德公主时年 49 岁，长着一头深色头发，眼睛是黑色的。她穿着当时流行的低领衣，丰满的胸部若隐若现；她手臂圆润，宛若雕塑；她的波纹裙镶金带银，庄重而威严。惹她生气无疑就是惹她的堂兄拿破仑三世生气。

玛蒂尔德公主主持着一个非常有名的文学沙龙，各个政治派别的作家云集其中，从梅里美到福楼拜，包括龚古尔兄弟，都是沙龙的座上宾。玛蒂尔德公主力促戈蒂埃入选法兰西学术院。因为戈蒂埃（即"好人泰奥"）是其沙龙的灵魂人物，在沙龙里享有盘腿坐在垫子上的特权！1868 年，玛蒂尔德公主还任命这位《珐琅与雕玉》

和《弗拉卡斯上尉》的作者为自己私人图书馆的管理员。可惜她的威望没起到足够作用，她对法兰西学术院（学术院当时已经被人们戏称为孔蒂岸上的老妇人）的态度也不够坚定。

法兰西学术院自 1635 年成立以来经常引起某些人的伤心和怨恨。"他们有 40 个人，却像只有 4 个人一样无知。" 皮龙在 18 世纪已经做出上述评价。在整个 19 世纪，对黎塞留（法国国王路易十三的首相——译者注）创建的这座学术院的批评声从未停止过，这几乎演变成一种职业，或者说一个独立的文学派别。只有削尖脑袋想进入学术院的人付出的艰辛努力可与这些批评的激烈程度相提并论。"一边诋毁它，一边又拼命想成为其中一员[1]"，福楼拜的这句话完美地概括出法兰西学术院在法国文坛的独特地位。有多少和迪康一样的作家[2]，一开始嘲讽它，后来却又加入它？莫泊桑说"这个穹顶像甜瓜的地方[3]"神秘之处正在于此——表面上看起来滑稽可笑，却散发出难以抗拒的吸引力。

学术院院士的独特装扮包括绿色院士服、双角帽和佩剑，这些都构成智者的特征。不仅如此，入选法兰西

---

[1] 福楼拜著，《公认概念词典》，A. Thibaudet 和 R. Dumesnil 编，《福楼拜作品集》，"七星文库" 1981 年版第二卷第 999 页。
[2] 迪康在 1855 年的《现代之歌》前言中呼吁 "解散这个夸夸其谈的无聊之所"，后却于 1880 年入选法兰西学术院。
[3] 莫泊桑著，《静心》，Le Gaulois 出版社，1883 年 12 月 3 日。

学术院还意味着得到社会和文坛的承认。左拉之所以冒着天下人的耻笑，前后19次参加竞选，正是因为他作为自然主义学派创始人，想借此巩固自己学派的地位。某些作家并不满足于获得认可，例如雨果想把学术院当作跳板，通过议会贵族院进军政界；评论家圣勃夫也毫不掩饰自己内心打着经济方面的小算盘[1]。在那个仅靠写作很难维持生计的年代，学术院提供的车马费无疑是一笔不小的收入，文人们对此都心照不宣。巴尔扎克最终未能成为学术院院士（诺迪埃说，那是因为学术院不想接纳一个官司缠身的人），但他也产生过用院士收入偿还一部分债务的想法。

总之，正如拉马丁所说，法兰西学术院没有为法国文学界增加出更多杰出人物，却是一个非常有意义的机构，因为它在某种程度上帮助院士们树立了权威。也正是凭借这种精神上的权威，拉马丁和维尼等人才能理直气壮地为贫困作家争取抚恤金。请别忘记，学术院的职责之一就是奖励贤达——把著名的蒙蒂雍奖颁发给名不见经传但特别有才华的作家。通过法兰西学术院，"文人成了公众人物[2]"。

---

[1]《圣勃夫书信全集》第三卷第200页，1938年版，圣勃夫在1839年12月24日写给朱斯特·奥利维耶夫人的信中说："您知道吗，如果我是法兰西学术院院士，每年可以轻松拿到2千到3千法郎。"
[2] 引自拉马丁给乌赛的信，《法兰西学术院第四十一把交椅》第414页。

19世纪，尤其是19世纪上半叶，作家确实可能成为公众人物，甚至是名人，而法兰西学术院正是体现作家社会声望的最高殿堂。成为学术院的"不朽者"，也就意味着成为和基佐、梯也尔、奥利维耶等政治家同样耀眼的明星。

雨果之于基佐、拉马丁之于米涅、维尼之于蒙塔朗贝尔都有着相似的社会地位，这要求文人们也要表现出相应的派头。对于地位卑微的作家来说，这样的要求超出了他们的能力范围，因为他们只是作家而已。①

上述观点正好可以说明为什么在19世纪末期，当文学作品的印刷、传播和获得途径发生较大变化时，当红作家们纷纷放弃对法兰西学术院的追求。这些有实力的文人拱手把院士的位置让给学究式的"学院派"作家（保罗·布尔热就是后者中的代表人物），转身加入到反对法兰西学术院的阵营中（例如龚古尔学院）。

法兰西学术院在文人之间引起的仇恨异常尖锐。在平等的表象背后，一些作家坚信自己高人一等，认为"并非人人都能取得真经！"（其中是否包括那40位民族圣贤呢？）可另一些作家也同样认为自己不逊于他人。与此同时，文人们希望通过学术院获得和政界、宗教界知名人士平等的地位，因为这些人习惯于用高高在上的可

① M. Fumaroli 著，《三个文学机构》第87—88页，巴黎 Gallimard、Folio 出版社 1998 年（1994 年）版。

恶姿态对待文人。正是在这个圆形竞技场里，在一出叫作"法兰西学术院"或"文学共和国"的悲喜剧里，文人们乐此不疲地扮演着各自的角色。由于媒体的关注，这出闹剧的影响力被无限放大，文人们更难免成为公众关注的焦点。记者们深知读者喜欢了解学术院里发生的逸闻趣事，因此不会放过任何细节，有时甚至将细节肆意夸大，好制造出事端。①

综上所述，法兰西学术院称得上是仇恨的催化剂。更确切地说，仇恨是它本身难以或缺的组成部分。无论它的成员如何变化，它的运作机制总能激起冲突。不难想象，每次选举过程中都不免有阿谀奉承、钩心斗角的事，然后是伤心失望，最后导致伺机报复。整个选举过程可以说充满阴谋诡计！我们知道，每位新当选院士都必须诵读对已逝前任院士的颂词，既使此人是自己的敌人也不能例外。梅里美接替诺迪埃时便发生过这样的情景。按照规定，学术院主席要对新院士的颂词做出回应，即使他不支持这位新成员也没有办法。

更不消说那些选举前为争取选票而进行的溜须拍马

---

① 正如 1861 年发生的"法兰西学术院十年奖"事件。当时参加评选的 3 名候选人分别是：乔治·桑、未来的政府总理朱尔·西蒙和一个叫亨利·马丁的作家。由于难以从 3 人中做出裁决，最后奖项以及 2 万法郎奖金竟然颁给了没有参选的学术院院士阿道夫·梯也尔。舆论指责梯也尔侵吞奖金，所有矛头顿时都指向他。为平复公众情绪，梯也尔不得不另立奖项，将奖金变相颁发出去。

和选举后不无讽刺的答谢，颁发某个奖项前院士们因获奖人选问题喋喋不休的争吵，还有那些像波德莱尔一样落选或遭受不公平待遇的作家们，他们肯定会伺机报复……

"交流、争论，当然还有流言蜚语，法兰西学术院是'夸夸其谈的理想场所[1]'，它相信语言的力量。"多尔维利不无恶意地评价道。是的，流言蜚语正是院士们相互仇恨的起源，含沙射影、指桑骂槐也可以置人于死地。千万不要指望他人的宽厚仁慈！在此仅举一例：1847年，某个名叫昂皮的人当选院士后，轮到大科学家安培的儿子让－雅克·安培出场了。总是妙语连珠的雨果在旁边人耳边嘀咕了一句："不管他是昂皮还是安培，我只知道他是个赖皮。"[2]

作家是语言艺术大师，整天被虚假的奉承、刻意的赞扬和乏味而充满官腔的讲话包围着，他们怎么能经得起凶言恶语的诱惑，怎么能不尝试发表些粗鲁、无礼的言论呢？

我们千万不要低估某些作家为进入法兰西学术院所花费的心机，所表现出的毅力和耐心。法兰西学术院的大门可不是轻易就能敲开的。很多被后人誉为"伟大作家"的人物也是使尽浑身解数才得以入选，因为他们不甘心像司汤达、巴尔扎克、大仲马和左拉那样沦为阿塞纳·乌

---

[1]《作品与人》第十一卷"诗人"第245页。
[2] 雨果，《目击录》第二卷第53页，1847年3月6日篇。

赛所说的"第四十一把交椅"上的人。当选以后，他们还要努力在学术院里争得一席之地。而这时，敌意甚至仇恨就在这个绝佳的竞技场上完全暴露出来。

有时仇恨也会因学术院庄严肃穆的气氛而偃旗息鼓。例如在1844年，19世纪的一对宿敌出于对学术院的敬畏，暂时停止了相互攻击——雨果庄严地接待了自己妻子的情人圣勃夫。

战争之旅

我们知道，作家一旦决定参选法兰西学术院院士，就必须前去拜访现任院士，以寻求他们的支持。普鲁斯特开玩笑似的在《在少女花影下》中说，此类拜访非常讲究战略技巧，要求有极高的"窥探能力[①]"。初次拜访可谓是"攻坚战"，可以大概估算出能够赢得的票数。

一旦参选，一次战争般的经历便正式拉开帷幕，其中掺杂着个人恩怨和派系斗争。

在这方面，雨果的经历颇有借鉴意义。入选法兰西学术院的漫漫长路让他体察到别人对他的不满（他在1841年当选前曾遭受4次失败）。那时，他的客观条件

[①] 普鲁斯特，《追忆似水年华·在少女花影下》J.-Y, Tadié 编，"七星文库"1987年版第一卷第547—548页。

招致一些"不朽者"的反感——太年轻（1836年他第一次参选时年仅34岁）、太张狂；更多"不朽者"则因为他代表"新兴的"浪漫主义学派而反对他。是啊,雨果的《艾那尼》曾引起多么激烈的学派之争！像雨果这样追随拜伦勋爵的信徒简直是无所顾忌,他们眼中没有亚历山大体,更不愿遵循古典戏剧规则！在此有必要说明一下,在当时的法兰西学术院里,除夏多布里昂外,其他院士都对源自17世纪的古典学派推崇备至。有关情况我们将在下文详述。

雨果的第一次尝试以惨败告终,对手是个叫作迪帕蒂①的人。在《伴侣眼中的雨果》（1863年）中,阿黛尔对这段往事的描述颇有趣味。尽管原文经过雨果的儿子多次修改,雨果本人可能也进行过改动,但它依然可以反映出可怜的雨果当时遭受过怎样的凌辱。雨果拜访过一些院士,作品第七部分为这些院士描绘了一幅众生相。作品犀利的笔锋和活泼的语言甚至不逊色于伟大世纪（指17世纪——译者注）伦理家们的作品。阿黛尔在

---

① 迪帕蒂当选后随即写信给失败的雨果:"我在您之前踏入圣殿,因为长者应该优先,您已经拥有不朽的名望,有足够的时间等待下次机会。"雨果非但不领情,还对迪帕蒂恶语相加,借此聊以自慰。大仲马认为"雨果对迪帕蒂的评价堪称经典":"我原以为艺术之桥通向法兰西学术院,可是我错了。原来新桥才通向那里。"（引自大仲马《我的回忆录》,"老书丛书"第一卷第690页。）当时人们把流行歌曲称为"新桥",因为这些歌大多在新桥上出售。迪帕蒂胜出表明讽刺歌和滑稽小调比雨果的浪漫主义更胜一等。

作品中没有遗漏任何情节，也没有放过任何人，有时甚至包括她的丈夫。实际上，她从来没有真正把雨果当作伟人。

作品开篇，阿黛尔记述了雨果当时采取的策略：

> 雨果先找来一份院士名单，随后进行分类。他把他们分为四类：第一类是有交情、可以完全信任的朋友，如苏梅和拉马丁；第二类是年高位重，必须表示尊重才能赢得对方支持的人；第三类是举棋不定，但可以通过拜访施加影响的人；第四类是始终对雨果怀有敌意的《立宪党人报》老顽固们。为了减少拜访次数，雨果决定既不拜访第一类人，也不拜访第四类人。①

年轻的雨果雄心勃勃，拜访时直来直去，毫无顾忌，最后碰了不少钉子。院士们即使不讨厌他，也很难信任他，因为他表现得毛毛躁躁。

雨果前去拜访一位举足轻重的人物——法兰西学术院终身秘书长阿贝尔·维尔曼。此人虽热情地接待了雨果，但表示雨果不可能入选：

---

① 《阿黛尔眼中的雨果》第 607 页。

您参选的事让我很意外、很不知所措。您可不是普通人，您是浪漫主义代表人物，简直可以和匈奴国王阿提拉相提并论。您这是要让学术院向哥特人和汪达尔人敞开大门啊。我的意见没有分量，要看学术院了。您知道我是很欣赏您的。①

最后这句看似缓和的话骗不了别人，他的意见已经很明确：雨果被视为入侵者！另外还有几位"不朽者"把阻止雨果看成自己神圣的使命。著名风俗剧作家欧仁·斯克里布是古典主义的忠实拥护者，当"老态龙钟的法兰西学术院②"里吹进一股强劲的改革之风时，他便跳起来捍卫所谓的纯文学：

以我身处的位置，我必须反对野蛮文学，即新文学的入侵。先生，您很有才华，但您属于这个学派。迪帕蒂先生虽然不比您出色，但他是古典派作家。在你们之间选择的话，我选迪帕蒂先生。③

面对如此直率的表态，雨果显得无言以对。我们在本书最后几章将详细论述文学派别之间形成这种对抗局

---

① 《阿黛尔眼中的雨果》第610页。
② 《雨果诗集》第二卷第496页。
③ 《阿黛尔眼中的雨果》第622页。

面的根源。

有时候，雨果本人也会成为嫉恨的对象，尤其是当他面对卡齐米尔·德拉维涅时。后者曾于1815年发表过著名爱国诗歌，他对雨果的态度简直冷若冰霜。根据大仲马的描述，雨果在他那里遭受的待遇糟糕至极：

> 我觉得卡齐米尔·德拉维涅只恨过一个作家，而且恨之入骨，这个人就是雨果。[①]

为什么？这还要说到一本陈年旧账。雨果先前曾在一份叫作《文学保管人》的刊物上发表过批评德拉维涅戏剧作品的文章，两人从那时起结下仇恨。

雨果曾寄希望于哲学家维克多·库赞，但他同样没有给雨果太多盼头。库赞是个重要人物，曾在1840年担任公共教育部长。当时，索邦大学旁的街道还没有以他的名字命名，但他已经凭借《真善美》获得"柏拉图"的雅号。没想到雨果竟然信心十足地前去拜访他，还希望获得他的支持！库赞不着边际地乱讲了一通，直把雨果搞得晕头转向。他漫不经心地贬低着法兰西学术院，顺带嘲讽自己，却让雨果意识到没有成功的希望：

[①] 大仲马，《我的回忆录》第一卷第690页。

— ……您难道指望那些人理解您？他们是一群因循守旧的老傻瓜、老笨蛋。您还梦想他们接受您？……再说了，竞选这样的位置本来就是件荒唐事。

— 但库赞先生您也是学术院院士啊。

— 啊，对呀，我们这样的学究、书呆子可不一样，学术院对我们很有用。[1]

雨果没有上他的当。阿黛尔特意记下库赞的言行："作为大学的头头儿，他给老师们下令不得向学生提及维克多·雨果；如果不得不在课上提及，也必须统统是负面评论。"[2]取笑雨果是要付出代价的，阿黛尔后来曾撰文进行报复：

库赞生性卑贱，惯于阿谀奉承。深入了解他之前，你会觉得他只是有点儿与众不同，率直、粗鲁、胆大妄为、思想独到，有文学造诣。和他接触多了之后，你会发现他只有在需要的时候才会表现得或粗鲁，或夸夸其谈，或行为怪异，或像格拉克一样不理性。这些都是他的幌子，与众不同只是外在表象，背后隐藏着的是他的圆滑[3]。

不失礼貌地发泄仇恨更让人觉得不寒而栗！

《软毡帽》的作者诺迪埃虽然性格和蔼，主持的文

①《阿黛尔眼中的雨果》第 612 页。
②《阿黛尔眼中的雨果》第 611 页。
③《阿黛尔眼中的雨果》第 613 页。

学社团也善于接受新思想，但同样让雨果很泄气。诺迪埃比雨果年长20岁，他虽是雨果的朋友，却告诉雨果不会选他。为什么？因为雨果创作的戏剧《枭欤》画面和语言都过于大胆，诺迪埃难以接受。这么说来，这只是单纯的文学矛盾？假象而已！实际上，诺迪埃已经把选票许诺给了迪帕蒂！诺迪埃本人之所以能在1833年入选法兰西学术院，全靠《立宪党人报》的帮助。从那以后，他保证只把选票投给该报推荐的人选……他遵守承诺的另一个原因是他需要钱，希望得到《字典》报告人的肥差……有时候，打小算盘自有打小算盘的原因。

老奸巨猾的阿道夫·梯也尔这样告诉雨果：他只能把票投给自己的政治对手莫勒，而不能投给雨果，以防激化莫勒的敌意。他还冠冕堂皇地总结道："我明白，作为一名院士，在推选新院士的时候应该只考虑他在文学上的成就。"[1]

还有一些似乎已经年老痴呆的院士，如诗人巴乌尔－洛米昂，当时人们习惯把他误称为巴鲁尔－多尔芒。雨果发现这位老院士几乎双目失明，个人卫生差得让人恶心，让人不想靠近。雨果随口编了些拉拢他的说辞：

巴乌尔谈到双目失明给他带来的痛苦。雨果说

[1]《阿黛尔眼中的雨果》第616页。

他和弥尔顿（英国诗人、思想家——译者注）、荷马有着相同的不幸，维吉尔的眼睛也曾给他带来痛苦。看起来很多伟大人物都难逃这样的命运。想到他们也经历过和自己一样的痛苦，心里应该感到安慰。这套说辞很卑劣，但为了拉选票只能这样做。[1]

紧接着，巴乌尔向雨果连说了四遍"很高兴你能参加竞选"，却没有进一步表示会把票投给谁。到底是什么原因呢？第二天，雨果从一个朋友那里得知，巴乌尔以6千法郎的价格把选票出卖给了内政部！每次选举前，他都要前去领取投票指令……这个朋友很有逻辑地给雨果总结道："由于您在入选法兰西学术院之前不可能当上内政部长，巴乌尔也就永远不可能把票投给您。"[2]

最后一位是法官、哲学家鲁瓦耶－科拉尔[3]。当时他已70多岁，看到雨果那么年轻，他惊诧不已：

我已经快80岁了，不想再参与政治，我将辞去众议员的职务。但我不会离开法兰西学术院，只要我走得动，我就坚持来。这儿有七八个和我年龄相

---

① 《阿黛尔眼中的雨果》第 614 页。
② 《阿黛尔眼中的雨果》第 615 页。
③ 1835 年，鲁瓦耶－科拉尔就单词"baser"（当时已有替代"fonder"的趋势）是否应该编入字典发表的意见堪称经典："如果它进来，我就走！"

仿的人，我们一起谈论过去的事。年轻人，如果您成为学术院院士，会带来一股外面的空气，改变学术院里的温度。我们这些老家伙不喜欢改变气温。[1]

这种表态与前文将雨果和阿提拉相提并论的说法类似，只是其中又多了些奇怪的"气候"因素。

投票的日子终于到了。雨果知道可以依靠当时名气最大的一些人，如夏多布里昂、讽刺歌作者贝朗热，以及诗人拉马丁（在已被人遗忘的亚历山大·苏梅之后当选院士，成为当时入选学术院的第一位浪漫派名作家）。可惜这些还不够，雨果最后一败涂地。此后不久，雨果的第二次尝试又以失败告终。德尔菲娜·德·吉拉丹的评价颇为深刻：

国家应该庆幸，因为法兰西学术院里还有夏多布里昂和拉马丁等人支持雨果……有人说如果按分量计票的话，雨果就能当选，可惜是按数量计票！[2]

经历了三次失败，雨果终于在 1841 年 1 月 7 日入选法兰西学术院，当时只有两票没有投给他。雨果的当选被浪漫派作家视为一次胜利，尽管萨尔万迪在欢迎辞

[1]《阿黛尔眼中的雨果》第 618 页。
[2]《阿黛尔眼中的雨果》第 635 页。

中态度刻薄。吉拉丹在1841年6月6日的《巴黎邮报》中刊文支持雨果，说他在世俗面前表现出自身伟大的特质："他卸掉身上最有力的武器，打入敌人内部。他忘记了敌人狭隘的仇恨和无耻的中伤，抛掉了他们的笑柄。"[1]

我们已经了解到，在争取法兰西学术院院士席位的道路上，谁都难免经历一番波折。《伊尔的美神》的作者梅里美年轻时问题不断。他玩世不恭，喜欢讥讽，经常吓到周围的女士，但后来逐渐变成一个行为谨慎、一心往上爬的人。到1939年，司汤达几乎已经认不出这位昔日的朋友，于是给他起了"迂腐的学院派先生"的外号，甚至说"想起学究似的学院派先生，就像闻到一股臭味般地恶心。"[2]梅里美制定了周密的"作战计划"：为增加入选机会，他先试图以历史学家的身份（当时担任历史建筑总督察）入选法兰西文学院。为实现第一步目标，他尽心竭力地写出一部研究朱尔·塞萨尔的作品。他对这部作品寄以厚望，希望出版时正好有"院士染病去世，腾出些位子[3]"。他耐心地等待着时机。1841年末，他在写给一个朋友的信中毫不掩饰地问："有没有某个院

①《阿黛尔眼中的雨果》第637页。
②《司汤达日记》，《司汤达自选集》第二卷第381页。
③《梅里美书信全集》第二卷第233页，1839年5月31日给索西的信。

士不停地咳嗽、吐痰？"①后来，当他彻底投入到争取院士席位的行动中后，他向友人珍妮·达坎这样描述道：

> 我正在干一件最低级、最无聊的事儿——努力成为法兰西文学院院士……有时候，我自己都想嘲笑自己，但我不能表露出来，以免冒犯那些威严的院士们……做一个乞求者是多么卑贱啊！您见过狗钻进獾的洞里吗？如果有，那狗钻进去的时候肯定面目狰狞，并且很快就会跑出来，因为獾可不是好惹的。我在摇响某位院士家的门铃时，总能想到獾。②

我们应该相信，梅里美在那些"獾"面前没有流露出任何厌恶之情，因为他在1843年11月成功入选法兰西文学院。凭借此身份，他获得的支持比雨果和维尼多，也赢得了更多尊重，所以第一次参选法兰西学术院院士便获得成功。那是在1844年3月14日，他的朋友圣勃夫也在同一天成为法兰西学术院院士。当天晚上，他写信给珍妮，告诉她自己讨厌的人都没有选他，他很高兴，因为这样一来就不用对那些人心存感激。③可见，选举期

---

① 《梅里美书信全集》第二卷第140页，1841年12月1日给索西的信。
② 《梅里美书信全集》第三卷第421—422页，1843年9月7日给珍妮·达坎的信。
③ 《梅里美书信全集》第四卷第57页。

间虚伪的客套难以冲抵心中的仇恨。

院士们的宠爱

　　拜访院士的苦差事并非男作家的专利。19 世纪虽
然没有女性能入选法兰西学术院，她们却可以匿名参
加法兰西学院定期举办的命题诗歌比赛。1839 年，柯
莱在大赛中获胜，并因此赢得文学界的初步认可（她
的名字和福楼拜的名字永远扯在一起）。当年的题目是：
路易－菲利普把凡尔赛宫变成博物馆。当她揭掉神秘
面纱后，院士们并不甘心接受一位女性获胜者。于是
她挨个儿拜访院士们，用自己的年轻和美貌消除他们
的疑虑。他们中的一位甚至被柯莱彻底迷倒，她金黄
的卷发和曼妙的身材给这位院士留下了很好的印象。
这位院士就是维克多·库赞，我们在上文说过，他曾
反对过雨果。尽管他对别人大多持批评态度，对柯莱
却截然相反。于是乎，他很快"名正言顺"地成为柯
莱的保护人。他不富有，但柯莱需要钱，他就为柯莱
争取到内政部补助金，还为柯莱性情随和的丈夫安排
职位……这不禁让我们想到《贝姨》中厉害的马内弗
夫人。有时候，现实生活丝毫不逊色于小说中的故事
情节。巴尔贝却很讨厌柯莱，对她的评价十分恶劣："她

总在勾引院士们，即使他们未必都会就范……她的沙龙简直就是法兰西学术院笨蛋们的聚会。"[1]

在库赞和其他追求柯莱的院士庇护下，柯莱共4次赢得法兰西学术院诗文奖，每次奖金都数额不菲。1854年，57岁的维尼充分发挥自身影响力，帮助柯莱第四次也是最后一次赢得该奖项。传言说这位尊敬的院士先生得到了柯莱的回报……1854年4月7日，柯莱的情人福楼拜天真地向她写道："我觉得这位维尼人挺好！"[2]

院士们就像年老的皮安姆国王，而风姿绰约的柯莱恰似迷人的埃莱娜，他们根本难以抵抗她的魅力……随之而来的流言蜚语自然少不了。1840年6月，在库赞担任公共教育部长期间，发生了一件广受关注的事——柯莱怀孕了。谁是孩子的父亲？这本无所谓。但柯莱曾拒绝在库赞面前为一个名叫阿方斯·卡尔的记者说好话，卡尔正好借机报复。他在《黄蜂》杂志的随刊小册子上揭露女诗人和公共教育部长之间的关系：

> R（雷瓦尔，柯莱婚前姓氏——译者注）小姐和C（路易丝·柯莱的丈夫柯莱）先生结婚多年，幸运之神终于降临到他们头上。R小姐就要产下一个孩子了。尊敬的公共教育部长得知消息后，意识

①《作品与人》第五卷"女才子"，第240页。
②《福楼拜书信集》第二卷第545页。

到自己对文学界又多了一份庄严的责任。他像对待
其他女文学家那样对待 R 小姐，对她备加关心与
呵护。①

这些冷嘲热讽传遍了整个巴黎。不仅如此，卡尔还
说："是库蚊（暗指库赞）搞大了缪斯（柯莱的外号）
的肚子。"

柯莱勃然大怒，决定以怨报怨。她在这方面可是老
手。多尔维利曾把她评价为"女魔头和女学者的完美结
合②"。卡尔的小册子刚一面世，柯莱便不顾身孕，抄
起一把菜刀跑到卡尔那儿去算账！后来她在文章中回忆
说，当时没有想到"挑选一件更优雅的武器，好显得更
有戏剧效果③"。卡尔开门后热情地招呼她，然后转身
跟看门人说话。柯莱毫不犹疑，趁机拿刀向他的腰部捅
去。幸好刀顺着卡尔的上衣滑到了一边，他只受了点轻
伤，流了几滴血，并无大碍。卡尔惊慌不已，但还是非
常绅士地把柯莱送回了家。更没想到的是，他居然留下
了那把刀！后来，他还给刀镶上框，把它挂在客厅里，
并题上一句话："路易丝·柯莱赠——砍我的刀！"

---

① 卡尔《黄蜂》第一期第 240 页，巴黎 Michel Lévy frères 出版社
1858 年版。
②《作品与人》第五卷"女才子"，第 238 页。
③《圣勃夫书信全集》第十八卷第 441 页，圣勃夫 1869 年 3 月 27
日收到的信。

这段趣事至少让一个人从中捞到了意想不到的好处。库赞担心事情闹大，却又不便亲自干预，于是委派圣勃夫前去打探卡尔的态度。卡尔最终没有起诉柯莱，库赞悬着的心放松了不少。圣勃夫完成这项颇具难度的任务后，为了奖励他，库赞将法兰西学院马萨林图书馆馆长的职位许给他，圣勃夫愉快地接受下来……其实，圣勃夫和柯莱的恩怨还尚未了结。1843年7月20日，柯莱第二次获得法兰西学术院诗文奖，圣勃夫在《瑞士期刊》上发表极其粗鲁的评论（上文我们提到过他们之间的感情纠葛，此属存心报复的行为）：

> 我不知如何评价柯莱夫人的诗，它们让人觉得华而不实，徒有虚名。诗如其人，她的诗就像她本人那样戴着一副好胸撑，或者说有一对好乳房。您觉得她美吗？有人这样问我。我回答说：是啊，她看起来好像很美。[1]

圣勃夫虽然没有对库赞的《真善美》发表过此类含沙射影的评论，但柯莱还是心中有数，她决定不再理圣勃夫。

---

[1] J.-P. Clébert，《路易丝·柯莱——缪斯女神》第110页，巴黎 Presses de la Renaissance 出版社1986年版。

竹篮打水一场空

柯莱的拜访取得了成效。然而也有人自觉或不自觉地止步于"奉承讨好"阶段，如泰奥菲勒·戈蒂埃。他当时几乎具备进入法兰西学术院的所有条件。在失利于巴尔比耶之前，他曾在 1856 年初尝失败滋味，之后在 1868 年再次败北，第二次的对手叫作约瑟夫·奥特朗（如今早已被人遗忘）。1868 年 5 月 6 日的《龚古尔日记》对他的再次失败进行了简短记述："我坚信法兰西学术院里大部分人要么是傻子，要么不诚实。他们只能选择其一。"①

据说戈蒂埃的合作者、可爱的小说家儒勒·桑多反对他参选法兰西学术院院士。巴尔贝对桑多的评价是：他给人的印象就像橙花水一样平淡无奇。②桑多其实并不太担心和自己关系密切的作家打破自己独享的特殊地位（桑多本人是学术院院士——译者注）。实际上，是戈蒂埃无礼的态度葬送了他入选的机会。他不屑于那些无聊的拜访，宁愿只留下一张名片，不肯耐心等待不在家的院士。一天，他的朋友组织了一场晚宴，与他同时被邀请的还有两三位年迈的学术院院士，他正好可以借机讨好他们。直到上甜

①《龚古尔日记》第二卷第 149 页。
②《作品与人》第四卷"小说家"，第 78 页。

点时，一切都很顺利。席间戈蒂埃说了不少奉承话，凭借出众的谈吐赢得了在座宾客的赞赏。突然，一位老院士开始赞扬拉辛，并引用《阿达莉》中的几句诗：

在满是鲜花装扮的庙宇中
朝圣的人群淹满①柱廊

戈蒂埃大叫道："啊！这些浑蛋！挤满柱廊说明警察玩忽职守……"那一次，他当然又没能当选……

有的人虽然能够将拜访进行到底，却没有意识到自己早已失去入选的机会，普朗什就属于此类。他天生就是个"新闻不断的人②"，也是当时最有名的评论家之一，同时还是个平庸的作家，笔下缺少文采。1850年前后，他决定向法兰西学术院发起冲击。当时研究古典派作品是一个必不可少的先决条件，为此他撰写了一些关于弗朗索瓦·蓬萨尔古典悲剧的戏剧评论文章，还翻译了奥拉斯的作品。他甚至还刻意缓和对某些有价值作家批评的调门，比如为乔治·桑说一些好话。而就在不久前，乔治·桑刚把他从家里赶出去过。他认为对乔治·桑已

---

① 即"挤满"。

② 《作品与人》第四卷"小说家"，第326页。当时，居斯塔福·普朗什经常遭到文人们的嘲弄。具有讽刺意味的是，这位可怜的评论家居然用钉子挑脚上长出的脓包，结果死于坏疽病。

经仁至义尽。人们甚至还惊奇地发现，他居然在文章中赞扬缪塞的《任性的玛丽安娜》和《烛台》。

可惜普朗什身上缺点太多。首先，他属于放荡不羁的文人，他的衣着穿戴、言谈举止都过于随意，可以说是不修边幅，离法兰西学术院庄重场合的要求相去甚远。其次，他的个人卫生也是众人皆知的问题。当然，导致他失败的最严重、最具有决定性的因素也许要算圣勃夫的反对了。后者于 1844 年成为法兰西学术院院士，在之后的新院士选举中发挥着重要影响力。虽然他们两人曾在比洛主编的《两个世界评论》中合作过，圣勃夫也因普朗什攻击自己的宿敌雨果而窃喜不已，但两人却互不欣赏。他们的评论方式完全相反，对此他们也都心知肚明。普朗什批评圣勃夫在《月曜日丛谈》中涉及作家生活隐私，圣勃夫也在日记中大讲普朗什坏话。在这种情况下，普朗什当然不可能入选……

波德莱尔比普朗什更有名气，遭遇却和普朗什一样不幸。他也经历了拜访院士的痛苦过程。1861 年，当波德莱尔决定竞选院士席位的时候，人们不禁要问他怎么会产生这样荒唐可笑的想法。他虽对《恶之花》案中遭受的判决耿耿于怀，但他毕竟还只是个默默无闻的文人。公众对他并不太熟悉，除了经常打交道的几个文学团体外，几乎没有人认识他。他当时的名气远无法和死后相比。正如圣勃夫在院士选举期间发表的文章中调侃所说，很多院士甚至不知道他的名字。尽管如此，波德莱尔在 1861 年 7 月 25 日给母亲的信中很严肃地写道：

> 对于我来说，成为法兰西学术院院士是真正的文人唯一可以理直气壮地去争取的荣誉……为此必须忍受两到三次失败。我必须选择派别和立场。我从第一次参选获得的票数中能够判断出自己将来是否有成功的机会。[①]

那些放荡不羁的朋友们是否会对他这样的想法嗤之以鼻？他对此倒是不在乎。法兰西学术院吸引他的原因很多，有些非常简单，也非常不现实。首先，母亲身边的正统派人士看不惯他放纵的生活方式，获得社会承认就是对他们最好的回击。另外，他还可以借机摆脱父母的经济控制。最后，他觉得一旦当选，读者自然会大量涌来。

正是出于以上考虑，波德莱尔宣布参选拉科代尔在年底空出的席位。不用说，他的拜访遭到了冷遇。在他看来，维尔曼是个"学究、傻子、道貌岸然的文人[②]"，

① Cl. Pichois 和 J. Ziegler 编著，《波德莱尔书信集》，1861 年 7 月 25 日波德莱尔写给其母亲的信，"七星文库"1973 年版第二卷第 181 页。
② 波德莱尔 1861 年 12 月 25 日写给其母亲的信，"七星文库"1973 年版第二卷第 203 页。

而梅里美等其他院士干脆拒绝接待他。他天真地惊叹道："有人说我参选是对法兰西学术院的侮辱，很多院士甚至不想在我面前露面。这简直太不可思议！"①

福楼拜将波德莱尔介绍给儒勒·桑多。正如桑多所说，一切早已在选举之前有了定论。但波德莱尔没有气馁，继续拜访院士们。拉马丁和维尼不愧为上流人士，对波德莱尔态度和蔼，但对他的入选仍持保留意见。维尼记录了当时说给波德莱尔的话："我告诉他，他肯定选不上，但他可以有很多观察那些老弱病残院士的机会。"②这也算是一点安慰吧！波德莱尔曾打算根据这些冠冕堂皇的拜访写一部"滑稽戏"以示报复，但最后在维尼的劝阻下放弃了这项计划。维尼告诉他，他并非唯一有此想法的人，雨果在入选法兰西学术院之前也有过类似想法！最后，波德莱尔寄以厚望的圣勃夫彻底打碎了他的幻想。选举定在2月底进行，但就在选举前几天，波德莱尔选择了放弃。我们知道，普鲁斯特在1920年获得龚古尔文学奖后，也和波德莱尔一样想进入法兰西学术院，并开始跟亨利·德·雷尼耶和莫里斯·巴雷斯套近乎，但在两位院士的劝阻下，最终也选择了放弃。

---

① 波德莱尔1861年12月20日写给乌赛的信，"七星文库"1973年版第二卷第196页。
②《法兰西学术院秘闻》第197页。

法兰西学术院里的恩恩怨怨

不要以为迈进法兰西学术院圣殿大门后便可清净度日。选举结束后，烦人的事才真正开始。

夏多布里昂的经历就很好地说明了这一点。经过多次失败后，他终于在1811年成为法兰西学术院院士。这并非"不朽者"们选举的结果，而是当时的皇帝拿破仑下达的命令。尽管如此，他始终没能正式成为法兰西学术院院士，因为这位皇帝不喜欢他的入选致辞。应该说，给大革命时期重要人物玛丽-约瑟夫·谢尼埃写悼词是一件非常敏感的事，夏多布里昂怎么能借机抨击那些弑君者呢？更何况拿破仑为重塑国家团结，都已经肯和康巴塞雷斯同坐一桌了。最终，夏多布里昂只是勉强坐进法兰西学术院大厅。有一次，他冒犯了学术院会议主席，对方毫不客气地提醒了他这点。夏多布里昂备感受伤。从此后，除要投票选举外（每次雨果参选，他都把票投给雨果）他很少踏进学术院大门。对手们指责他庇护新兴浪漫主义文学，而这是古典主义拥护者们难以接受的。一天，布里福院士终于忍不住在会上当面指责他：

夏多布里昂先生，您和路易十四一样，想强迫我们接受您的那些私生子！[1]

我们完全可以相信，梅里美在 1844 年入选法兰西学术院后更希望不对前任院士夏尔·诺迪埃发表颂词。他不仅要阅读逝者的所有作品，还要忘掉和此人生前的过节。诺迪埃在世时指责梅里美的《居士拉》中有超自然主义风格，属于抄袭行为，因为诺迪埃认为超自然主义是他的专利。1844 年 10 月 16 日，新当选的梅里美院士在给阿尔贝·斯塔普斐的信中用报复的口气贬低诺迪埃：

我必须看完诺迪埃的全部作品，包括《让·斯波加尔》。这部小说的主角是个伪善的浪荡鬼，眼里总含着泪花。发言一开始我就要说明，他是个可耻的骗子。我费了九牛二虎之力才想出怎样用法兰西学术院式的语言描述他。如果我能坚持到底的话，您会听到我发表上述言论的。[2]

梅里美看完了诺迪埃的作品，语气也缓和了不少："无论这部小说也好，其他作品也罢，对诺迪埃先生来说，

---

[1]《晚年夏多布里昂》第一卷第 390 页。
[2]《梅里美书信全集》第四卷第 202—203 页。

事实有什么不同？"①

　　还有一些作家的经历更具有屈辱性，比如缪塞。他当选法兰西学术院院士后，周围一片赞扬声，好像1848年发生的"马耶·德·拉图尔－朗德里奖"事件对他的声誉没有造成太大影响。这个著名奖项旨在奖励"才华值得肯定的贫穷作家或艺术家"。但1848年时的缪塞显然早已不符合这一要求，他已远非刚踏入文坛的新手，已经完成大部分重要作品。法兰西学术院错误地计划把奖项颁给他，使他非常恼火。梅里美更是火上浇油，居然冒失地祝贺他获奖。最后，缪塞体面地从事件中抽身而出，并把奖金捐给"六月起义"中的伤员。

　　缪塞经历了两次失败，终于在4年后入选法兰西学术院。那时的他已经创作不出新诗，只好从箱子里翻出一篇尚未发表的旧作来充数。这篇作品创作于他和乔治·桑分手期间。42岁的缪塞只能生活在自己昔日的影子里。他被糜烂的生活击垮，却还试图用光鲜的外表来掩盖。缪塞的就任仪式"简直就像葬礼……充满悲情②"，阿塞纳·乌赛的儿子爱德华·乌赛在《艺术家》中如此描述道。为缪塞做答辞的是评论家、文学教授德西雷·尼扎尔，他和缪塞没有太多交情，致

---

① 《梅里美书信全集》第四卷第202—203页。
② F. Lestrigant 著，《缪塞传》，巴黎 Flammarion 出版社"伟人传记丛书"1999年版第569页。

辞结束时意味深长地说："无论您的诗作如何，您都将是终身院士！"福楼拜在给柯莱的信中对答辞内容进行了奚落，讽刺类报纸也借机炒作了一番。成为院士后，缪塞依旧过着纸醉金迷的生活。他没有大人物风范，却"整天踉踉跄跄"，欧仁·德·米尔古恶毒地评价道。

当久负盛名的法兰西学术院沦为明争暗斗、互相倾轧的竞技场时，我们还有什么好说的呢？我们知道，圣勃夫和梅里美同一天入选法兰西学术院，而为圣勃夫做答辞的正是雨果！有心人应该还记得，到1844年，他们两人已有将近10年没有相互接触，原因就在于圣勃夫给雨果戴过绿帽子。可想而知，人们对当时的场景多么期待，更不免乱加评论。但两人的致辞都没有引起太多议论，因为双方都尽力保持表面的尊严，出门时刻意避开对方，在答谢信中还假惺惺地对此表示遗憾。圣勃夫说："在人潮的簇拥下，我没能靠近您。"雨果说："您的来信让我很感动。我对您的感谢信表示由衷地感谢！"[1]无语！

圣勃夫回到家后，又不自觉地拿起笔，攻击被他称为"独眼怪"的雨果。这一次，他表现得更加诡计多端。当时他正在为友人朱斯特·奥利维耶的《瑞士杂志》撰

---

[1]《雨果书信集》第200—201页。

写专栏文章，便利用这个机会，从旁观者的角度对自己的就任仪式进行匿名评论。尽管仪式上"人头攒动、盛况空前"，观众们也看得"津津有味"，但雨果的答辞显得过于矫揉造作，和新任院士"简练、随性"的风格形成鲜明对比……

1861 年又发生一起轰动一时的事件，其本质是一场政治斗争。著名风俗剧作家欧仁·斯克里布刚去世不久，就有 12 个作家冒出来宣布要竞选他空出的院士席位。选举预定在 1862 年 1 月 20 日举行，人们已经感觉到这将是一次艰苦的裁决。1861 年 11 月，本已十分紧张的局势更趋恶化，因为天主教诗人、君主主义者拉普拉德院士在《通讯员报》上发表了一首讽刺诗。这首诗的题目很唬人："国家之歌"。拉普拉德坚决反对拿破仑三世，借此诗讽刺那些趋炎附势的作家，而首当其冲的正是圣勃夫：

> 幸福的文人们，你们有信仰，有使命，
> 你们的作品炙手可热；
> 《箴言报》上长篇累牍的文章，
> 是《月曜日丛谈》为你们编织的花环……
> 伏尔泰已死，
> 你们是否已不再拥有锋利的文笔，
> 你们是否也想回到过去，

去赞扬旧世的君主。[①]

《月曜日丛谈》的作者圣勃夫看到诗后勃然大怒，认为下面这句最尖酸刻薄，最让他难以忍受：

冠冕堂皇的人权卫士，
却是背着人民告密的暗探！

圣勃夫很快予以回击。1861 年 12 月 14 日，根据佩尔西尼部长的一份报告，拿破仑三世免去拉普拉德在里昂文学院的教职。法兰西学术院内，自由派作家和君主派作家因此爆发激烈冲突。圣勃夫作为告密者背上了"睚眦必报"的骂名，让人不免想到法国大革命最艰难时期"为警察通风报信的迪歇纳老头[②]"。维尼虽然不反对君主制，但还是批驳了圣勃夫的立场。他认为圣勃夫是"一只癞蛤蟆，搅浑了整潭水[③]"。实际上，维尼并非完全站在拉普拉德一边，他似乎只是很乐意看到别人攻击圣勃夫（他还批评圣勃夫向媒体透露学术院里发生的秘闻）：

必须提防他们，以免他们干出可耻的勾当，因

---

① 《法兰西学术院秘闻》第 202 页。
② 《法兰西学术院秘闻》第 205 页。
③ 《诗人日记》第 1333 页，1857 年 11 月篇。

为他们是敌人。我们恨不得把他们扔进断腿猎犬的窝里，让那些像圣勃夫一样四肢拧巴的畜生咬他们的脚后跟。[①]

1862年4月3日，斯克里布的席位最终由奥克塔夫·弗耶获得。这是时代进步的重要标志，因为弗耶是第一位入选法兰西学术院的小说家。同时我们必须指出，弗耶是欧仁妮皇后身边的红人……政治以及与政治相伴的仇恨，从来都是文学圈必不可少的组成成分。

让人啼笑皆非的往事

在《维尼回忆录》里，关于他参选法兰西学术院院士的描述称得上是壮烈而滑稽的文学经典。

那次选举发生在1845年5月8日。在此之前，维尼已经有过五次失败经历，这一次他终于梦想成真。当选后，维尼马上全身心投入到第一项必须完成的任务中：答谢访问。于是他前去拜访学术院院长莫莱伯爵。院长是个有魄力的政治家，偶尔也搞点文学创作。他告诉维尼，非常不巧的是，他的夫人已经时日无多，他暂时无法履

[①]《法兰西学术院秘闻》第193—194页。

行院长职责。就这样，新院士的当选仪式被推迟举行。

维尼深表同情，一边耐心地等待着自己的光荣时刻，一边准备对前任院士、剧作家艾蒂安的颂辞。这是一项艰巨的任务，因为艾蒂安生前一直是莫莱的政敌。真是太不凑巧了！

过了一段时间，维尼在1845年11月再次前去拜访院长，并请他过目自己写的颂辞。他们有必要在仪式前相互通一下气，因为莫莱作为院长必须对维尼的讲话做出回应。莫莱热情地接待了维尼，请他参观自己的大公寓，还给他展示家里的藏品，其中包括一顶罗马时期被斧子砍破的头盔。维尼作为英勇无畏的斗士，自然会在自己的作品中详细记下这段往事。

那天上午天气很冷。莫莱拿着火钩子，在壁炉里不停地翻腾着，想把快熄灭的火撩旺一些。维尼在一旁读着他的发言稿。一切都进行得很顺利。莫莱似乎很满意，答应尽快起草自己的答辞。

几天后，这出戏的第二幕开演了。学术院终身秘书长、前公共教育部长维尔曼前来拉拢维尼，建议他在讲话中加入赞颂国王路易 – 菲利普的话，或至少夸奖一下国王的某个孩子。维尔曼对维尼诱之以利，许诺只要他肯放弃之前的正统主义立场，就能成为法兰西议会贵族院议员——至少维尔曼当时是这么说的。结果维尼高傲地拒绝了。

1846年1月，维尼渐渐失去了耐心。就任仪式原本安排在月底举行，但莫莱没有按惯例向他通报答辞内容。他终于沉不住气，向莫莱表达了自己的情绪，结果却得到一个生硬的答复。莫莱已不再像 11 月接待他时那般和蔼。维尼心中自是有苦说不出，只能通过自嘲式的幽默来发泄心中不满：

> 我心里充满难言的怨恨，苍白的脸上似乎因此长出不少斑点。苦恼在我体内流淌着，就像隐藏在皮肤里的青色血管。我的胳膊颤抖个不停，整个人活脱脱一副遭电击后的行尸走肉模样。[①]

维尼明白，他没有接受维尔曼的拉拢和贿赂，莫莱是不会原谅他的。莫莱的答辞中想必不会有什么好话。

1846 年 1 月 27 日，离维尼的就任仪式还有两天。维尼和莫莱共同出席学术院审读委员会会议。现场嘈杂不堪！莫莱的讲话里充斥着对维尼的攻击，但又完全符合审议要求。他指责维尼对拿破仑不敬（指《士兵生活的委屈与伟大》），还要求作家独立（指《查特顿》）。最不可饶恕的是，维尼拒绝赞美国王路易－菲利普。维尼提出抗议，要求删除有关段落。最后莫莱的态度有所缓和，表面上答应了维尼的要求。

---

① J. Sangnier 编著，《维尼个人回忆录》第 220 页，巴黎 Gallimard 出版社 1958 年版。

崇高的灵魂往往得不到应有的回应。1846年1月29日，维尼的就任仪式终于如期举行。下午两点，会场的气氛已经紧张到极点。维尼只发现寥寥几位友人，其余大部分都是"仇恨者①"，他们在会场周围不怀好意地转来转去。维尼稍稍振作了一下情绪，在支持者的掌声中坐上"被告席②"。雨果压根儿没来，自称不想到现场观看群殴场面。

　　维尼对自己的讲话非常满意。轮到莫莱讲话了③，他居然对之前的稿子一字未改。耻辱啊！据维尼说，这种行径引起了院士们的愤慨。

　　事情果真如此吗？很多在场的作家说法却截然相反，他们认为莫莱的讲话迎合了现场大部分观众。让我们看看圣勃夫是怎么说的：

　　　　（维尼）滑稽、愚笨、高傲自大。整整一个半
　　　小时，他不停地刺激着所有在场人的神经。当莫莱
　　　做出公正、简洁的回应时，大家才松了口气。④

---

①《维尼个人回忆录》第240页。
②《维尼个人回忆录》第241页。
③ 莫莱的讲话被编入法兰西学术院年鉴。1911年，阿尔贝·德曼欢迎亨利·德·雷尼耶就任的场景与此类似。普鲁斯特在《在少女花影下》也提到莫莱的这次讲话，参见《追忆似水年华》第二卷第82页。
④《圣勃夫书信全集》第六卷第365页，圣勃夫1846年2月8日写给朱斯特·奥利维耶夫人的信。

总之，维尼的发言语气夸张，语调随意，招致在场人的极度反感。他"一边慢吞吞地发表讲话，一边用金色铅笔在稿子上标注现场的鼓掌情况[1]"。

维尼遭到莫莱的暗算，又被同行们的态度激怒，随即决定报复。按照规定，在就任仪式后，所有新院士都要由院长引见给国王。也就是说，维尼要由莫莱引见。维尼断然难以接受这样的安排。他决心已下，只要自己的对头还担任院长，他就绝不出席学术院会议。更要命的是，他明确拒绝由这位死敌把自己引见给国王。

这样一来，整个法兰西学术院的前途都牵扯了进来。这是否会冒犯路易－菲利普呢？媒体对维尼的高傲态度报道个不停。幸好国王很务实，没有坚持正规程序，仅在讷伊宫私下接见了维尼。

1846年7月1日，莫莱结束院长任期。7月2日，维尼便走进法兰西学术院，坐上自己的位置。

他履行了自己的诺言。

第四十一把交椅

1855年，阿塞纳·乌赛发表著名的《法兰西学术

---

[1]《圣勃夫书信全集》第六卷第365页，圣勃夫1846年2月8日写给朱斯特·奥利维耶夫人的信。

院第四十一把交椅》。他在书中假想孔蒂岸边古老的法兰西学术院能够再多提供一个院士席位，并列举出没被接纳的天才作家名单，其中包括很多 19 世纪大名鼎鼎的作家，如本杰明·贡斯当、司汤达、巴尔扎克和欧仁·苏。

每当学术院又选出一位没什么名气的新院士，人们就会想到《法兰西学术院第四十一把交椅》中那些响当当的人物，可惜他们一直没有机会发表对前任院士的悼辞。总之一句话，学术院每犯一次错，就意味着该书的作者又言中一次。恐怕《法兰西学术院第四十一把交椅》中的故事会经久不衰——要么是法兰西学术院错了，要么是读者们错了。[①]

除名单列举的作家之外，还有一些大作家也加入到"第四十一把交椅"的队伍中，比如儒勒·凡尔纳。19世纪末，凡尔纳数次经历被法兰西学术院拒之门外的痛苦。他是那个年代最炙手可热的作家，却从来没有赢得学术院院士们的足够支持。他行将辞世时才无比悲伤地意识到，所有院士席位都已更换一遍，他却依然没能占得其中任何一个。他被视为只会给小孩子讲故事的作家，算不上真正值得评论家们研究的艺术家。他认为学术院看不上他，看来他的想法不无道理。

----

① 《法兰西学术院第四十一把交椅》。

而左拉并非缺少外界评论，但也没能迈进法兰西学术院金碧辉煌的大厅。1888 年，《卢贡－马卡尔家族》的作者、著名作家左拉已是文坛当红明星，这并不仅仅因为他的作品如《红杏出墙》（1867 年）、《小酒店》（1878 年）、《娜娜》（1880 年）和《土地》（1887 年）引起很多争议，还因为他刚获得荣誉军团勋章就又瞄上法兰西学术院的位置。这一特大消息很快在外界传播开来。什么！像左拉这样无事生非的堕落分子也敢觊觎法兰西学术院！况且他还是个小说家（请别忘记，小说经历了数十年的曲折过程才被承认是一种正式文体）！这绝不可能！

　　其实，左拉的这个想法并没有看起来那么荒唐。他的初衷并非为沽名钓誉，而是要为自然主义学派赢得应有的地位。可以说，左拉是一名决心深入虎穴消灭敌人的文学斗士，"可恶"的法兰西学术院当然是应该攻下的堡垒！1888 年 7 月 29 日《费加罗报》上刊登的"左拉先生和法兰西学术院"正是这样说的。左拉自诩"像豺一样，窥伺着法兰西学术院里的腐尸"。

　　当左拉急切想成为法兰西学术院院士时，学术院正遭受反对派的猛烈抨击。阿塞纳·乌赛获得的成功给诋毁学术院的人以可乘之机。1863 年，多尔维利开始给《黄色侏儒报》供稿，定期在上面发表辛辣的讽刺文章。这些文章汇集成册，成为后来的《法兰西学术院四十院士像》。《女巫》的作者多尔维利将学术院污蔑为"失宠的部长和落选的议员们的安乐窝[1]"。他对雨果成为学术院院士惊讶不已，因为他觉得"橡树的根岂是一个咸菜坛子能容得下的[2]"。儒勒·瓦莱斯继承了这种论调，于1866年发表文章称："院士们衣服上的奖章就像鹦鹉身上的羽毛。"[3]龚古尔兄弟早期合作过的《闪电报》也发表一幅暗含深意的插图：学术院主建筑的穹顶居然遭到雷劈！

上述批评反映出"学院派"文学和大众喜闻乐见的通俗文学之间日趋尖锐的对立关系，后者包括保罗·德·科克、保罗·费瓦尔、儒勒·凡尔纳和左拉的作品。时髦的自然派和先锋派作家自然不会放过法兰西学术院，他们的攻击程度超过当时的浪漫派作家（因为浪漫派作家都有所"醒悟"，最后几乎全部加入了法兰西学术院）。

最猛烈的抨击大概要算阿方斯·都德1888年发表的《不朽》，普鲁斯特在《追忆似水年华》中提到过这本小册子。都德认为，院士们是一帮好色的老家伙，他发誓绝不参加院士竞选。和皮埃尔·洛蒂等人不同的是，都德遵守了自己的誓言。

———————

① 多尔维利，《法兰西学术院四十院士像》第 55 页，巴黎 A. Colin 出版社 1993 年版。
② MichelLécureur 著《巴尔贝·多尔维利 1808—1889》第 359 页，巴黎 Fayard 出版社 2008 年版。
③《瓦莱斯作品集》第一卷第 828 页。

在批评学院派的作家当中，埃德蒙·龚古尔算得上是中坚力量。自从他的弟弟 1870 年去世后，他内心的创伤一直难以平复。亨利·德·雷尼耶因此把他叫作"寡妇"。龚古尔极其推崇 18 世纪文学沙龙，梦想着重新寻找到在文学上志同道合的人。他是玛尼餐厅晚餐聚会的常客。19 世纪 60 年代，那里汇集了当时思想最活跃的一批人，其中包括乔治·桑和福楼拜。1885 年，他组成自己的小团体，人们称之为"阁楼"。年轻作家争先恐后前往他位于奥特伊的住所，其中就有左拉。龚古尔对法兰西学术院充满蔑视，认为它最令人难以容忍的是让文学屈从于政治，将诗歌置于小说之上。所以他决定自己创立一所学院，向法兰西学术院发起最直接的挑战。由于以上原因，我们日后才能看到龚古尔学院的诞生。而这所学院扣人心弦的诞生过程可以与阿加莎·克里斯蒂（英国著名女侦探小说家——译者注）的小说情节相媲美。

　　1874 年，52 岁的龚古尔起草了自己的遗嘱。在遗嘱中，他决定死后变卖自己的财产，用以成立一所学院，每年向一位小说家颁发"龚古尔文学奖"。最初的学院成员包括福楼拜、多尔维利、左拉和都德，但后来几经变动。随着岁月的流逝，有的成员去世，有的疏远了该团体。龚古尔也逐渐老去，在重写遗嘱的同时，他暗示某几个"阁楼"弟子有可能入选龚古尔学院，并可获得相应的津贴。这一举动让弟子之间顿生猜忌。

看起来，龚古尔很善于用感情投入来达到制衡。渐渐地，龚古尔和追随者之间产生了隔阂。有一天，龚古尔将左拉的名字从名单中划掉。为什么？因为我们上文提到过，他们两人之间的关系经历过很多波折，积怨已深。龚古尔 1896 年去世后，他对左拉最不满的一件事才真相大白：

> 要想成为这个团体的一分子，首先得是个文人，而且是纯粹的文人。这其中不包括阔老爷，也不包括政治家。所有参加过法兰西学术院竞选的人都必须离开这里。①

左拉执着地追求着法兰西学术院院士的位置，也因此深深地冒犯了龚古尔。1888 年，龚古尔不是在《高卢报》上的一篇文章中警告过他吗？文章说法兰西学术院是个"滑稽十足的过时机构"，左拉不会因入选而扩大个人影响。此后两人开始用信件相互攻击。龚古尔指责左拉不把龚古尔学院放在眼里，劝他以都德为榜样。

龚古尔学院最终得以成立，但过程充满艰辛。龚古尔遗嘱公布的第二天，财产的自然继承人便试图废掉它。经过长达 7 年的司法裁决，作家们终于在雷蒙·普安卡

---

①《龚古尔日记》第一卷第 7 页。

雷律师（后成为法国总统）的帮助下赢得胜利。1903年，饱经坎坷的龚古尔学院终于问世，对法兰西学术院构成极大威胁。

但这一切并没能阻止左拉的法兰西学术院院士之梦。他在1889年第一次参加竞选时，肯定想不到日后还要经历18次失败。当时，他正按惯例一门心思地拜访着院士们，只是这些拜访并未增加他成功的机会。就连他崇拜的勒南夫人也不相信他能成功，甚至还对他恶语相加："将来我不敢说，法兰西学术院也会时不时地干些傻事。"[①]

他的对手皮埃尔·洛蒂这次同样没有当选，但1891年两人再次狭路相逢，洛蒂战胜左拉入选法兰西学术院。1892年4月7日，洛蒂在就任仪式讲话中大肆攻击自然主义学派，对可怜的对手丝毫不留情面。左拉依然通过《巴黎回声报》做出回应。他对这位《阿姬亚黛》和《菊子夫人》的作者进行一番虚伪的赞扬，说其作品总能从细微处体现伟大。最后他挖苦道："就这样，他走向卓绝。这一点恐怕连他自己也没有意识到，因为他是如此缺乏思想！"[②]年老的龚古尔自然也会愤怒地把洛蒂从名单中划去……

---

① H. Mitterand 著，《左拉传》第二卷第 909 页，巴黎 Fayard 出版社 1999 年版。
②《左拉传》第二卷第 1071 页。

可叹！对于左拉而言，失败将成为一种习惯。1894年，他与保罗·布尔热竞争时只获得一票。这让乔治·库特林愤怒不已。1896 年，左拉获得 14 票，可以说与成功擦肩而过，可惜他在那年发表的一篇文章最终让他功亏一篑。左拉用给年轻作家提建议的形式抨击当时的评论界，他这样写道：每天早晨，看到那些报纸，尤其是那些字里行间透露着恶毒的文章，他就像活吞了一只癞蛤蟆。[①]很不幸，这些文章的作者中就有法兰西学术院院士。

至此，事态已经非常明朗：左拉不再有任何机会，但依然执迷不悟，似乎想证明拒他于门外的法兰西学术院思想何其狭窄。另外，他每次因选举前往巴黎（他住在梅塘），都能暂时摆脱妻子亚历山德琳的束缚，和心爱的情人让娜·罗泽洛见面。让娜为他育有两个孩子。

左拉屡战屡败的经历被媒体演绎得神乎其神，成为当时广为关注的话题。有人对他恶意中伤，有人则极力维护他。有人用戏谑的口吻模仿他的小说《梦》（1888年），写出了《梦——梅塘教堂里的彩绘玻璃窗》。这本书的装饰画是一个教堂尖拱形的图案，中间有左拉的头像，脸上露出一副梦想着天使给他带来学术院席位的模样……也有人谴责法兰西学术院，说左拉在"艺术桥火车站"等车，身后拖着很重的行李箱。火车站大门上

[①]《左拉传》第三卷第 199 页。

挂着告示牌，上面写着"通知：本车站只接受带手提行李的客人"。还有这样描述的：左拉站在法兰西学术院大门外，手里拿着宗教仪式上用的大蜡烛，胳膊下面夹着他的小说《鲁尔德》。这一回，大门告示牌上写的是："法兰西学术院，请用力敲门。"直到左拉去世后，《法兰西信报》上才刊登出一幅漫画：一位演说家站在大门敞开的墓穴前。注解是："谨以法兰西学术院之名——左拉功德圆满，我们却因缺少他而遗憾……"

卡斯通·勒胡1909年发表黑色幽默代表作《魔椅》。可以说，这部小说中栩栩如生的人物极为贴近现实生活，比如老来俏的终身秘书长伊波利特·巴达尔，整天打扮得"像个黄色柠檬"；还有滑稽可笑的神秘术士埃利法（本名让·波里格，原本是个橄榄油商人）……

法兰西学术院院士们看到这些章节时，肯定能心领神会，脸上露出微笑。

第九章　参与政治

若你心中真有仇恨，它会成为你灵感的源泉！

——多尔维利，关于《惩罚集》

那是 1848 年的事。当时正是法兰西第二共和国时期，人民起义风起云涌。拉马丁正在巴黎的公寓里陪客人用晚餐，管家突然跑进来，说外交部门前发生了骚乱。拉马丁立刻站起身，对一起吃饭的客人普朗什说："再见，亲爱的朋友。我要出去和人民交谈一下，马上就回来。"[1]

有时，伟人的这份天真让人哭笑不得。事后普朗什没少拿这段插曲打趣。这件事从一个侧面反映出 19 世纪某些著名作家参与政治的程度。夏多布里昂曾在复辟时期担任过政府部长；雨果 1848 年当过众议员，1876 年当过参议员；梅里美 1853 年出任过参议员；大仲马和维尼也都

---

[1]《维克多·帕维选集》第二卷第 215 页，巴黎 Perrin 出版社 1887 年版。

参加过议员竞选。19世纪初，在左拉发表《我控诉》以及"知识分子"的说法出现之前，很多作家已经自认为肩负某些公共使命，即使因此招致严厉批评也在所不惜。

这种现象不仅牵扯到政治，更涉及文学如何定位的问题。作家难道要在作品中变成某项政治诉求或某个党派的说客吗？在这个时期，通过对某件事的评判（认为其重要，或认为其无关紧要）或对文学作用的界定（认为文学应承担一定社会责任，或认为文学不具备普世美学价值），作家们分成不同阵营，阵营之间甚至可能发生冲突。实际上，作家们确实因此产生了不小的隔阂。例如福楼拜和戈蒂埃、波德莱尔一样，认为艺术的价值在于艺术本身，反对所谓的"政治作家"：

> 他们认为每部作品都或多或少地要有道德含义和教化作用；每首诗都要有哲学内涵，每个剧本都要将矛头指向君主制，每幅水彩画都要引导风化。在他们看来，世界充满阴谋诡计，言谈举止定要充满愤怒。对于他们，靠女人出位已是司空见惯之事。噢，可怜的奥林匹斯山！他们没准能在你的山顶上种出土豆来！[1]

---

① J. Bruneau 编著，《福楼拜书信集》，1846 年 9 月 18 日福楼拜写给柯莱的信。"七星文库"1973 年版第一卷（1830 年—1851 年）第 351 页。

福楼拜坚持自我，虽谈不上多么蔑视世俗纷争，却毫不隐瞒内心的怀疑态度。《情感教育》（1869 年）中的某些章节便涉及 1848 年革命，而福楼拜对君主派的态度并不比对共和派宽厚。

显然，对于认为文学是表达政治信仰的绝佳舞台的作家而言，福楼拜之流过于谨慎，甚至有些懦弱。两派之间因此少不了相互仇恨和口诛笔伐。相对于戈蒂埃"为艺术而艺术"的极端论调而言，雨果仅限于在《莎士比亚》（1864 年）中宣称艺术应体现出"美的价值"。更极端者有瓦莱斯、魏尔兰、兰波等，他们早在萨特之前就指责福楼拜和龚古尔"对镇压巴黎公社负有责任，因为他们没有任何阻止镇压的表态[①]"。

不同政治派别之间的仇恨更加激烈！ 1851 年 12 月 2 日，路易·波拿巴亲王发动政变，次年成为拿破仑三世。梅里美随即站在拥护皇权一边（他是欧仁妮皇后身边的红人）。1851 年 12 月 4 日，雨果即将开始长达 20 年的海外流亡生活（1851 年 12 月 11 日离开巴黎），恰巧在街上遇到梅里美：

"哎！"梅里美先生对我说，"我正找您。"

---

① J.-P.Sartre 在《现代》杂志第一期上的引言，1946 年。

我回答说："我更希望您找不到我。"他向我伸出手，我却转过身去。自此我再没见过他，我认为他已经死了。[1]

1852 年，第二帝国的建立把作家分成严重对立的两派。在下文中我们还将看到，19 世纪末发生的德雷福斯事件也产生了同样的效果。

国家主义

1789 年法国大革命以来，数次重大政治事件都将"国家"推向风口浪尖。例如在 1840 年，莱茵河两岸曾出现过一股狂热的国家主义风潮。当时欧洲外交正因"东方问题"处于巨大压力下。法国在北非的影响力不断扩大，法国政府采取的措施，包括重整国家军备、加强巴黎保卫等都损害了法国的对外关系，尤其是和普鲁士的关系。

外交大臣阿道夫·梯也尔奉行黩武政策，对外宣称法国正酝酿夺回 1794 年至 1814 年法国大革命及第一帝国时期获得的莱茵河左岸地区。他寄希望于人民对贵族

---

① 雨果，《罪恶史》，《雨果全集·传记篇》，S.Gaudon 编。巴黎 Robert Laffont 出版社"老书丛书"1987 年版第 327 页。

的反抗。在德国，民众反对法国的情绪高涨。名不见经传的作者尼古拉·贝克尔创作了敌视法国的《莱茵河之歌》（Rheinlied）。这首诗在法国引发了各方不同的反应。

1841年5月16日，拉马丁一看到这首歌的歌词，马上写出一首和平赞歌作为回应（据说他是在浴盆里完成创作的）。在这首《和平马赛曲》中，他宣扬民族和解与和谐：

> 祖国，伟大背后掩藏着野性，
> 你们所到之处，爱是否随即消失？
> 撕毁那些旗帜吧，
> 一个不同的声音会对你们说：
> 自私和仇恨只为一国，
> 大爱却无疆！[①]

在当时的背景下，这种博爱的论调很难赢得民众响应，因为他们一心想着复仇，想着重温拿破仑时期的辉煌；他们人数众多，对过去的历史念念不忘。让博爱见鬼去吧！我们要的是斗争、战火和激情！

缪塞清楚地意识到这一点。他到底是在美丽的德尔菲娜·德·吉拉丹的要求下，还是在和家人一起激烈地

[①] F.–M.Guyard编著，《拉马丁诗全集》之"和平马赛曲"，"七星文库"1963年版第1174页。

批评完拉马丁之后创作出《德国莱茵河》，这似乎已无关紧要。重要的是，他的诗推崇武力，和贝克尔针锋相对，同时也驳斥了拉马丁：

> 德国的莱茵河，
>
> 我们占领了你，
>
> 你遍体鳞伤。
>
> 胜利的孔戴，
>
> 撕开你绿色的裙摆，
>
> 我们跨过你，跨过你！
>
> 德国的莱茵河，
>
> 我们占领了你，
>
> 英勇的日耳曼也回天乏力，
>
> 就让我们强大无比的凯撒，
>
> 统治你们所有的土地，
>
> 让你们死无葬身之地！①

这首诗于 1841 年 6 月 15 日发表在《巴黎杂志》上，在民众中引起一定反响。经过谱曲和士兵传唱后，它为作者赢得了更多赞誉，也激起莱茵河对岸的愤怒。1840年 10 月，主张和平的基佐上台后，政府对缪塞的作品只

---

① "德国莱茵河"，《缪塞诗全集》第 403—404 页。

勉强表示支持。拉马丁和圣勃夫的反应则更强烈，他们已经表示愤怒。[①]

实际上，拉马丁的爱国主义并非第一次遭到质疑，他也并非第一次和宿敌阿道夫·梯也尔针锋相对。拉马丁把梯也尔评价为"政府和议会里的寄生虫[②]"。1840年初，当议会讨论将拿破仑的骨灰运回法国的可能性时，他就对这位被梅里美称为"三分之一先生"的梯也尔发起过攻击。他们两个人在议会里展开一番唇枪舌剑的斗争，之后差点进行决斗。[③]

我们知道，1870年爆发的普法战争使法国丢掉阿尔萨斯和洛林的一部分，德属莱茵河地区再次成为当时热议的话题。

拿破仑三世军事上的失败导致第二帝国崩溃，这对法国人造成极大心理伤害，同时有些人开始改变对外来侵略者的看法。正是在这种情况下，历史学家埃内斯特·勒南（因1863年发表颇受争议的《耶稣传》而出名）抛出了事后让他后悔不已的言论。1870年9月6日，在布雷邦餐厅的一次晚餐上，大家群情激昂。勒南把法国在色当的失败归结为"德意志人种"比"法兰西人种"更优秀。

①《缪塞传》第442页。
② 巴尔比耶著，《个人回忆与时代剪影》第335页，巴黎Ch.Dentu出版社1883年版。
③ G.Valance著，《第三等级：资产阶级和革命者》，巴黎Flammarion出版社"伟人传记丛书"2007年版第117页。

简而言之，他认为德国农民能够顺从于强大的政权，而法国农民因为获得普选权而成为国家命运的主人，因此德国士兵比法国士兵更有战斗力。要知道，甘必大在两天前刚刚宣布成立共和国，他的观点立刻激怒了在场的所有人：

　　—灭亡吧，法兰西！灭亡吧，国家！责任和理性比这些更重要。

　　—不，不，周围的人高呼着，没有比国家更重要的！[1]

当时除拉马丁的前任秘书保罗·德·圣–维克多和化学家马塞兰·贝特洛之外，龚古尔也在场。晚上回到家后，龚古尔习惯性地把当时的谈话内容写在了《龚古尔日记》里。

事情本可以到此结束，但在20年后的1890年，龚古尔发表第四卷《龚古尔日记》，其中有对1870年事件的详细记述，勒南当时的言论随之被公诸于众。这成为时年68岁的龚古尔和67岁的勒南之间激烈冲突的开始。我们可以感觉到，勒南当年不利于共和制的话肯定会激起民愤，因为共和国在经历初期的坎坷之后刚刚扎下根；法国丢失了阿尔萨斯–洛林，绿色的沃日山脉成了它的边界线。

---

[1]《龚古尔日记》第二卷第278页，1870年9月6日篇。

另外，勒南当时不仅是法兰西学术院院士，还担任法兰西公学院院长，正处于事业顶峰，享受着当局赋予的至高荣誉。可以肯定，他早已变成民主派，龚古尔曝出的陈年往事定会让他惶恐不已。就在1882年，他还在索邦大学发表过一次颇有影响的演讲，题目正是：什么是国家？

根据龚古尔的记述，人们有理由相信勒南当时希望德国获胜。终于，勒南打破矜持（也许因为他当时正觊觎参议员职位——至少龚古尔在接受儒勒·于雷采访时有过这样的暗示），在报纸上数次攻击龚古尔，指责他无中生有、捏造事实。没多久，他又对龚古尔发起人身攻击。为了让龚古尔彻底威信扫地，这位历史学家兼哲学家甚至批评龚古尔智力有缺陷，缺乏抽象思维能力。

龚古尔自然怒不可遏，在1891年出版的《龚古尔日记》（1872年至1877年）前言中予以反击。他毫不留情地讽刺勒南这位"伟大思想家"的思想"比（自己的）资产阶级思想高出何止十万八千里"，"他高高在上，将渺小的我压得粉身碎骨。"[1]龚古尔重申自己的观点，猛烈批评道：

> 勒南先生，我要给您一个建议：您如此高傲，因为您被阿谀奉承包围着，早已失去判断事物的能力。人类虽然已经发展到19世纪，但像乔治·桑随

---

[1]《龚古尔日记》第二卷第479页。

意写小说那样撰写神圣的宗教史却仍显太过分。我必须告诉您，您对上帝不够虔诚，将来历史会对您做出应有的评价。[1]

这场争论确实影响了勒南的声誉，他在次年也就是1892年去世。在很长一段时间里，《龚古尔日记》也因此惹上"丑闻日记"的名声。

上述事件可谓推迟爆炸的炸弹，但它还远没有达到1894年德雷福斯事件的影响力。

德雷福斯事件是19世纪末最大的一起司法丑闻。它将法国分为两派，一派是司法体制的拥护者，另一派则是事实和公正的追求者。这起事件也标志着"知识分子"（即有自己的理念和观点的人）正式登上历史舞台。这个群体自认为担负着指引整个社会发展方向的历史使命。

在此，我们同样不再详述事件经过，只想向读者揭示当时作家们如何以正义为借口，不惜相互对立也要参与其中的情况。

遭到指责最多的当属左拉，他的观点和行为也引起最强烈的反响。从严格意义上讲，左拉对德雷福斯事件产生兴趣的同时，文学创作生涯也随即宣告结束。《卢贡－马卡尔家族》早在1893年就已经完成，之后他创作的几

①《龚古尔日记》第二卷第480页。

部小说都不太成功，风格也让追随者们摸不着头脑。1897年11月，德雷福斯的坚定拥护者、参议院副主席舍雷－凯斯特耐尔邀请左拉共进晚餐，希望借机向左拉介绍事件有关情况，并征求他对公开此事的看法。左拉接受了邀请。虽然左拉名气很大，但毕竟不是实权人物，他的现实主义小说以及私生活（他和曾是女佣的情人让娜·罗泽洛育有两个孩子）都饱受批评。他多次努力想成为法兰西学术院院士，但都以失败告终。他追求司法公正，因为他的母亲在继承丈夫遗产时遭受过不公正待遇。

　　左拉随即成为德雷福斯上尉的狂热支持者。几个月之前，他就已经在《费加罗报》上发表过题为"为了犹太人"的文章，强烈谴责反犹太主义。他鼓动舍雷－凯斯特耐尔在报纸上发表公开信，要求重新审理案件。他自己也发表一系列颇有影响力的文章，包括1898年1月13日《震旦报》上那篇著名的《我控诉》。这篇文章在当时引起轰动。很多人出来反对左拉，跳得最高的是莫里斯·巴雷斯。他指责左拉的想法像"背井离乡的威尼斯人[1]"。也有和马拉梅一样支持左拉的人，他们说左拉的"行为体现出思想的高尚[2]"。从那以后，知识界支持德雷福斯

---

① M.Barrès，《民族主义学说及其表现》第一卷第44页，巴黎Plon 出版社1925年版。
② H.Mondor 编著，《马拉梅书信集》第十卷第108页，1898年2月23日写给左拉的信，巴黎 Gallimard 出版社1984年版。

的声音越来越多。1月14日，左拉、法朗士、普鲁斯特、勒纳尔等联名签署请愿书……普鲁斯特一直号称法朗士的学生，在他的努力下，法朗士也同意在请愿书上签名。法朗士的这一立场让人颇感吃惊，尽管他明确表示自己是民族主义者，但在该事件上立场坚定。他的对手们对此更是意想不到，因为他们还曾给他起过"阿纳托尔·普鲁士"的外号。自从左拉被要求交回荣誉勋位勋章以后，法朗士一直拒绝佩戴勋位勋章。1908年，在左拉的骨灰被移至先贤祠之际，他还特意向左拉表示敬意。

巴雷斯对请愿书做出了回应。他在1898年2月1日的日记中写了一篇名为"知识分子抗议书"的讽刺文章。双方的激烈对抗一直持续到1899年对德雷福斯的第二次审判。之后程度虽有所减弱，但依然延续至1906年德雷福斯彻底平反才告结束。这起事件将整个法国分为对立的两派，文人们也难以置身其外。但支持和反对德雷福斯的上层社会文人进行的是彬彬有礼的交谈，老百姓却在街头相互辱骂和殴打，两类人之间行为举止相差甚远。1898年9月4日，保罗·莱奥托在日记中表示，虽然自己支持德雷福斯，保罗·瓦莱里和自己观点相左，但这并不影响他们之间的交情，他们讨论到最后也总能相互一笑了事。与莱奥托不同的是，瓦莱里告诉莱奥托自己不会再和马塞尔·施沃布来往：

亲爱的朋友……我周日去了施沃布家,你猜我在他家壁炉上看到了什么?……皮尔卡上校的照片(指控艾斯特拉齐的军官)……我没再向前多迈一步。我对施沃布说:"亲爱的朋友,您把这张照片放在壁炉上……我只能和您说再见……您不会再见到我……"他别指望我再走进他家大门一步。[1]

莱奥托原本很欣赏巴雷斯的《贝雷尼斯的花园》,但后来逐渐改变了对他的态度。社会主义者夏尔·佩吉是德雷福斯的狂热支持者,他在《白色评论》上把巴雷斯说成是"发霉的伪君子"。[2]后来在1910年,佩吉和巴雷斯的关系逐渐改善,因为佩吉的立场渐渐滑向民族主义和天主教。另一阵营也有忠实的拥护者。瓦莱里和路易参加了德吕蒙组织的支持亨利中校遗孀的签名活动(亨利中校曾捏造指控德雷福斯的证据)。诗人弗朗索瓦·科佩也成为洛因斯伯爵夫人(即让娜·德·图尔佩,曾是拿破仑三世的情人)家里的座上宾,而后者的沙龙正是反德雷福斯派最重要的据点之一。埃雷迪亚、布尔热和弗朗西斯科·萨尔塞、儒勒·凡尔纳、阿方斯·都德、夏尔·莫拉斯都是反德雷福斯派成员。

---

①《文学日记》第一卷第20页,1898年9月4日篇。
② 1899年11月15日刊。M.Winock著,《知识分子的世纪》(巴黎 Seuil 出版社1999年版)第128页引用过此话。

更有意思的是，有时左拉并非因所持立场而招惹仇恨，而是因为他本人引起的丑闻。莱昂·布洛瓦原本不太相信德雷福斯有罪，但还是谴责左拉这个"可怕的家伙"借德雷福斯事件沽名钓誉，尽管当时他已经得知左拉因《我控诉》而遭到审判。

为了充分显示自己的过人之处，《卢贡-马卡尔家族》和《三名城》的作者左拉只有一条路可走，就是突然变成那些受压迫的、无辜的人的保卫者和复仇者，突然以常人难以想象的方式将自己装扮成整个民族宽厚胸怀中的最后一根脊梁！

我不知道是否有一天德雷福斯上尉所谓的罪名能得以昭雪，如果真有那一天，他又如何彻底消除左拉在事件中产生的影响？[1]

政治人物拉马丁

对于作家来说，即使是最著名的作家，参与政治也有很高的风险。大名鼎鼎的拉马丁和雨果都在这方面有过惨痛经历。两人所不同的是，一个在1848年革命后逐

---

[1] "忘恩负义的乞丐"，《布洛瓦日记》第一卷第121页，1898年2月24日篇。

渐失去光芒，另一个却愈发明亮耀眼，直至今日仍闪烁着璀璨的光辉。

拉马丁出生于正统派家庭。1825年，他发表极力吹捧查理十世的《加冕之歌》。法国"七月革命""光荣三天"后，他转而拥护路易－菲利普，并于1833年成为奥尔良党众议员。19世纪40年代初，他的政治立场再次发生变化：在议会选举中和反对派站在一起，宣布自己是共和派。

当时有一份非常有名的讽刺类刊物《涅墨西斯》（即希腊语"复仇"），马赛作家巴泰勒米和梅里是主要撰稿人。这两位作家因给拿破仑编写史诗而出名，可以说他们为拿破仑的传奇人生增添了不少光辉。如果说梅里在历史上充其量是个插科打诨的文人而谈不上伟大作家的话，那么巴泰勒米赢得的评价则没有这么简单。巴泰勒米年轻时是保皇分子，也曾为查理十世加冕礼写过诗。但根据欧仁·德·米尔古的记录，他后来变为极端共和派分子，因为他公开向皇权谄媚之后，认为理应得到一笔好处费，但当权者拒绝给他奖赏！"于是，这位诗人由怨生恨，因恨，或者说因失望和失落而在时机成熟时从政治上讽刺曾让自己卑躬屈膝的人"。[1]于是在这之后便有了《涅墨西斯》，这才是真正反对路易－菲利普及其政权的有

---

① A. Quérard 著，《法国当代文学——一脉相承的法国文学史（1827—1849）》第一卷第168页，巴黎 Delaroque aîné 出版社1854年版。

力武器。巴泰勒米作为该刊物唯一正式撰稿人，撰写的抨击讽刺类文章为他招惹了不少麻烦，他也为此遭到过查禁和司法起诉。

1831年7月，正值拉马丁竞选众议员的关键时刻，巴泰勒米开始对他展开攻击，说他是闯入政界的诗人，政治不是他应该涉足的领域，他在其中迷失了自我。据一位目击者描述，选举当晚，一群反对拉马丁的人在他下榻的酒店大门台阶上低声议论着。与此同时，拉马丁在房间内发现一堆批判他的小册子。他随手拿起一本，正好看到巴泰勒米的诗。拉马丁胸中顿生怒火，一口气写出一篇《致涅墨西斯》，表示这位同行"胸中的仇恨撩拨起他骂人的冲动[①]"，其无耻行径不会对别人造成任何影响。巴泰勒米后来一定很后悔批评伟大的作家拉马丁，而拉马丁则显示出一贯的宽厚态度，原谅了巴泰勒米挑拨是非的行为。

各种报纸对作家之间因立场不同或经济利益冲突而相互攻击的事情非常感兴趣，因为这很可能引发笔战，从而增加报纸的销售量！

作为巴那斯派最有影响力的作家之一，诗人邦维尔在文学生涯初期曾和一些讽刺报纸合作过，例如1845年和《形象报》，1848年和《海盗船》。他在这些刊

[①]《拉马丁诗全集》第510页。

物上也抨击过拉马丁（这些攻击更多出于时局需要，而非作者本身的立场和信念），指责他政治立场摇摆不定：

> 多产的作家拉马丁，
> 我们看到你曾是保皇派，
> 正统派，奥尔良派，
> 立宪派，宪章派，
> 温和派和激进派……
> 如果虚无不是黑色的话，
> 我们还能看到你，
> 变出多少种颜色？①

　　毋庸置疑，拉马丁因立场多变而屡遭诟病。在以1830年革命为主题的《讽刺诗集》中，巴尔比耶批评拉马丁是"没有坚定立场的政客，无法影响别人，总是被别人影响②"。二流作家、历史学家和肖像画家伊波利特·卡斯蒂耶对同行态度苛刻，他对拉马丁也持有类似于上述的观点。1857年，卡斯蒂耶这样写道：

---

① 该诗发表于1848年6月13日的《剪影》杂志上。M. Fuchs著，《泰奥多尔·德·邦维尔传》第134页引用，日内瓦Slatkine Reprints出版社1972年版。
②《个人回忆与时代剪影》第283页。

拉马丁先生性格消极，立场不坚定。他像棱镜一样反着光，像吉他一样发着声，但他内心空虚，脆弱不堪。他茫然不知方向，只抵得上掏空后的荷马。在本世纪的伟大运动中，他代表着肤浅的感受、漫无目的的热情和表面化的冲动。他追求语言韵律，内容像云朵一样壮丽却飘忽不定，立场一会儿这样，一会儿那样，实际上既不是这样，又不是那样。[①]

总之，他是"自恋狂的典型代表，喜欢在镜中欣赏自己[②]"，而绝非他自己希望成为的外交官，更算不上政治家！

这些评价的含义不言自明：拉马丁无德无能，不具备领导者的才能！卡斯蒂耶显然对这位1848年革命期间的国家领导人不屑一顾，尽管他是当时最有名的演说家之一，尽管阿道夫·梯也尔把他视为可怕的竞争对手。今天，历史学家们正试图重新评判他的历史地位。当时卡斯蒂耶和其他很多人认为，他把外交当成写诗，把别国当成女人来征服。如今也有很多人认为他只是个矫揉造作的诗人，只知道描写大自然和内心感受。1848年6月18日，邦维尔也在《形象报》上匿名发表《哀诗——

---

① H. Castille 著，《拉马丁传》第5页，巴黎 Ferdiand Sartorius 出版社"19世纪政治人物丛书"1857年版。
②《拉马丁传》第8页。

献给一位国家领导人》：

> 白天晴空万里，夜晚群星闪耀，
>
> 山顶上覆盖着白雪，笼罩着雾气……

诗中还提到山峰、大海、森林、田野、晨曦、河流、夜晚、羊群、柳树、雾气和葡萄叶。最后，终于轮到拉马丁出场了，作者给他安排的台词是：

> 现在，我登上一条崭新的阿尔戈船，
>
> 身边有勒德吕－罗兰和年迈的阿拉格，
>
> 还有加尼耶－帕热斯和温柔的玛利，
>
> 我在海上飘荡着，张望着，
>
> 期待看到一片草地，
>
> 和一座白房子！①

人民的代表让拉马丁心烦，他躲起来静静地读了几天自认为有益的书后，才终于松了一口气。

我们之前简单提到过奥拉斯·德·维埃勒－卡斯特尔，他也把最恶毒的批评留给了拉马丁。1851 年 2 月 13 日，他出席出版商为拉马丁举行的宴会：

---

① 《泰奥多尔·德·邦维尔传》第 135 页。

1848 年革命以后，我就没打算再见拉马丁。此人让我深感恶心。他立场多变，毫无雄心，却愿意为满足幼稚的虚荣心而牺牲一切……为了赚钱，这位大人物不惜出卖自己的游记和年轻时的爱情经历。他挥霍父辈的遗产，玷污家族的政治信仰。早年间，他为挣几个小钱写了《吉伦特》。这是一本卑劣的书，他在书中不仅攻击路易十六和玛丽 – 安托瓦内特王后，还对刽子手表示同情。①

"七月革命"后，君主立宪制、第二共和国以及第二帝国依次登上历史舞台。在这样纷乱的时期，质疑当权者和议会左派显然不是明智之举。所有共和主义倾向都遭到旧势力拥护者的无情打压。1848 年革命后大批职位空缺，巴尔比耶嘲讽维尼企图借机钻空子，以自己妻子是英国人为借口获取法国驻英大使的职位。当时的外交部长朱尔·巴斯蒂德也许是这样回答维尼派来的人："什么？您的朋友想当共和国大使，可他连共和派都算不上！"维尼也许会回复说他当时已经是共和派，只是没向任何人透露过……

_____

① 《拿破仑三世统治时期回忆录》第一卷第 45—46 页。

世纪伟人

"我这么遭人恨，以至于自己也不得不相信其中必有原因。也许是因为我的地位妨碍了别人吧。"[1]雨果在 1866 年这样写道。拉马丁的辉煌随着他的衰老而逐渐衰退。和拉马丁不同的是，雨果更擅长为自己谱写传奇。他知道如何在不同时期为自己在合适时机找到合适位置，他从不否定时代的发展和新的社会理念，而是完完全全地迎合每个时代。不仅如此，雨果有一种高超本领，能将很多重大历史时刻跟自己联系起来，为此甚至不惜篡改自己的经历，在偶然和巧合中人为加入必然因素。他最初是狂热的正统派分子，凭借 1825 年创作的《查理十世加冕颂》在年仅 23 岁时便获得荣誉军团勋章。1830 年革命后，他在路易 - 菲利普政权中找到合适位置，成为朝中信臣。1845 年，国王任命他为贵族院议员。1848 年革命开始后，他转向奥尔良派（宣布支持奥尔良女大公摄政），之后很快又变成共和派。1848 年 6 月，雨果当选议员，并在 12 月的总统选举中支持路易·波拿巴。选举结果是拉马丁惨败，未来的拿破仑三世大获全胜。1851 年政变后，

---

① 雨果 1866 年 1 月 16 日写的信。J.-F.Kahn 在《革命分子维克多·雨果的巨变》第 109 页中引用，巴黎 Fayard 出版社 2001 年版。

雨果才转而坚决反对拿破仑三世，拒绝接受国王特赦，并因此流亡海外。直到 1870 年，他才返回法国。雨果的立场虽经历过如此多变化，他对拿破仑的痴迷却始终不渝（别忘了他是第一帝国时期某位将军的儿子）。这也正是他和拿破仑皇帝的侄子——拿破仑三世关系如此难以捉摸的原因所在。当雨果开始向"小拿破仑"发难时，他似乎试图让人们忘记他在 1848 年总统选举时曾是这位皇帝最忠实的拥护者之一。

世纪伟人雨果的这份乖巧必然会给他惹来敌人。拥护君主政体的多尔维利猛烈抨击雨果摇摆不定的立场：

> 无论是复辟时期、七月王朝、共和国、法兰西帝国，还是第二共和国时期，雨果在任何政体下都能脱胎换骨重新做人！和他相比，毕达哥拉斯（宣扬灵魂转世说）简直只能算是行动不便的残疾人！[1]

类似的批评还有不少。和雨果在 19 世纪 30 年代过从甚密的巴尔比耶同样仇视这个"正统派、路易-菲利普派、帝制派、共和派和社会主义者"，认为雨果"支持过所有政治派别[2]"。1857 年，伊波利特·卡斯蒂耶在提到雨果时指责他缺乏诚信，怀疑他的《沉思集》中

---

[1]《作品与人》第十四卷"旅行家与小说家"，第 213 页。
[2]《个人回忆与时代剪影》第 269 页。

的"写于1846年"透露出自己很早就已经是共和派。[①]

更宽泛地说，很多在政治上属于保守派的作家都抨击过年事渐高的雨果，因为他在帮助拿破仑三世掌握政权后，又表现出一副人民自由捍卫者的姿态。1852年1月的一个晚上，彻头彻尾的贵族缪塞前往卢浮宫玛蒂尔德公主家做客。他在那里遇到我们之前提过很多次的维埃勒－卡斯特尔。缪塞说：

> 雨果已经完全丧失道德观念。我上次去他家时，他那套理论和聚拢在他周围的人都让我惊诧不已。他已经狂妄自大到失去理智的地步，就像自己马上能当上共和国总统一样，讲话的样子简直是在指点江山。野心让他几近疯狂。[②]

总之，雨果政治反对派的角色扮演得并不成功。他和拉马丁一样，最终明白自己其实本不应从奥林匹斯山上下来。更糟糕的是，雨果参政后变成一个不负责任的危险人物！连拉马丁看到《悲惨世界》后都惊愕不已，称它是一部"流氓史诗[③]"。生性多疑的福楼拜想法和拉马丁差不多，认为这部书是"为荒淫的天主教社会主义

①《雨果传》，"19世纪政治人物丛书"。
②《拿破仑三世统治时期回忆录》第一卷第125页。
③ 拉马丁，《通俗文学课》第十九卷第359页，巴黎，1862年版。

而作，为所有哲学福音派寄生虫而作[1]"。

"我很荣幸成为一个遭人嫉恨的人，我已做好应对一切的准备。"[2]这是雨果在 1866 年 1 月 31 日写下的一句话。是的，他的判断完全正确。流亡根西岛时，他已经知道自己四处都有敌人，其中包括文学界的同伴和一些所谓的朋友。"寒冷彻骨的仇恨从大海另一边飘来，深深刺进我寂寞的心里。"[3]

雨果的立场让很多"旁系人士"不得不选择阵营，要么支持他，要么反对他。文人们有时因为他而争执得不可开交，尽管雨果本人也许并未参与其中。评论家、小说家雅南曾是雨果和浪漫主义的支持者，转而拥护帝制后开始对雨果进行猛烈抨击。这种行为为他招来麻烦。让人意想不到的是，在讽刺类刊物上初露锋芒的邦维尔却是雨果的坚定拥护者。这确实出乎雨果的意料，因为邦维尔是在雅南的指引下了解到文学背后的纷争，也正是在雅南的帮助下，1842 年发表的第一部诗集《女像柱》才得以获得成功。日后，邦维尔还成为巴那斯派重要的代表人物。在下文中我们将看到，他们两人之间的矛盾日后逐渐升级。

邦维尔因雅南攻击自己的偶像雨果而愤怒不已。雅

---

[1]《福楼拜书信集》第三卷第 236 页。
[2]《雨果书信集》第二卷第 525 页。
[3] 1866 年 1 月 21 日写给阿黛尔的信，《革命分子维克多·雨果的巨变》第 109 页引用。

南于 1854 年在大仲马的《火枪手报》上发表系列文章"雅南先生的观点"，用以抨击雨果。邦维尔摘录出其中所有含混不清和错误的地方，并把摘录内容发表在《费加罗报》上。他想通过这种方式报复雅南支持拿破仑三世、反对雨果的行径。1855 年 2 月 14 日，他记录下雅南对圣女贞德的描写：

> 三个世纪前，女英雄拯救了法兰西……1856－1429＝427，我们可以看到，427 和三个世纪只差了 127 年，计算相当"精确"。[1]

雅南被邦维尔攻击得体无完肤，哀叹之余决定控诉《费加罗报》诽谤和污蔑。邦维尔被判处 15 天监禁，罚款 500 法郎并赔偿雅南 1000 法郎损失。不消说，邦维尔和雅南之间的友谊就此终结……

为了人民的利益

在整个 19 世纪，社会问题始终是人们关注的焦点。普通民众的利益诉求越来越强烈，作家对此反应各有不

---

①《泰奥多尔·德·邦维尔传》第 175 页。

同。很多作家出身富裕阶层，甚至是最高等级的贵族。对于他们，以及对于从1789年革命中获得利益的资产阶级来说，尽管革命推广了平等的理念，但人民的概念仅特指一部分人，工人并不包括在其中。可是随着第二次工业革命的发展，工人数量越来越多，在第二帝国时期更是达到顶峰。

人民的诉求和水深火热的现实之间的差距给很多作家敲响了警钟，他们认为文学创作是社会活动，应该对读者产生影响，为读者指明正确方向。另外，在当时，捍卫人民利益的意愿经常和共和主义理念交织在一起。

欧仁·苏、拉梅内、乔治·桑，以及柯莱和历史学家米舍莱（保守派诗人巴尔比耶不仅指责他把克丽欧女神描写成"喜欢散布流言蜚语的小鹌鹑[1]"，更认为他是"罪大恶极的革命者[2]"），他们都是文学社会主义化的支持者。他们愤世嫉俗，但缺少理论基础，提出的主张比较混乱。然而有一点是明确的，他们都坚定地认为应该改善劳苦大众的生存状况。雨果也加入了他们的行列，并像在其他领域一样，很快成为他们中的代表人物。雨果的这一政治主张至今被人们铭记。

今天，我们还在读欧仁·苏的《巴黎的秘密》（1842年—1843年），它是那个世纪最畅销的作品之一。最初

---

[1]《个人回忆与时代剪影》第53页。
[2]《个人回忆与时代剪影》第48页。

连载发表时，从平民百姓到达官贵人，它吸引了社会各阶层的读者。我们知道，巴尔扎克嫉妒得简直发了疯。当时还名不见经传的左拉后来模仿它创作了《马赛的秘密》。坦率地讲，没有人能料到欧仁·苏在发表这部名著之后会成为社会主义议员。他出身富裕阶层，父亲是有名的医生，但他拒绝子承父业。他不仅挥霍无度，而且在七月王朝时期沦为当时大名鼎鼎的花花公子。那时的他更关心身上马甲的颜色和礼服的款式，而不是人民的疾苦。在很长一段时间里，他想方设法跻身上流社会，但上流社会只把他当作文学暴发户，还给他起了个"自命不凡的蒂尼[1]"的绰号，以讽刺他早年从军、后来冒充贵族的行为。

欧仁·苏攻击路易十四的作品《拉特雷奥蒙》已经饱受争议，因为这样的题材并不适合当时的文学环境，而他却把此类小说当成自己的专长。《巴黎的秘密》连载发表后，巴黎的读者被彻底带进社会底层的世界里，因为妓女和罪犯成了小说的主角。作品不仅大量描写声色场所，还运用监狱里的黑话。它生动地讲述了一位王亲贵族乔装成工人后的经历，把代表资产阶级形象的公证人描写成罪大恶极的坏蛋。试想一下，这样的作品会在文坛引起怎样的反响？果然，它激起多方反对，被指责为试图煽动人民造反。当时流行的一种说法认为"《巴

---

[1]《欧仁·苏传》第 242 页。

黎的秘密》通篇散发着罪恶的气息"。

圣勃夫把这部小说讽刺为"对底层社会杂乱无章的描述①"。尽管如此，欧仁·苏在了解到法国劳动人民的生存状态后，内心还是充满愤慨。他的思想也逐渐发生质的变化——从一个不知人间疾苦的花花公子转变成拥护共和政体的社会主义者。实际上，他在此前已经表现出某些政治倾向。客观地说，他一直在犹豫是否要代表人民参政，但还是在 1850 年成功当选为众议员。

他在议会里从不发言，但这也改变不了他"红色"的立场和人民大众代言人的角色。他在文坛的某些朋友对此一直耿耿于怀。信奉天主教并拥护君主政体的巴尔贝对他进行过猛烈的攻击：

> 欧仁·苏先生留给我们的只有他犯下的罪恶，他是不会被宽恕的！他书中的理论连他自己都不相信，他是文学界的社会主义者，生活在法伦斯泰尔式的空想社会主义里。他最看重的是周围的掌声。②

善于挖苦人的维埃勒 - 卡斯特尔自然也不会放过攻击欧仁·苏的机会：

---

① 《欧仁·苏传》第 362 页。
② 《作品与人》第四卷"小说家"第 26 页。

欧仁·苏是世界上最淫荡的人……

在他位于索洛涅的家里，一个男佣都没有，只有一群年轻女子。他曾对我说："来我家吧，我们一起狂欢！"[1]

我们知道，欧仁·苏在索洛涅乡下的生活并不像维埃勒–卡斯特尔描述的那样，但这样的指责在当时却产生了不小的影响。拿破仑三世上台后，欧仁·苏流亡到萨瓦，这让诽谤者们更加坚信他是个危险的革命分子。下面一段话给这段纷争画上了最终的句号：

（1857年）8月4日，星期二，欧仁·苏与世长辞。他是个平庸的作家，没有道德，缺乏信念。他是不折不扣的恶人……他是社会主义分子，妄想实现社会主义专政。[2]

这样的评价实在有失公平，因为欧仁·苏从未真正严肃对待过自己扮演的政治角色，更没想到即使在议会中保持沉默也能招致如此多批评。

人们给予拉梅内的信任也许更多一些。这位神父自认为是人民的保护者，努力推动宗教界去关心民众的疾苦，

①《拿破仑三世统治时期回忆录》第二卷第 9—10 页。
②《拿破仑三世统治时期回忆录》第 63 页。

而不仅仅是关心宗教教条。他是教皇绝对权力的拥护者，并在初期得到保皇派支持，但没过多久他便开始对罗马教廷感到失望。他于1834年发表《一位信徒的话》。在书中，他用夸张的语言描述了古老的君主制的终结，并对《福音书》中传递出的社会进步信息进行演绎。1837年，随着《人民书》的问世，他作为斗争者的地位最终得以确立，也因此跻身伟大作家行列。这样的立场肯定给他引来不少敌人。夏多布里昂和拉梅内一样，都在圣马洛出生，都拥护基督教，只是方式有所不同。所以当夏多布里昂读到《一位信徒的话》时大叫道："这个神父到底在想什么？他要在教堂里开一个俱乐部吗！"[1]

在拉梅内的影响下，乔治·桑开始信仰社会主义。即便是这样，当别人在乔治·桑面前提到拉梅内时，她还是会说："别说了，认识他简直就是认识了恶魔！"[2]

确切地说，乔治·桑身上有极端自由主义作风，这在当时实属惊世骇俗。同时她的作品中又充满美好情感，往往能起到教化大众的作用。保守派作家对她的行为举止颇有非议（应该说，这里面确实有不少故事），所以巴尔比耶和维埃勒－卡斯特尔跳出来反对她也就不足为奇。1834年，巴尔比耶在比洛家的晚宴上遇到乔治·桑，当时普朗

---

① E, de Mirecourt 著，《费利西泰·德·拉梅内传》第51页，巴黎 Achille Faure éditeur 出版社 1867 年版。
②《费利西泰·德·拉梅内传》第63页。

什陪在她身边。巴尔比耶后来的描述不无恶意："她体型纤瘦，前不凸后不翘。总之，她看起来像是个男扮女装的大男孩。她谈不上漂亮，也不算顺眼，倒有几分古怪。"[1]他对乔治·桑的政治立场同样没有给出正面评价：

> 她在政治上支持民主专制，在哲学上是飘忽不定的泛神论者。至于她的激情小说，那只是她用不同方式表达出的自私和情欲罢了。[2]

维埃勒－卡斯特尔虽然承认乔治·桑的才华，但并未停止攻击她的出身（乔治·桑的母亲在嫁给萨克森元帅的孙子莫里斯·迪潘·德·弗朗克伊之前曾被别人包养），也不忘为她的立场感到惋惜：

> 她的才华被用来鼓吹最邪恶的事物，她的理论显得无比荒谬。她赞扬小偷和恶棍，欣赏泥瓦匠和木工。在她这样的贵妇心中，这类人的地位胜过有教养的人……正如歌中唱的那样：城堡里的人在闹，茅屋里的人在笑。[3]

---

[1]《个人回忆与时代剪影》第 323 页。
[2]《个人回忆与时代剪影》第 324 页。
[3]《拿破仑三世统治时期回忆录》第一卷第 226 页，1854 年 11 月 13 日篇。

有时候，攻击还会来自意想不到的人。在波德莱尔未完成的"怨恨之书"《我赤裸的心》中，他同样表达了对乔治·桑的强烈不满：

> 她头脑愚蠢，反应迟钝，絮絮叨叨。她对事物的认知和判断与看门人和包养女没什么不同……有些男人迷恋上她这样的荡妇，这恰恰说明世风日下，人心不古。
>
> 她在《坎蒂妮小姐》前言中宣称，真正的基督徒不相信地狱。看来她很欣赏《好人的上帝》，认为上帝是狡猾的看门人和佣人的上帝。她有足够的理由相信地狱不存在。[①]

和欧仁·苏一样，乔治·桑因倾向于社会主义而遭到攻击。但在下文中我们将看到，进步的社会主义分子之间也有矛盾。乔治·桑曾是缪塞的情人。继她之后，柯莱在缪塞地位逐渐日薄西山时也成为他的情人。很早之前，柯莱就想结识乔治·桑，也和文坛其他重要人物一样巴结过她。但这两个女人很难和谐相处，这倒也没什么奇怪，因为除了才华和水平的高下之外，她们有一种女人之间的对立情绪。这很好理解，尽管乔治·桑在

[①]《波德莱尔全集》第一卷第 686 页。

歧视妇女的社会里满腔热情地捍卫妇女的自由，内心却
希望自己是唯一涉足政坛的"女作家"。就政治理念而言，
她们两人对社会进步的理解也有很大分歧。巴尔贝不喜
欢乔治·桑，也不喜欢柯莱，他用寥寥几笔辛辣地描述
出柯莱的社会动机，认为"她从小追崇革命理念，因为
她没能生下来就是公主，这样的社会对而言一定是可
憎的[①]"。

　　事情要从 1843 年 2 月的一天说起。上文提到柯莱一
直想结识乔治·桑，那一天，她写了一封信，请乔治·桑
帮她一个忙：她刚创作出一首关于著名讽刺歌作者贝朗
热的诗，希望乔治·桑凭借自己的影响力帮她在《独立
评论》上发表。虽然现在我们已经基本不知道贝朗热是谁，
但在当时的法国，他是最著名的诗人。那时他已休笔多
年，柯莱自认为是人民的保卫者，想通过为贝朗热作诗
的方式激励他继续为捍卫人民的利益进行创作。乔治·桑
读完这首诗后给了柯莱一个冷冰冰的、略带侮辱的回复。
她用讽刺的语气指责柯莱一心想说服贝朗热，把人民的
形象描述得过于卑劣。"您让我们觉得人民不仅可怜，
而且可恶、丑陋和愚蠢，还有什么必要教化他们？"[②]

　　最后，她建议柯莱到《两个世界评论》去发表这首诗，

---

①《作品与人》第五卷"女才子"，第 249 页。
②《乔治·桑书信集》第六卷第 49 页，1843 年 2 月 18 日乔治·桑
写给柯莱的信。

因为该杂志比《独立评论》保守。乔治·桑的语气非常冷峻：

> 您知道，《独立评论》的宗旨是让我们爱护人民，而"非独立评论杂志"却让我们憎恨人民……我不反对您对事物的看法，但我担心您如此创作只能增添自己对劳苦大众的厌恶。[1]

柯莱自然气得要死。乔治·桑的语气中充满高傲，对她构成深深的伤害。她决定把自己的愤怒告诉乔治·桑，而且还要表现出一副不会任人欺负的架势。于是第二天她就给乔治·桑写信，乔治·桑收信当晚即回了信。这一次，乔治·桑的语气不再那么盛气凌人，但对柯莱诗的内容和形式仍持保留意见。在乔治·桑看来，贝朗热的声音虽堪称时代最美妙的声音之一，但并不是人类进步所必需的，因为人们能通过自己的努力寻找到真理。乔治·桑否认诗人对人民大众的影响力，也就否认了柯莱的影响力！柯莱当然会再次反驳。但乔治·桑仍坚持己见，还时不时漫不经心地发表一些看似恭维柯莱的言论，实际上却是在攻击这个想和自己平起平坐的对手。柯莱也因自己的地位比乔治·桑低一等而大为光火。终

---

① 《乔治·桑书信集》第六卷第49页。

于有一天，柯莱前去拜访乔治·桑。乔治·桑请柯莱直言不讳地说出对她的看法和意见，之后她也会表达对柯莱的不满。这样一来，两人便有可能统一立场。

这场对话到底有没有发生？我们不得而知。如果确有其事，它也没能消除双方的敌意，至少多尔维利在《女才子》中是这样认为的。有一次，柯莱在参加某个文学讨论会时，一个名叫达庞蒂尼的军官当着她的面吹嘘乔治·桑的才华，她想都没想就直接啐了那人一脸口水！难怪巴尔贝会这样总结：这个"女魔头"行为粗暴，是个"红色女知识分子"，和乔治·桑那样"生活在蜜罐里，鼓吹和平、博爱和全人类幸福的女学者①"有很大不同。

1871 年发生的巴黎公社事件是一起流血的社会事件。它掀起了大众的政治热情，也引发出文人之间的政治对立。那年 3 月 18 日，普鲁士军队征服法国，大举包围巴黎。就在这一时期，发生了反对梯也尔政府的人民起义运动，当时的政府所在地是凡尔赛宫。起义一直持续到 5 月 28 日，儒勒·瓦莱斯在其中扮演了不容忽视的角色。这起事件以及对事件的残酷镇压改变了一些作家的传统政治立场，导致他们重新分化组合。一直以来都不太尖锐的政治对抗变得针锋相对起来。这一次，大部分持所谓社会主义立场的作家也开始反对巴黎公社，认

---

① 《作品与人》第五卷"女才子"，第 239 页。

为这是一场无政府主义闹剧。乔治·桑批评巴黎公社，雨果也不支持（但表示希望赦免巴黎公社社员）。

保守派作家更是跳出来大骂参与或支持这场运动的文人。一直不愿承认领取皇家津贴的利勒得知魏尔兰支持巴黎公社后（魏尔兰并未表现得多么英勇无畏）大叫道："真应该枪毙掉这个人！"[①]正如出版商阿方斯·勒梅尔事后向魏尔兰所说，他为此招惹来太多敌人，如果还想继续发表作品的话，最好学聪明点。

儒勒·瓦莱斯的立场却正好相反，他看不惯巴尔贝对巴黎公社的严酷立场。尽管雨果1867年政治立场有所变化后，他在《街道》上攻击过雨果，但当雨果站出来为遭镇压的巴黎公社社员说话时，他和雨果的关系又变得亲近起来。然而并非所有人都欣赏雨果折中的立场。年轻的兰波（后来写过《共产主义纲领草案》）就彻底消除了对雨果的崇拜，并指责雨果没有鲜明的立场。时至今日，我们依然搞不清楚兰波在巴黎公社时期是否身处巴黎。1871年夏，他在《正义者》中猛烈抨击虚伪的"正义"——背后正是雨果和他信奉的基督：

> 我悲喜交加，愚蠢透顶，
> 怎么还能指望你的宽容！

[①] H.Troyat 著，《魏尔兰传》第96页，巴黎 Flammarion 出版社 1993 年版。

正是你，正义者，正义者，够了！

你冷静而理智，

在黑夜里，

像鲸鱼一样洞察一切。[①]

这几句诗怎么看都是对神灵的大不敬。

① M.A.Rueff 编著，《兰波诗集》第 143 页，巴黎 Nizet 出版社 1978 年版。

第十章　神圣的仇恨

　　大革命严重削弱了宗教对人们的影响力。19世纪初期，对年轻一代的宗教教育也差强人意。当时的浪漫主义实际上有利于宗教的新发展，因为它推崇宗教盛行的中世纪和那个年代的骑士风范。早在1802年，夏多布里昂就在《基督教真谛》中奠定了浪漫派基督教教义的基础，其中充满虚幻的神秘色彩。

　　"世纪伟人们"内心虽然渴望永恒，却并不想服从天主教教义的训导。维尼、缪塞、内瓦尔和雨果等都是信教徒，但他们的信仰并非正统。维尼批评上帝在人们痛苦的呼喊面前保持沉默，缪塞拒绝接受任何制度的束缚，内瓦尔痴迷于东方宗教（尚弗勒里在一篇文章中说内瓦尔已经变成"伊斯兰教徒[①]"，而且"内心并没有太多悔改之意"）和远古宗教。

[①]《内瓦尔全集·书信集》第一卷第1429页，1849年5月5日或6日给《戏剧艺术信使报》主编的信。

雨果更是成为当时最著名、最辛辣的天主教评论作家路易·弗约（《全球评论》主编）的抨击目标。弗约在 1838 年改信天主教后，开始极力维护认为教皇权力至上的天主教派。他批评拿破仑三世对意大利的态度，捍卫教皇布道的绝对正确性（此教条于 1870 年颁布）。在 1848 年发表的《自由思想家》中，弗约把所有对天主教表示过不敬的作家骂了个遍，雨果自然也成为他的敌人。在《惩罚集》中，雨果有很多关于他的诗句（甚至有很多整首关于他的诗），都像下面一样尖刻：

> 就这样，他亵渎荣誉、美德和才华，
>
> 他崇尚狂热无知的暴行，
>
> 他虚伪而卑劣，
>
> 浑然不知地生活在无耻中。[①]

主角不同，故事情节也有所不同。多尔维利一度重皈天主教（1846 年至 1847 年），指责雨果不信奉天主教，却在利用它的影响力。即使这样，多尔维利也没能逃脱弗约的攻击，只因他创作了小说《老情妇》，还冒失地征求弗约对这部作品的意见。弗约在《觉醒》

---

① 雨果，《惩罚集》，《雨果诗集》第 181 页。

中做出回应，态度充满敌意。他认为这部小说有失"圣洁"（讲得很对）。巴尔贝感到很受伤害，因为他已经建立起一整套关于天主教小说的理论，认为描写可怕的罪恶更有利于弘扬美德。有意思的是，在小说出版7年之后，关于该小说是否得体的争论曾引起它的热卖。

1866年，小说再版。巴尔贝利用这次机会再次声明，对情欲的描写是为了更好地进行批判。但近一年以来，对他的攻击却来自不同于以往的方向。1865年，《已婚神父》公开发行。在这之前，巴尔贝因攻击一位女作家而遭到陷害，导致巴黎大主教一度禁止在天主教书店出售这部小说。小说激起年轻的左拉的愤怒。在1865年5月15日的《里昂救世报》上，左拉发表题为"歇斯底里的天主教徒"的文章，日后写出了《卢贡－马卡尔家族》的左拉指责巴尔贝要求神父独身、诋毁科学。

上述事件过去30年后，莱昂·布洛瓦成为对左拉及其作品最猛烈的抨击者之一。1867年和巴尔贝的邂逅让布洛瓦顿时找到方向。那一天，他正拿着伏尔泰的书到旧书店里去卖，在街上遇到巴尔贝。他被巴尔贝风流倜傥的装扮所吸引，一直跟踪他到家里。在楼梯上，巴尔贝惊讶地问："年轻人，您想干什么？"布洛瓦说："我只想看着您。"自此，两人建立起深厚友谊，布洛瓦在巴尔贝的帮助下不断完善自我。布洛瓦像英雄一样参加了1870年战争，之后在弗约的《全球评论》里开始写作生涯。但好景不长，他才写出 5 篇文章，就和弗约闹翻了，因为他有疯狂不羁的想象力，很难屈服于任何人。他有过一些文学界的朋友，如让·黎施潘和保罗·布尔热。他执意劝朋友们改信天主教，最后朋友们只得疏远他。布洛瓦经常抱怨昔日的朋友抛弃了他，并对此怀恨在心。他曾撰写关于布尔热的文章。1892 年，他在日记中提到这篇文章的引语：

> 那段引语非常引人注目——
> 布尔热：布洛瓦，您应该很恨我吧？
> 布洛瓦：不，我的朋友，我鄙视您！
> ——1882 年，在多尔维利家

> 布尔热应该还记得这段话，虽然已经过去10年，我的态度却没有变。他当时相当恼火！[①]

我们无法知道哪种感情在布洛瓦心中更强烈：是对阿纳托尔·法朗士或左拉等反教权唯物主义者的仇恨，还是对于斯曼（他曾是左拉的学生和忠实的自然主义作家）等非正统天主教作家的憎恶呢？第二类作家与他的宗教观相去甚远：

———————————————

① "忘恩负义的乞丐"，《布洛瓦日记》第一卷第 42 页。

千万别指望《花达尔姐妹》的作者（指于斯曼）有什么见地，或对宗教教义有任何浅显的认识。简而言之，这位信徒认为宗教就是美学。什么脑袋！

《在路上》（于斯曼作品）努力追求抒情诗般的效果，却让人想到扔进便桶里的手纸。[1]

于斯曼没有回应，只不声不响地跑到利居热修道院隐居起来！布洛瓦更加恼怒：

1907年5月13日，于斯曼就已经死掉了。5月15日，他被埋进黑身白袖的修士袍里，却对自己滑稽的样子浑然不觉。[2]

实际上，布洛瓦和于斯曼交恶的真正原因与宗教无关。利勒–阿达姆临终前，布洛瓦非常想和他见最后一面，但遭到拒绝。布洛瓦认为是于斯曼从中作梗，因此对于斯曼怀恨在心。

总之，如果您惧怕布洛瓦的抨击，那么您最好不要既是作家，又信奉天主教。可是，左拉却胆敢写出"宗教"小说《卢尔德》，布洛瓦自然怒不可遏！让我们

————————————

① 《布洛瓦日记》第一卷第144页，1895年5月12日篇。
② 《布洛瓦日记》第一卷第644页，1907年5月15日篇。

看看布洛瓦在为《法国信使》撰写的文章中是如何哀叹的：

> 我硬着头皮读完《卢尔德》。我在这些愚蠢、肮脏的文字上花了那么长时间，内心无比痛苦。关于这部龌龊、卑鄙的作品，我只想简单写两句。我会在评论文章开头这样写：比利牛斯山的蠢货。[1]

布洛瓦对自然主义作家恨之入骨，我们有理由认为他对左拉的敌人态度会比较温和。但事实并非如此。1908 年，巴雷斯在议会里反对将左拉的骨灰转移至先贤祠，布洛瓦并没有因此对他产生好感。因为他认为巴雷斯是打着维护道德的旗号提出反对意见，掩盖了内心"对上帝不敬[2]"的真实想法。在布洛瓦看来，《自我崇拜》的作者巴雷斯"性格怪异，作品中充满低俗和自恋情结，对青少年只能产生负面影响[3]"。

布洛瓦总是用教会宣判式的口气批评别人，难怪他在文学圈里遭到众人唾弃：

---

[1]《布洛瓦日记》第一卷第 98 页，1894 年 8 月 4 日篇。
[2]《布洛瓦日记》第二卷第 31 页，1908 年 3 月 20 日篇。
[3]《布洛瓦日记》第一卷第 31 页，1892 年 10 月 22 日篇。

"莱昂·布洛瓦？……不认识！"有人在那些有钱人面前谈论我时，阿方斯·都德曾做出如此"精妙"的回答。[①]

19世纪末，除布洛瓦外，诸如克洛代尔、佩吉、雅姆等很多作家转而开始信教，以对抗第三共和国政教分离、极力推崇泰纳、勒南等人主张的做法。和新入教的作家交往存在一定风险，教徒纪德的例子就是很好的教训。他既与克洛代尔不和，又与佩吉交恶，他们之间从未有过真正的理解。佩吉在《无辜婴儿之谜》中引用了纪德《伊莎贝尔》中的一句话，却只对引用的话做了斜体处理，未做其他标注——这会给读者造成多大困惑啊！纪德对此十分恼火，而且越来越难忍受佩吉冗长的文风，所以在1949年出版的《法国诗歌选》中没有收录他的作品。

纪德和克洛代尔之间的关系有过一段蜜月期，但当克洛代尔要求纪德改变宗教信仰，纪德却固执己见时，他们的关系开始迅速恶化。《窄门》（1909年）中流露出的新教倾向和《梵蒂冈地窖》（1914年）中关于同性恋的描写都超出了《告圣母玛利亚书》的作者克洛代尔的忍受范围。同样，当克洛代尔发表《缎子鞋》（1929年）

---

①《布洛瓦日记》第一卷第139页，1895年4月8日篇。

时，纪德在日记中只用一句话进行评价："真让人既惊讶又难过！"①

至于与皮埃尔·路易的决裂，则无疑要归咎于纪德性格中处处表现出来的新教徒特点。他们两人于1888年在阿尔萨斯学校相识。此后7年间，他们的友谊不断加深，甚至达到近乎疯狂的"爱情"程度。他们都沉浸在相同的信仰——诗歌和文学中。当时，他们正处在人生观的形成期，两人的价值判断逐渐走向截然不同的方向。路易开始对情欲表现出极大兴趣，而纪德恪守严谨的道德观。纪德后来评价道："路易实属爱奥尼亚派，我却完全是多利安派，我们两人很难和睦相处。"②可是在1889年秋天的某个晚上，他们两人不是一起像拉斯迪尼亚克那样满腔抱负地高喊"巴黎，我来了③"吗？

纪德和路易的关系经历了痛苦的波折。当路易在1890年认识保罗·瓦莱里后，他们的交往变得频繁起来。纪德对瓦莱里的"入侵"心生嫉妒，拿腔拿调地向路易表达不满：

此人昨天还是完完全全的陌生人，凭什么介入

①《纪德日记》第一卷第950页。
②《纪德日记》第一卷第554页。
③《纪德日记》第一卷第13页。

我们的友谊？我们的交情如此深厚，难道会因他而变淡？[①]

路易也生气了，回击道：

"丈夫"大人，没错，我确实有个情人。我还有很多情人，你不在的时候他们能给我安慰。[②]

可是没过多久，纪德和瓦莱里也成了好朋友。纪德和路易的世界观截然不同，这是导致他们关系恶化的深层次原因。另外，路易痛恨新教中的清教主义，但他也无法把纪德教唆成享乐主义者，因此争吵日渐频繁。我们从纪德1891年的日记中可以发现些蛛丝马迹：

我又见到陆易（应为路易）了。老天啊！我们能和好吗？他当面撕掉了我的信！到底为什么？信里可全是真挚的情感啊！我们已经大吵过3次，已经经历了痛苦。看来我们是没办法"相处"了……他兴致勃勃、自相矛盾的高谈阔论让我感到疲劳和

---

① P.Fawcett 和 P.Mercier 编著，《纪德·路易·瓦莱里三人书信集》第 212 页，纪德 1890 年 6 月 23 日写给路易的信，巴黎 Gallimard 出版社 2004 年版。
② 《纪德·路易·瓦莱里三人书信集》第 217 页，路易 1890 年 6 月 26 日写给纪德的信。

厌倦……唉，厌倦啊！[1]

1895 年，他们在阿尔及尔最后一次碰面，路易坚持带纪德逛妓院，但纪德并不领情，他们最终不欢而散，两人关系就此决裂。更确切地说，他们没有彻底断绝交往，因为路易之后还有过一系列试图愚弄纪德的举动。他冒充女读者给纪德写信，还给纪德寄明信片："家住维讷兹街的皮埃尔·路易先生请安德烈·纪德先生通报一下近况。"有一天，路易让一个穿成夏娃模样的妓女前去敲纪德家的门，他自己躲在后面偷偷地看着……

纪德清教徒式的严肃态度不断遭到路易诟病。1923 年 8 月 24 日，路易还在圣·巴泰勒米日给纪德发了一封纪念电报……

一直以来，书籍中体现出的道德观都是备受关注的话题。读者通常没有区分善恶的能力，读完道德沦丧的作品后很有可能被带坏。女性读者更容易成为小说家捕获的猎物，而对通奸情节的描写是小说吸引读者的最主要手段。除此以外，19 世纪 30 年代出现的连载小说在普通读者中获得巨大成功，宗教势力和政治势力不得不对此类作品中扰乱现行秩序的观念严加防范。

19 世纪文坛发生过很多影响深远的事件。无论在

---

①《纪德日记》第一卷第 134 页，1891 年 6 月 25 日篇。

何种体制下，离经叛道的作品都会遭到查禁。我们知道，1857年发生过两起著名案件：福楼拜因《包法利夫人》惹上官司，最后无罪释放；波德莱尔因《恶之花》被判刑。还有不少作家被指为违反道德，例如龚古尔兄弟。在这些大大小小的案件中（在《恶之花》案中，波德莱尔曾请求各方有影响的人士支持，但无济于事。相比之下，审判福楼拜在公众中产生了更大反响），作家们在官方报纸上随心所欲地抨击着挑起事端、监督社会并质疑现行体制的同行。但在当时的时代背景下，这种集体性仇恨很少导致某两位作家之间产生直接冲突。在接受审判时，波德莱尔对全世界都充满仇恨，而不仅对那几个审判他的人，更不仅对文坛上的几个对手。

在法庭之外，作家之间的相互攻击（尤其在报纸上）同样猛烈，同样具有毁灭性。左拉在这方面的经历尤为惨痛。很多评论家和小说家不满左拉小说中露骨的描写，而左拉却提倡不加修饰、原原本本地记录普通民众的生活状况。

无论是《娜娜》《小酒店》，还是《家常琐事》，左拉的每一部作品都引起很大争议，也实现了热卖的目标。多尔维利从一开始就对左拉持批评态度。他认为《克洛德的忏悔》（1865年）中的细节过于写实；而在评价《巴黎之腹》（1873年）时，他说："难道左拉认为肉铺是反映当代生活的理想场所吗？"①在他看来，左拉的才华就像这部小说中描写的奶酪汁一样下贱得四处横流。1873年，巴尔贝警告33岁的左拉说，更糟糕的事情还在后面等着他。"我知道他还很年轻，还有很长的路要走。"②除巴尔贝之外，莱昂·都德也对左拉充满鄙视。他从不直呼左拉的名字，而是轻蔑地用"o"来代替。都德上年纪之后，更是拒绝对《大地》发表意见，并表示自己已经揭露过左拉很多恶劣行径。下文我们可以看到，其他作家却没有轻易放过左拉。

左拉和龚古尔因《玛耐特·萨洛蒙》和《杰作》发生冲突之后，局势似乎一度平静下来，但不要忘了还有著名的"五人宣言"事件。1887年，左拉用连载形式发表《卢贡－马卡尔家族》系列小说中的《大地》。这部作品对农民的描写过于黑暗、粗俗，激起外界广泛不满，其激烈程度和之前的《小酒店》不相上下。左拉对外界的反应早有准备，作为知名人士，这样的反应没有把他吓倒。但着实让他没有料到的是，他曾经给予鼓励的5位年轻作家也会跳出来攻击他。要知道，他们都是左拉的熟人。

1887年8月18日，保罗·博纳坦、约瑟夫·亨利·罗斯尼、吕西安·德卡夫、保罗·马格里特和居斯塔夫·吉

---

① 《作品与人》第十八卷 "当代小说"，第197页。
② 《作品与人》第十八卷 "当代小说"，第201页。

什联名在《费加罗报》上发表致左拉的公开信，反对正在发行的《大地》。他们指责老师左拉的作品简直是"一堆垃圾"，认为它"明显代表一种淫秽的流派①"。后来，他们对左拉的攻击一度达到下流的程度：左拉已被魔鬼附身，变成无能的妄想狂和疯子。别人问左拉将如何应对，左拉高傲地选择了沉默，认为这些低级的评论不值一驳。而攻击左拉的人难掩虚伪本质，他们自己作品中的情节比左拉有过之而无不及。就在那一年，罗斯尼发表《屠杀》，小说中的农民强奸了自己的女儿，把乱伦后生出来的婴儿掐死扔进粪坑；在《一共四个》里，马格里特对女同性恋之间的感情表现出兴趣；至于吉什，他在《天上的普鲁多玛》中描写分娩场景，骇人听闻的程度完全不逊于《大地》。

当时的很多文人对所谓"宣言五人组"的言行感到震惊，纷纷写信支持左拉。左拉及其支持者认为这5个人是受人指使，背后是龚古尔和都德在捣鬼。他们曾以左拉的老师和同伴自居，现在对左拉的嫉妒却与日俱增。左拉在接受采访时表示，他不想深究此事，但心里有数。龚古尔十分生气，在《龚古尔日记》中写道："难道这就是左拉？他的话太狡诈，听似和善宽厚，却难掩阴险卑劣的本质！啊！可恶的意大利杂种！"②

---

① 《左拉传》第二卷第 852—853 页。
② 《龚古尔日记》第三卷第 54 页，1887 年 8 月 21 日篇。

后来，左拉和龚古尔又见过一次面，但双方态度都十分冷漠。据说左拉批评了龚古尔的剧作《菲洛梅娜修女》。都德试图修复两人的关系，但没有成功。一些好事之人（在类似的情节中总有这样的人出现）总在不断向左拉传话，告诉他龚古尔最近说过什么冒犯他的话。例如他们说龚古尔暗地表示左拉才是公开信的始作俑者，目的是为《大地》挑起丑闻，达到炒作的效果。愤怒的左拉奋起反击。左拉和龚古尔进行了一场辩论，分别表达了对对方的不满。后来，没费过多周折，事态便平息下来，因为左拉名声太大，龚古尔无法真正和他对抗，也不打算和他彻底闹翻。

实际上，龚古尔和左拉似乎都不曾直接参与谋划公开信事件，也没有亲自撰写信的内容。但有一点可以肯定，龚古尔在文学讨论会上曾一直诋毁左拉，这从《龚古尔日记》中可以找到证据。那5位年轻作家可能因此才觉得可以公开批评左拉，重述他们在讨论会上听到的内容。后来，他们收回了不当言论，并向左拉道歉。

对左拉的批评主要是针对他的作品。虽然他的私生活也曾引起非议，但他和让娜·罗泽洛的婚外情更多出于一个老来无子的男人对完整家庭的渴望，而非对年轻貌美女士的追求。同时，我们也不应否认左拉对让娜的真挚感情。和左拉一样，很多作家都因放荡不羁的生活而招致批评。

19世纪中期，莱奥妮·比亚尔事件对雨果产生了很坏的影响。雨果喜欢在悲恸的诗歌中给人以道德的教化，但这还远不能打动我们的老朋友维埃勒-卡斯特尔的心。这位道德家认为雨果让读者"开了眼界"：

> 他们鼓吹平等！……却不愿比自己卑微的人提高社会地位。比亚尔夫人和雨果有奸情，却只被判处一年徒刑……这就是改革派诗人的道德观。[①]

小仲马同样也成为维埃勒-卡斯特尔的抨击对象。《茶花女》讲述了一个妓女爱上一位年轻人后感情得到升华的故事。在维埃勒-卡斯特尔看来，这样的人物同样没有可取之处。他的评价相对于那些最疯狂的流言蜚语来说简直不算什么——小仲马是否真和缪塞、埃内斯特·费多一起勾引过古怪的俄罗斯公主纳里什金娜？根据龚古尔的记录，小仲马曾向费多推荐自己的情人纳里什金娜公主，后来他对此后悔不已，因为纳里什金娜公主在丈夫去世后正式成为小仲马的妻子，小仲马和费多之间自然会有一点尴尬。剧作家小仲马的男性能力（没人说这是淫荡）和他父亲（威严的小说家大仲马）难分伯仲，此乃尽人皆知的事实。让我

---

① 《拿破仑三世统治时期回忆录》第一卷第80页。

们听听维埃勒－卡斯特尔是怎样用惊恐、调侃的语气描述这个"年轻流氓"的：

> 在此，我记录下大仲马和小仲马在众目睽睽之下一段极其下流的对话。以下内容确有其事，但有些词语我只能标出开头字母，敬请谅解。
>
> 小仲马：父亲，您知道吗，您让我b……您的旧情人，让我穿您的新靴子，我扮演了一个很愚蠢的角色！
>
> 大仲马：你有什么好抱怨的？我让你b……我的旧情人、试穿我的新靴子，你应该感到荣幸。这恰恰证明你的v……很大，脚很小。[1]

小仲马后来经常接触"福楼拜、左拉和西耶等人组成的种马群中一匹相貌标致、体型健美、文学修养很好的种马，这匹种马是塞瑟岛（爱情和情欲之岛——译者注）上跑马比赛的优胜者，深受莱斯沃斯岛（女同性恋岛——译者注）居民的喜爱，其魅力无人可及[2]"。让·洛兰在用如此讽刺的口吻评价谁？除莫泊桑之外别无他人，其轻浮的生活全巴黎尽人皆知。在1885年发表的《漂亮朋友》中，莫泊桑讲述了一个国家机关小职员努力向上爬

---

① 《拿破仑三世统治时期回忆录》第一卷第131页。
② J.Lorrain，《非常俄罗斯》第67页，鲁昂H.Julia出版社1986年版。

的故事。主人公毫不费力地勾引了很多女人，靠这些女人当上报纸撰稿人。很明显，小说中不少情节源于作者的亲身经历，场景大多为作者熟知，腐化堕落是其中普遍存在的现象。

莫泊桑的这部小说还没有出版，莱昂·布洛瓦就雇人在《木桩》（布洛瓦创办的报纸，仅出版过几期）上发表诋毁莫泊桑的文章。文章把莫泊桑说成是头号"种马"，指责他当众进行性行为的"特殊运动"旨在证明自己超强的性能力。次年，布洛瓦根据真人真事创作出小说《绝望者》（1891 年发表），莫泊桑被改头换面成沃多雷（和法文"金牛"谐音——译者注），不仅名字很容易让人产生联想，有关莫泊桑的描写也颇为刻薄：

> 这个追求享乐的人愚蠢至极，眼神呆滞无光，如同受惊的奶牛或撒尿的小狗。他仿佛身陷池沼，水已经淹到了他的上眼皮。他用痴呆、无礼的眼神看着你，赏他一百万个耳光都不为过……他的虚荣心暴露无余。他的家在维利埃街，从外面看上去更像是瑞典牙医或跑马场看门人的家……有人精确地描述说，这是加勒比皮条客的房子。[①]

---

① 布洛瓦，《绝望者》第 197—198 页，巴黎 La Table Ronde 出版社 1997 年版。

看来，莫泊桑不仅魔鬼附体、淫荡无比，还是个愚蠢和爱慕虚荣的家伙。攻击并未就此止步，布洛瓦愈发变本加厉。他放出口风，说《羊脂球》的真正作者并非莫泊桑，而是福楼拜（左拉嫉妒年轻的莫泊桑，私下也说过类似的话）。更甚者是，以前的陈芝麻烂谷子再次被翻出来，说莫泊桑是自己老师的私生子（龚古尔并非最后一个传播这种小道消息的人）。综上种种，我们可以得出结论：仇恨让人发狂，攻击也会不择手段。

第十一章　傲慢与虚荣

> 我没见过平易近人的伟大人物，如果有，他们
> 一生下来就死了。
>
> ——维埃勒－卡斯特尔《拿破仑三世统治时期
> 回忆录》

19 世纪，不知道有多少文学描写和回忆录出自名气甚微的作家（如巴尔比耶、维克多·帕维和奥古斯特·瓦克里）、沙龙女谋士（如维尔日妮·安瑟洛或朱迪特·戈蒂埃）或名不见经传的报纸撰稿人之手。他们大多因为用辛辣、调侃的语言讽刺过拉罗什福科或雷茨红衣大主教之类的名流而自鸣得意，剩下的人只能满足于窥伺一些丑闻。他们到处传播同时代作家的流言蜚语，不管动机如何，这些描写和记录都承载着大量信息，不乏幽默和风趣。

除去杜撰的成分，它们理所当然应该被看作文学评

论不可或缺的一部分。圣勃夫确立的文学评论原则被后人所继承（如居斯塔夫·朗松）。根据他的原则，一个作家的生活经历和心理状态可以为其大部分作品的形式和内涵提供注脚。将作家的经历、心理和文学研究结合起来，往往可以提出更独到的见解。举个例子，比如龚古尔把埃雷迪亚的诗评价为"被雨淋的烟花[1]"。如果我们知道埃雷迪亚有轻微口吃的毛病，便能更好地理解龚古尔的评论。

我们很容易打着"为了文学"的旗号，批评逐渐老去或已经去世的作家。难道作家不是揭露同行缺点的最合适人选吗？但凡是评论某位著名作家，"傲慢"都成为评论中必不可少的一项。名人们自我感觉过于良好，认为自己是唯一可以超越芸芸众生的人物。这必然惹来别人的调侃甚至愤怒。

无论是夏多布里昂、拉马丁、雨果，还是左拉，伟大作家的傲慢和虚荣经常达到惊人的程度。我们知道，巴尔扎克在位于卡西尼街的家里设有供奉拿破仑像的祭台，祭文是："他用剑开创的伟业，我会用笔完成。"[2]其他名望稍逊的作家如夏尔·佩吉等，也不知羞耻地吹嘘自己的作品。1913年，为给《夏娃》造势，他在写给《大

---

[1]《龚古尔日记》第二卷第 949 页，1882 年 7 月 14 日篇。
[2] V.Ancelot 著，《熄灭的炉火——巴黎沙龙记》第 96 页，巴黎 Jean Tardieu é diteur 出版社 1858 年版。

学天主教师公报》的匿名文章中说："自 14 世纪以来，除《波利厄克特》以外，《夏娃》是关于天主教的最重要作品。"[1]还好，我们不必为《波利厄克特》的地位担心！

如此气量狭小又充满天真的虚荣心，现在只能博我们一笑而已。但可以想象，对于当时的人来说，这无疑已经达到"是可忍，孰不可忍"的程度。谈到对手的缺点时，很少有人不添油加醋，他们只知道指出对方身上的油渍，却看不见自己蓬头垢面的形象。在《我的毒药》中，圣勃夫捏造出一条完全没有根据的谣言。他说夏多布里昂在阿尔卑斯山旅行时产生一个想法：应该找到一种与自己地位相配的死法。夏多布里昂前往日内瓦后，一天早晨，他"觉得在勃朗峰上死去是一种美妙、伟大、合乎礼仪要求的方式[2]"。他的情人雷卡米耶夫人和妻子塞莱斯特开始担心起他的安全。如果他真这么干可如何是好？他完全干得出来。于是两个女人决定尽量避免让他一人独处，派仆人时刻跟着他。最后，他忘了这个古怪的念头，却产生另一个想法并最终得以实施，那就是死后葬在圣·马洛海边。

实际上，夏多布里昂从没在雷卡米耶夫人的陪伴下

① H.Guillemin 著，《夏尔·佩吉传》第 29 页，巴黎 Seuil 出版社 1981 年版。
②《我的毒药》第 146 页。

外出旅行过，况且他的阿尔卑斯山之行发生在 1805 年，比结识雷卡米耶夫人早好几年！说到傲慢，为我们揭露伟人小秘密的圣勃夫并没有做出像样的正面表率。曾有传言说这位老兄发现自己的名字在夏多布里昂的《墓畔回忆录》中只出现过一次，而且还是在注释里，便发誓要对"老酋长①"还以颜色②。

巴尔扎克曾经说过："'自我崇拜'是对作家思想'最大的危害③'。"某些鲜有廉耻的作家甚至会毅然决然地将自己神圣化。雨果总是对"雨果—自我"之类的谐音游戏陶醉不已，在他位于根西岛的家里，到处可见他自己的徽章④。对于名气不及雨果的对手来说，"雨果大帝⑤"自我意识的极度膨胀着实让他们恼火。圣勃夫说："雨果的虚荣有时会让他变得愚蠢，让他耍掩耳盗铃的小聪明⑥"。拍这种"自吹自擂⑦"的人马屁，无异于自讨没趣⑧！波德莱尔更不客气："神圣的雨果总是一副高高在上、俯身向下的样子，只是他俯过了头，只能看到

①《个人回忆与时代剪影》第 317 页。
② 同上。
③《巴尔扎克致韩斯卡夫人书》第二卷第 8 页，巴尔扎克 1845 年 1 月 3 日写给韩斯卡夫人的信。
④《龚古尔日记》第一卷第 988 页，1863 年 7 月 20 日篇。
⑤《作品与人》第十一卷"诗人"，第 103 页。
⑥《我的毒药》第 46 页。
⑦《我的毒药》第 37 页。
⑧《我的毒药》第 44 页。

自己的肚脐眼了。"①龚古尔兄弟挖苦说："那个根西岛上的流放犯简直就是'巴多斯岛上的圣·让②'。"多尔维利同样心怀不满，把雨果称为"可怕的主号手③"：

> 一天，雨果写下一个"我"字，接着点下一个句号。周围人惊呼：太有思想了！④

雨果对这样的攻击心知肚明，做出的反应更是傲慢十足："有人指责我傲慢，没错。傲慢就是我的力量。"⑤

拉马丁在这方面丝毫不逊于雨果，所以圣勃夫同样没有放过他，说他是"最自然、最有灵性、最庄重、最有魅力的蠢货，实在是堪称典范⑥"。圣勃夫认为，拉马丁几乎要把自己当成上帝了：

> 在议会答辩时，基佐先生轻蔑地问拉马丁（议员）："……您到底从哪儿来？"我敢肯定，如果拉马丁毫不掩饰内心想法的话，肯定会马上回答说："我从天上来，我曾坐在主的右边。实际上，我就

---

① 《波德莱尔作品集》第一卷第 665 页。
② 《龚古尔日记》第一卷第 1065 页，1864 年 4 月 11 日篇。
③ 《作品与人》第十一卷"诗人"，第 87 页。
④ 《作品与人》第二十四卷"旅行家与小说家"，第 197 页。
⑤ 《革命分子维克多·雨果的巨变》第 106 页。
⑥ 《我的毒药》第 79 页。

是主！"①

　　圣勃夫显然有些言过其实，但很多记载却与之类似。一个年轻诗人曾去拜访拉马丁，向他表达敬意。年轻人走后，拉马丁评价道：我不看好这个年轻人……他在我面前没有表现出感动。②"弗朗索瓦·科佩（著名的象征派诗人）认为拉马丁的反应过于顽固不化。傲慢的拉马丁和很多作家一样，有时候天真到让人啼笑皆非的程度。1830 年，画家吉拉尔为拉马丁创作了一幅至今仍珍藏于凡尔赛宫的著名肖像画。当拉马丁收到画的账单时，他是何等吃惊！他本以为画家会出于尊敬免费为他进行创作。③

　　维尼属于另一种派头。他经常被人指责为自视清高的大老爷，仿佛只关心精神世界，可以不食人间烟火。玛丽·多瓦尔声称"只看到他吃过一根小萝卜④"，因为他更喜欢天上的食物，不屑于像大仲马父子、雨果之流享受人间美味，尽管这些美味可以强身健体，给人增添力量。大仲马认为：

①《我的毒药》第 86 页
② F.Coppée 著，《巴黎人回忆录》第 19 页，巴黎 L'Harmattan 出版社 1993 年版。
③ G.Unger 著，《诗人、国家领导人——拉马丁》第 188 页，"伟人传记丛书"，巴黎 Flammarion 出版社 1998 年版。
④ 大仲马，《我的回忆录》第一卷第 1069 页。

让我和雨果备感惊奇的是，维尼似乎已经不再有任何自然需求。我们中的某些人（雨果和我本人即在此列）还在毫无羞耻地为此类需求奋斗着，并且乐此不疲，可是从来没人在饭桌旁看到过维尼。[1]

玛丽·多瓦尔不无恶意地补充道：

和维尼在一起时，我总担心自己会飞起来。我已经向飞行员纳达尔建议过，下次飞行时一定要带上他。[2]

维尼年轻时是个英俊少年，很会利用自身的优势。他穿着低调，但十分讲究。1829年，在雨果家的朗诵会上，巴尔比耶看到他"身穿黑色上衣，系黑色领带，再配上白色马甲，简直是衣着完美的绅士。他身材纤瘦，脸色白净，五官端正，嘴唇很薄，鼻子略带鹰钩，一双蓝灰色眼睛衬托着漂亮的前额和额头上金黄色的头发。他的气质异常高贵[3]。"27年后，小说家维埃勒－卡斯特尔（玩世不恭的老花花公子）给出了完全不同的看法。在拿破

① 大仲马，《我的回忆录》第一卷第 1069 页。
② 乌赛，《青年时期回忆录》第 301—302 页。
③《个人回忆与时代剪影》第 357 页。

仑三世在贡比埃涅堡举行的宴会上，维埃勒－卡斯特尔惊奇地遇到维尼：

> 贡比埃涅堡的那次聚会很让人捉摸不透。皇室邀请的客人很糟糕——文学界居然由维尼代表。他显然做过精心打扮，嘴上涂了东西，好显得更加红润。他像一个女扮男装的老妇人，公然挑衅社会治安条例。①

总之，维尼"天真地以为自己是本世纪最耀眼的明星之一，实际上只不过是一块在太阳底下暴晒过 10 年的玫瑰色塔夫绸②"。维埃勒－卡斯特尔在文章中借助 18世纪平庸作家多拉骑士，编造了一个恶毒的谐音游戏——维尼让他想到"麝香味的多拉③"……

维尼显然没有意识到自己的容颜已经衰老，还觉得自己是魅力十足的年轻美男子。尽管圣勃夫的感情经历乏善可陈，但他在《我的毒药》里还是延续了维埃勒－卡斯特尔对维尼的攻击。某个星期三接待日，60 多岁的

---

① 《拿破仑三世统治时期回忆录》第二卷第 26 页，1856 年 10 月 22 日篇。
② 《拿破仑三世统治时期回忆录》第二卷第 32 页，1857 年 1 月 24 日篇。
③ 《拿破仑三世统治时期回忆录》第二卷第 26 页，1856 年 10 月 22 日篇。

维尼接待了一位25岁的年轻女士。这位小姐名叫德鲁埃（和朱丽叶·德鲁埃没有关系），机智、活泼、充满青春活力。当时屋里恰巧只有维尼一个人，单独和天真烂漫的陌生年轻女士交谈让他有点不自在。

　　年轻女士是否会觉得机会难得呢？似乎并没有。怎么办？维尼想了想，他们刚才屡次谈到东方美景，尤其是君士坦丁堡。为什么不把那些著名旅行家旅行归来后送给他的画册拿给她看？好主意！他站起身，走向书桌，抽出一册很重的铜版画和雕刻画，邀请德鲁埃小姐一起到窗前欣赏，因为客厅的墙是紫红色的，屋里比较昏暗。德鲁埃小姐爽快地走到他身旁。

　　他们正欣赏着画作，突然有人敲门。维尼惊了一下，显然不希望如此美妙的单独相处被人打扰——德鲁埃小姐还蛮漂亮的！他只得一脸严肃地说：“小姐，有人来了，我们坐回去吧。别人进来时，我们应该是端坐着的。”年轻女士诧异地看了他一眼。这么一句没头没脑的话到底是什么意思？难道是……不可能！没人会这么想！他们今天才刚刚认识，而且还有这么大的年龄差距！听到这个可笑的建议，德鲁埃小姐差点笑出声来。圣勃夫记述完这段逸事后毫不留情地总结说：“维尼自认为很有魅力，生怕一不留神流露出太多。”①

----

①《我的毒药》第230页。

维尼不仅是个"臭美的老男人"，骨子里还认为自己是彻头彻尾的贵族，这一点从他炫耀同皇亲国戚的交往上便可见一斑。尽管维尼拼命显摆自己显赫的出身，其实却并不富有，甚至只雇得起一个厨师。可他却极力掩饰自己的落魄，尤其是当着身边的人或来访者时更是如此。下文我们将看到，他的伎俩又是如此简单、初级。阿塞纳·乌赛毫不隐晦地讲述道，每次去埃居里－达图瓦街拜访维尼，都会上演一出可笑的闹剧。他一敲维尼家大门，就会听到里面高声喊道："让，去开门。"一分钟以后，维尼一边自己开门，一边大声说："这样的佣人简直应该扫地出门，从来都找不着他。"传记作家们费尽力气查找关于这个"让"的资料，而"让"实际上并不存在。拜访结束时，同样的一幕又会重演。维尼召唤让，最后只能自己陪乌赛出来。[①]无论如何，面子上也要挺过去！

维尼不仅自视清高，而且掺杂着贵族的傲慢，因此身后的名声不算太好。1863 年维尼去世后，作家卡米耶·杜塞成为他在法兰西学术院的继任者。在致辞中，杜塞委婉而不失遗憾地表示自己并不太了解维尼。儒勒·桑多的答辞引起全场哄笑。他请杜塞放心，说："维尼先生没有和任何人亲近过，包括他自己！"[②]为了公平

---

① 乌赛，《年轻时期回忆录》第 303—304 页。
② L.Sabourin 著，《维尼与法兰西学术院（1830—1870）》第 885 页。

起见，在此我们必须说明一点，桑多曾是玛丽·多瓦尔的情人……

　　浪漫主义作家争相显示傲慢，这有什么好奇怪的吗？浪漫派本来就宣扬自我的精神和个人的功绩。埃维尼曾高呼："我是不可抗拒的力量！"我们有理由像反浪漫派那样认为他们都是亢奋的喜剧演员和不可一世的自大狂。但只有他们如此吗？就连19世纪中期和蔼的小说家内斯特·费多（其子乔治是滑稽剧作家，成就超过费多）都不会放过任何满足自己虚荣心的机会。波德莱尔评价说：

　　　　您知道吗，老实说，他比雨果更让我难受。对雨果说"您很蠢"比对费多说"您并非总是卓绝出众"更让我局促不安。[1]

　　最有趣的还要算亲眼看见福楼拜这样极力反对浪漫主义，甚至藐视一切的作家有一天突然变成渴望社会荣誉的人。在《包法利夫人》（1857年）获得成功之前，这个自我封闭的诺曼底人从未停止对巴黎生活中种种卑劣现象的猛烈攻击。正如世人看到的那样，他总是对世俗的荣誉不屑一顾（尤其在迪康面前），认为文学创作

---

[1]《波德莱尔书信集》第二卷第6页，波德莱尔写给萨巴捷夫人的信。1860年3月15日福楼拜写给布耶的信也可佐证波德莱尔和费多之间的敌对关系。

是唯一有意义的事，世俗的纷扰只能影响文学创作。实际上，他一旦卷入尘世的纠葛中，便立刻受用起旁人给予的重视来。

1862年，《萨朗波》问世。皇帝夫妇接见了这位小说家。欧仁妮皇后很兴奋，答应在下次宫廷化装舞会上打扮成小说女主人公的模样。福楼拜自然心花怒放。没想到皇后很快便收回前言，因为玛蒂尔德公主告诉她，那样的装扮有点轻浮，有伤大雅。那天，里姆斯基-科萨科夫夫人大摇大摆地穿着小说中的衣服参加舞会，结果被侍从请出了舞会大厅。

这件事让福楼拜赚足了名气，他本人也因成为玛蒂尔德公主沙龙的常客而扬扬得意。同为玛蒂尔德公主沙龙座上宾的龚古尔很快便注意到福楼拜谄媚的态度，开玩笑说：

> 我在公主家里观察着福楼拜奇怪的举止。他使出浑身解数，弄出各种眼神、表情和姿势，只为吸引女主人的目光，只为让别人注意到他、谈论他……我禁不住暗笑。这样一个曾经蔑视一切的人，突然变得爱慕虚荣起来。[1]

---

①《龚古尔日记》第一卷第1048页，1864年1月22日篇。

从那以后，无论是共和国时期，还是帝制时期，福楼拜再没放弃过对名望的追求。1878 年，龚古尔意外遇到福楼拜，"他正'带'甘必大走进一个沙龙，并随手关上了门。"

龚古尔断言："福楼拜第二天肯定会这样说：'甘必大是我的密友。'"①

①《龚古尔日记》第二卷第 765 页，1878 年 1 月 18 日篇。

第十二章　文人的怪癖

> 我有些有趣的小道消息要讲给您听。
>
> ——普朗什对维尼说

　　很多作家都有怪癖，这似乎成了他们生活中的调味品，而他们非但不担心因此惹来批评，反倒乐得看见自己的怪癖被搬上戏剧舞台。和约定俗成的标准对着干，拒绝接受世俗的约束，与因循守旧的行为斗争到底——整个 19 世纪充斥着反世俗、反大众的风气。

　　有些作家的怪癖被演绎得神乎其神，例如巴尔扎克经常穿着僧侣的袍子（雷米·德·古尔蒙后来也曾效仿），为了熬夜不停地喝咖啡；内瓦尔用绳子牵着一只龙虾在街上散步；普鲁斯特去世前的最后几年整天把自己锁在密不透风的屋子里；科莱特在红磨坊表演裸舞。无论我们从这些怪异的行为中看到风流、雅致，还是对礼数的蔑视，这类举动在当时都遭受过强烈批评。

花花公子

波德莱尔认为，花花公子属于特权阶层，他们"不干别的，整天只知道培养自己的审美情趣，满足自己的欲望，感受着、思考着。他们生活优越，有钱又有闲，无此先决条件他们的想法只能沦为不切实际的空想，难以变成实际行动[1]"。花花公子没有政治立场，也没有正经职业，他们只知道如何选择裤子的款式、马甲的颜色或马的血统。他们优雅至极，甚至略显矫揉造作；他们是男人中的稀有品种，十分罕见，有时难免让人觉得有点夸张。一旦确立起声望，他们就会自认为是博·布鲁梅尔，在巴黎社交界充当起对优雅的评判员。这些追求完美外表的人会被视为上层阶级，肩负着"打倒并摧毁人世间粗俗"的光荣任务。[2]

此类人自然少不了一份傲慢和一些怪癖。我们还记得，欧仁·苏继承父辈遗产后变得非常富有。19世纪30年代初，他那美轮美奂的沙龙引起巴尔扎克嫉妒，也遭到上流社会嘲笑。他本人被视为暴发户。其行为被解读为一个文人通过追求极度精美奢华的个人空间来对抗当

---

[1]《波德莱尔作品集》第二卷第709—710页。
[2]《波德莱尔作品集》第二卷第711页。

时最能抢风头的年轻作家，如缪塞、阿尔弗莱·塔戴、埃德蒙·达通谢，甚至是非常有名的阿尔弗莱·道塞（当时人们都知道他和布莱辛顿家族关系密切，包括家族里的父亲、母亲和女儿）。

波德莱尔有着和欧仁·苏类似的想法（虽然他认为真正的风流绅士应该表现出低调的高贵，而不应到处炫耀）。在1842年4月9日波德莱尔成年那天，他已经表现出掌控生父遗产的愿望，但当时财产仍由继父欧比克将军把持，因此他对继父深恶痛绝。获得遗产后，波德莱尔开始不遗余力地打造自己的住所，他大肆挥霍的举动很快引起家人警觉。在位于安茹街17号的新寓所里，波德莱尔随心所欲地陈列着各种艺术品、摆件和从古董商阿龙代尔那里买来的油画。他坚信这些油画都是真品。无奈他的家人担心他挥霍过度，开始对他进行监管。波德莱尔只得放弃自己的癖好，但保留了花花公子的处世态度——认为自己高人一等，并急于表现出自己的高贵。

从那以后，他的对头们开始指责他妄自尊大、爱慕虚荣，让人觉得滑稽好笑。埃内斯特·费多就嘲笑过他的怪癖。在小说《西尔维》（1861年）中，费多以波德莱尔为原型虚构出诗人昂赛姆·尚法拉，将其描写成一个怪人——身居巴黎闹市，却住在一座中式建筑里，平时只吃糖果和果酱，身边相依为命的只有一只卷尾猴和一条卷毛狗。儒勒·瓦莱斯也很讨厌波德莱尔，认为他是个装模作样的假造反者："波德莱尔长着喜剧演员的脑袋，扁平的脸庞显出浮肿的暗红色。他的鼻子油腻而臃肿，谄媚的嘴唇紧紧地缩着……他就像一个神父、老妇女或者蹩脚的演员。"[1]不仅如此，"他是神秘主义崇拜者，只可惜他的神秘世界显得愚蠢、幽怨，那里的天使都长着蝙蝠的翅膀和婊子的脸庞。这就是他编造出的惊人世界。"[2]总之，波德莱尔的态度并非与浮夸的社会风气格格不入。龚古尔和圣勃夫也拿这位伪造反者的谄媚[3]和顺从开过玩笑，指责他在《恶之花》里卖弄玄虚的恶魔主义。

龚古尔兄弟也有一些奢侈的习惯，但引来最多嘲笑的是他们的收藏癖。整天流连于古玩商店，期待着能够淘到罕见、独特的古董是他们最大的乐趣。无论是在巴黎的住所，还是在后来奥特耶的府邸，他们的家里总是塞满各种艺术品，有克洛迪翁的小男孩雕塑、日本版画、圣·奥班的雕刻、华托的人物肖像画……他们的家简直就是个"储藏室"。说好听点儿，那是真正艺术家的住所；说难听点，它就是个旧货铺。朱尔·勒纳尔似乎完全同意第二种看法，请看他在日记中的有关记载：

---

[1] R.Bellet 著，《儒勒·瓦莱斯传》第 48 页，巴黎 Fayard 出版社 1995 年版。
[2]《瓦莱斯作品集》第一卷第 974—976 页。
[3]《龚古尔日记》第一卷第 301 页。

从屋顶到地面，龚古尔的家就像个博物馆。我仔细地看，却没发现什么特别的东西，一件都没有。龚古尔待在自己家里，一副老收藏家的模样，对收藏之外的任何事物都漠不关心。我用一只手托着杜米埃的画册，他立刻伸手托起另一边。"小心点儿，弄不好会撕坏的。"他对我说。"如果您不喜欢看，不用勉强自己。"

他的"仓库"看起来不太结实，门关不严，还不停地摇晃。看着周围琳琅满目的中国古玩，我还以为到了世博会藏品最丰富的展厅。[1]

有时候，对作家怪癖的嘲弄也掺杂着善意的玩笑和同情。1882年6月的一天，埃雷迪亚把年轻的罗贝尔·德·孟德斯鸠介绍给龚古尔，龚古尔对这个兼具诗人和小说家身份的人物留下了深刻印象。他日后成为于斯曼笔下的埃桑迪尔和普鲁斯特笔下的夏吕斯的原型。这样一个腰缠万贯的风流少年，怎能不让人为之痴迷？他是不是连活乌龟都要镶上宝石？龚古尔对他确有微词，但也不无欣赏，认为"他是文学界的疯子，精神已经错乱，却散发着世间少有的最高贵的贵族气质[2]"。

普鲁斯特和孟德斯鸠关系暧昧，这让认识和敬重普

---

[1]《勒纳尔日记》第68页，1891年3月7日篇。
[2]《龚古尔日记》第二卷第946页，1882年6月14日篇。

鲁斯特的人心里产生一丝轻蔑，例如莱昂·都德：

> 快七点半的时候，韦伯家来了一个面色苍白的
> 年轻人。他长着一双雌鹿般的眼睛，一边舔一边用
> 手摆弄嘴边棕色、下垂的胡须。他身上裹着一件毛
> 衣，整个人看起来像一件中国古董。他要了一串葡
> 萄和一杯水，说自己前些天染了风寒，今天刚刚下
> 床，还说他要回去躺着，因为噪声让他很不舒服。
> 他假装担心地看了看周围，然后露出一脸的不屑。
> 最后，他终于绷不住，心满意足地笑出来，没有要
> 走的意思……①

19 世纪行将结束之前，普鲁斯特和洛兰之间发生了
一场似是而非的争斗，两人最后刀枪相见，巴黎的风流
公子们也因此分成两大派。普鲁斯特的亲人和朋友都知
道他是同性恋。在他年少的时候，父亲曾试图纠正他的
性倾向，但当父亲看到那幅令人感动不已的照片后，似
乎放弃了努力：吕西安·都德(阿方斯·都德之子、莱昂·都
德之弟)充满爱意地看着普鲁斯特，两人的关系不言自明。
在普鲁斯特的成长环境中，尽管他的"性颠倒"并没有
完全公开，他自己还是会感到不自在，甚至产生负罪感。

---

① 都德，《文学回忆录》第 225 页。

当时的正统社会把同性恋视为最违背天理的行为，普鲁斯特因此非常害怕别人对他说三道四。那时，他创作"饱受质疑"的《所多玛与娥摩拉》并在其中大肆描写同性恋的时刻还没有到来。

洛兰也是同性恋。他受够了和孟德斯鸠伯爵之间长期的暧昧关系，肆无忌惮地给伯爵起了"古怪斯鸠"、"绣球斯鸠"之类的外号，以讽刺他的诗集《蓝球花》。孟德斯鸠曾在文学界充当普鲁斯特的保护人，难道洛兰是为了攻击孟德斯鸠而牵连上普鲁斯特的吗？1897年，他对普鲁斯特的《欢乐与时日》嗤之以鼻，还谴责答应为这本书作序的阿纳托尔·法朗士，说法朗士在讨好"外表光鲜，却毫无文学建树，更谈不上成功的小人物①"。

几个月后的2月3日，洛兰在日记中记录道：阿方斯·都德答应为普鲁斯特的新书作序，"因为他无法拒绝儿子吕西安的任何要求"。这段话影射出普鲁斯特和吕西安之间的特殊关系。普鲁斯特再也难以忍气吞声，决定找洛兰决斗。在维勒邦附近偏僻的默东森林里，他们互相开了一枪，没有人受伤，两人也都保全了颜面。

---

① J.-Y.Tadié 著，《普鲁斯特传》第314页，巴黎 Gallimard 出版社 1996 年版。

低级品位

　　有些作家的怪异行为正好和花花公子们的品位背道而驰。他们也会让其他作家感到惊讶，因为他们缺少风度。在文学界的社交活动中，行为举止的规范如同五线谱一样精确，他们的所作所为和那里的要求格格不入，因此少不了引发别人尖刻的批评和不屑的嘲弄。

　　司汤达和梅里美一样，虽然觉得自己属于上流社会并因此扬扬得意，却更喜欢轻松自在的意大利式聚会，而不是处处都需要谨小慎微的法国沙龙。1834年，缪塞、乔治·桑和司汤达一起赴意大利旅游。司汤达在客栈休息的时候喝了不少当地葡萄酒，拿着餐巾跳起舞来。周围人当时都看傻了眼。缪塞迅速记录下当时的场景，以防日后遗忘。乔治·桑在《我的一生》中写道："他当时开心得要死，完全沉浸在自我陶醉中。他穿着漂亮的带毛靴子，围着桌子跳舞，样子很滑稽，一点儿也不优雅。"①

　　众所周知，巴尔扎克对五颜六色的服装、色彩艳丽的领带和装饰精美的手杖情有独钟。照此推断，他既然欣赏欧仁·苏家中精美绝伦的小客厅，也一定会喜欢龚古尔的"仓库"。可惜龚古尔散播了不少贬低巴尔扎克

---

① G.Lubin 编著，《乔治·桑自传集之我的一生》，"七星文库"1971年版第二卷第205页。

的谣言。1875年，保罗·拉克鲁瓦告诉龚古尔，巴尔扎克喜欢摆出一副公狗追母鹿的架势，赤身裸体地追逐比自己大20岁的情妇德·贝尔尼夫人……巴尔扎克的朋友亨利·德·拉图什了解此事，因为有一天贝尔尼夫人一走进巴尔扎克家门，拉图什起身就走，"嘴里吹着逐鹿的号声，走过表情诧异的夫人面前时还深深地给她鞠了一躬[①]"！

大多数作家对下厨做饭不感兴趣。埃德蒙·德·龚古尔一向追求高雅。某天，他突然想更深入了解号称自己头号弟子的左拉，却惊奇地发现左拉在根据蛋壳判断一只鸡蛋的年龄[②]……还有谁比他更能代表"彻头彻尾的物质主义[③]"？最不可饶恕的是，左拉没有读过《危险关系》[④]，看起来似乎对文学名著不太了解！1875年，福楼拜和龚古尔交谈时提到过这一点：

福楼拜：这个人很蠢，简直愚蠢透顶！

龚古尔：的确如此，我同意您的看法。通常情况下愚蠢的人话都很多，而他却很沉默。这是他的本事，沉默可以让人产生各种猜测……[⑤]

①《龚古尔日记》第二卷第640页，1875年3月30日篇。
②《龚古尔日记》第二卷第712页，1876年10月15日篇。
③ 都德，《文学回忆录》第43页。
④《龚古尔日记》第二卷第934页，1882年4月6日篇。
⑤《龚古尔日记》第二卷第632页，1875年3月7日篇。

总之，左拉"讨厌龚古尔，龚古尔也讨厌他。他们的本性互不相容①"。

拿莫泊桑和皮埃尔·洛蒂做比较本是一件很奇怪的事，因为一个表现出充满征服欲的男性气概，另一个则是性取向错乱的水手。可是他们两人却有一个共同爱好，都喜欢雄健的身体和发达的肌肉，只是当时还没有"健美"这个词。莫泊桑喜欢在年轻异性的陪伴下从事划船运动，但这项可以锻炼身体的爱好却遭到别人嘲笑，主要是因为它毫无高贵可言。福楼拜在信件中亲切地称莫泊桑为"我的小淫荡鬼"。保罗·迪瓦尔（即让·洛兰）是莫泊桑的弟弟埃尔韦的老朋友，1886年发表第二部小说《非常俄罗斯》。莫泊桑是小说中漫画式人物博弗里朗的原型，后者是列维诺夫夫人（原型是莫泊桑的挚友博托卡夫人）的男宠，并和埃特尔塔关系密切：

> 他像孔雀一样一边咕咕叫，一边开屏。他抹了抹胡子，开始摆弄手上的戒指。他翘起粗壮的腿，伸了伸小脚。他讲了几条花边新闻，其中不乏谎言和诽谤。他的谈话十分幽默，用的却是每行字只值25生丁的廉价语言。他攻击敌人，贬低朋友，诋毁

---

① 都德，《文学回忆录》第43页。

和他不相干的人。他谈论自己的专栏，眼里只有自己的文章。他对自己的人生很满意，面对天使和他自己时都会露出笑容。

实际上，没必要羡慕他"为吸引异性，每天早上练 3 小时哑铃才练出来的二头肌"。[①]

莫泊桑生性害怕决斗，但居然派人拿着名片去找洛兰。洛兰虽然以擅长射击闻名，这次却退缩了。他把来人打发回去，还给莫泊桑写了回信，说他在写上述文字时并没有暗指莫泊桑。几天后，莫泊桑在出席玛蒂尔德公主的宴会时轻蔑地说：洛兰的让步欺骗不了他。

莫泊桑的天真和不谙世事也经常遭到嘲弄。在他经常出入的沙龙里，附庸风雅之流总是不断怂恿他干蠢事，正像莱昂·都德在下文描述的那样：

要么有人建议他穿大红色衣服参加完全无须化装的舞会，幸灾乐祸地看着他像鹦鹉一样，掉进一群身穿丧服的人中间，狼狈不堪。要么是某位漂亮女士提出和他约会，结果他发现约会现场的每个家具下面都藏着人，都在无情地嘲笑他。[②]

①《非常俄罗斯》第 67—69 页。
② 都德，《文学回忆录》第 103 页。

后来，莫泊桑染上梅毒，精神几近疯狂，总想强迫别人也接受对身体的崇拜。这个时期，嘲笑他的声音减少了很多。他开始宣扬裸体主义，并以此为目的请人到家里做客。但客人们得知他的动机后纷纷退场，只留下他一个人愤怒不已……①

洛蒂虽然"身材矮小、瘦弱"，声音"像快要病逝的人一样细小②"，却也喜欢锻炼肌肉，尤其喜欢练形体操。他甚至会穿上女杂技演员的衣服，在上流贵妇面前杂耍一番。结果这样的冒失行为只引来贵妇们的一片嘲笑。有一张照片记录下他如此打扮的情景，并引起上流社会尤其是文坛一阵讥讽。虽然他和文学界的人交往不多（他当时是海军军官，经常在海上），但文人们已经对他极其怪异的癖好产生兴趣。由于他喜欢化妆③，还喜欢穿高跟鞋，人们都叫他"老妇人洛蒂④"。他喜欢乔装打扮，参加蒙面舞会，这又引来象征主义诗人乔治·罗当巴克的指责：洛蒂竞选法兰西学术院院士席位（他于1891年当选），只为穿上那身院士服！⑤

---

① 都德，《文学回忆录》第103页。
②《龚古尔日记》第三卷第1046—1047页。
③《龚古尔日记》第三卷第101页，1888年2月21日篇："他像女人一样画黑眼圈，好让眼神看起来更加妩媚。"
④ A.Buisine 著，《多面作家皮埃尔·洛蒂》第96页，巴黎 Tallandier 出版社1998年版。
⑤《多面作家皮埃尔·洛蒂》第93页。

狂妄自大

《罗马废墟前的夏多布里昂》画于 1898 年，是吉罗岱最著名的作品之一。头发随风飘动，目光迷失在远方，手像拿破仑那样插在礼服兜里——夏多布里昂摆出一副浪漫主义英雄姿态，更确切地说，是勒内的派头（夏多布里昂作品人物，狂热、充满激情，和作者本人很像，名字也取自作者全名中的第二个名字）。一言以蔽之，夏多布里昂很拿自己当回事，疯狂地迷恋着自己。维尔日妮·安瑟洛向我们解释说："应该说，夏多布里昂算得上是最早开始疯狂自我崇拜的人，这种现代派崇拜方式已成为当今作家不懈追求的信仰。只是夏多布里昂有着上流人士的优雅和过人的智慧，知道如何不让高傲沦为滑稽。"[1]

可是，"猫"在阿贝奥布瓦沙龙里享有的奉承和崇拜经常遭到别人的讥讽。司汤达前往拜访夏多布里昂之后（这是仅有的一次），"大喇嘛[2]"便成了他对夏多布里昂的唯一称呼；梅里美也很愤怒，说夏多布里昂是"让人难以忍受的孔雀"。

实际上，雷卡米耶夫人从上流社会半隐半退之后，

---

①《熄灭的炉火——巴黎沙龙记》第 185 页。
② 同上。

就养成一些一成不变的习惯，目的只是为了突出她那位久负盛名的情人的光辉形象。"猫"一般下午2点来到她那儿，和她单独相处两个小时。接下来的两个小时是招待客人的时间，大家可以一起搞个音乐会或朗诵会，夏多布里昂晚年创作的《墓畔回忆录》当然总是活动的开篇作品。

无论是品茶，还是大家为吸引夏多布里昂的注意而进行的谈话，所有活动都要保证他始终处于中心地位。每天，雷卡米耶夫人和夏多布里昂的谈话都会这样开始：

　　——夏多布里昂先生，您想要杯茶吗？（10年间，他总回答"是"。）
　　——夫人，您先来。
　　——需要加点奶吗？
　　——一点儿就好。
　　——您还想再来一杯吗？
　　——岂敢再劳您大驾。[1]

然后轮到其他到访者登场，他们要和女主人及"非正式"的男主人打招呼。雷卡米耶夫人深谙待客之道，自始至终对所有人都彬彬有礼。这不仅成为她的标志，

---

[1] B.-A.Brombert 著，《贝吉欧裘索公主和浪漫主义信仰》第100—101页，巴黎 Albin Michel 出版社1989年版。

也被批评者视为她身上仅有的魅力：

> 　　她用颤颤巍巍的声音对所有客人说同样一句
> 话："见到您这样的高贵人士让我无比激动，我的
> 赞赏和崇敬之情无法用语言表达……但您一定能够
> 感觉到，也能够体会到……我激动的样子已经说明
> 一切……"①

　　这是"一成不变的奉承手法"，中间穿插着"断断续续的话语"，配有"温柔、迷离的眼神②"。这一招儿很好使，几乎所有从阿贝奥布瓦沙龙出来的人都觉得自己已经跻身上流社会——复辟时期和七月王朝之前唯一真正的上流社会，而且已经拥有上流社会真假难辨的荣誉。唯一让人不舒服的地方是要多留意沙龙男主人的感受，承认或假装承认他高高在上的地位。由此看来，把雷卡米耶夫人的聚会比作一场宗教仪式并非没有道理：

> 　　那里好像每天都在举行弥撒，上帝名叫夏多布
> 里昂，圣母就是雷卡米耶夫人。她确实是"母"，
> 但一点儿也不神圣。那儿还有祭台、假花，有男女

①《熄灭的炉火——巴黎沙龙记》第 171 页。《龚古尔日记》第三卷第 1046—1047 页。
② 同上。

神职人员和儿童唱诗班……夏多布里昂高兴的时候，还会慷慨地朗诵一段他的《墓畔回忆录》——入土之前的回忆录。因为人们见到他时不禁会暗自思忖：他不是早就死了吗？①

　　阿塞纳·乌赛对夏多布里昂的上述评价十分刻薄，但我们不要以为狂妄自大是夏多布里昂的专利。因为盲目自大，拉马丁始终没有完全摆脱被人嘲笑的命运。在《东方之旅》中，他甚至不无得意地记述道：在叙利亚时，著名旅行家斯坦霍普女士让他觉得自己就是救世主。19世纪30年代，位于大学街的拉马丁沙龙成为各方朝拜的神圣之所。大批民众怀着崇敬的心情蜂拥着前来参加他的星期日招待会。而沙龙主人则会假惺惺地出现在崇拜者面前（主要是女崇拜者）。很多女性读者怀着虔诚的心情前来目睹拉马丁的风采，因为他的作品《湖》《山谷》等触动了她们内心最柔软、最纯洁、最美好的感情。

　　她们不停地向他投来"崇拜的目光"，表达着"无比崇敬②"的心情。应该说，拉马丁也确实知道如何赢得女性读者的喜爱。30年代的拉马丁并非迪康笔下描写的1848年革命失败后痛苦岁月里的拉马丁。那时他还是个

---

① 乌赛，《忏悔录——半个世纪的回忆（1830—1880）》第218页，巴黎 Ch. Dentu 出版社1885年版。
②《忏悔录——半个世纪的回忆（1830—1880）》第119页。

40多岁的中年男子，仪态优雅，风度翩翩。他"气度非凡"，"胸怀伟大思想和高尚情感①"。他身材纤细，虽然有点儿秃顶，但五官庄重、精致，额头高昂，举手投足间充满自信，忧郁的神态中流露着威严。他充满激情，表情中散发着灵感，活脱脱一副浪漫主义英雄模样。

正如阿塞纳·乌赛描写的那样，这种特殊气氛给所有到访者都留下深刻印象：

> 一进拉马丁的沙龙，就好像置身云端，因为你会觉得自己仿佛踏进了仙人的家门。如果说雨果家里有奥林匹斯山的话，拉马丁家里就有七重天（西方传说中的至善之地——译者注）。是的，我们踏着《沉思集》和《冥想集》交响曲的节拍迈进他的家门，生怕一不小心就会让"天使谪凡"。②

上述评价可谓刻薄至极，原因在于《天使谪凡记》乃是拉马丁1838年发表的长篇史诗，可惜未获得成功。

乌赛还给我们记述过另一段逸事，淋漓尽致地表现出伟人拉马丁的出现给周围人带来怎样一种虔敬和畏惧相交织的复杂感受。一天，拉马丁的沙龙正在按惯例举行星期日招待会。突然门开了，进来一个衣着简朴的年

---

① 《忏悔录——半个世纪的回忆（1830—1880）》第129页。
② 同上。

轻女孩，手中拿着一束玫瑰花。此情此景浪漫至极，可以和主人温柔、圣洁的田园诗相媲美。女孩苍白的脸色和茫然的表情让周围人顿生疑惑，他们相互询问起来。没过多久，有人小声说她是一位来宾的亲戚，是个英国人。

过了一会儿，这个女孩抬起头，腼腆地看了看四周。突然，她的眼神明亮起来，因为她发现了心中的伟大人物——她曾多次凝视他著作首页的画像，所以一下子就认出了他。就是他！她赶紧走上前，还不等别人反应过来，便跪倒在他面前，一边摘玫瑰花瓣，一边略带口音地高声说："富兰克林曾对伏尔泰说'上帝和自由！'我要对您说'上帝和拉马丁'！"说完，这个漂亮女孩就昏了过去。

拉马丁的侄女瓦伦蒂娜·德·塞西亚负责沙龙的日常事务。她三步并作两步来到女孩面前，赶紧让她吸上几口嗅盐，缓解一下她起伏的情绪。最后，女孩终于醒过来，她们两个相互拥抱，激动地痛哭流涕。拉马丁"听到女孩的那些话，完全有理由骄傲起来①"，也流下了感动的眼泪。

拉马丁的很多对手对其作品"纯洁"和高尚的精神境界不屑一顾。19世纪末，在先锋派作家眼里，他的诗像面目可憎的老妇一样不堪入目。在他优秀的散文集《格

---

① 《忏悔录——半个世纪的回忆（1830—1880）》第135—136页。

拉齐耶拉》中，他叙述了年少时的一段伤心往事：1811年，他在意大利旅行期间爱上那不勒斯渔民的女儿格拉齐耶拉。女孩因为他而坠入爱河，他却离开她返回法国，并将意大利的美好回忆连同女孩的温柔一起抛到脑后。女孩真名叫安东妮亚，1815年身亡，年轻的拉马丁为此陷入了深深的懊悔之中。

这段理想化的浪漫爱情显然带有柏拉图色彩，在读者中获得巨大成功，女性读者更是被诗中细腻的手法和悲伤的情调所打动。当然也有没被打动的人，他们在私下里窃窃冷笑。多年后的1873年，擅长讽刺挖苦的特里斯唐·科比埃尔在《黄色之恋》中收录了一首名为"拉马丁与格拉齐耶拉之子"的诗。诗中假想出一个那不勒斯渔民，自称是拉马丁和他爱人的儿子（果真如此的话，拉马丁的原诗则完全谈不上柏拉图式的爱情……），言下之意暗指拉马丁性欲旺盛。这位街头艺人式的作者用编造的故事打动了法国美丽的女性游客们，从她们那里赚足了自己想要的东西……

雨果的情况又如何呢？19世纪20年代，以他为核心形成一个小团体，成员都是年轻的浪漫主义狂热分子。这些人对雨果无限崇拜，自称"雨果派①"，在雨果面前丝毫不吝啬恭维之词。如果伟人雨果的客厅里摆放着一

---

① A.Challamel 著，《雨果派回忆录——19世纪30年代作家》，巴黎 Michel Lévy 出版社1885年版。

把从古董店买来的御座，相信没有人会感到惊讶①。

　　每周日晚，文学青年心目中所有重要人物都会汇集到诺迪埃沙龙里，一直聚会到深夜。一天晚上，年轻的雨果和追随者们前往诺迪埃沙龙。在那里，他露出阴郁、深邃的表情，用威严、庄重的语调朗诵自己的诗作。在阿森纳图书馆威尼斯式吊灯的灯光下，现场所有人都屏住了呼吸。很多诗人在这里亮过相，对他们的溢美之词已经不配再用于雨果身上。到过现场的一位女宾客向我们描述道：为了找到合适的词句，他们创造出"一种语言，我不好说它是黑话，但它只在这个小圈子里讲，所用的词语都不同寻常。"雨果朗诵完后全场一片寂静。接着，大家仰望天空，拉着雨果的手高呼："大教堂！""穹窿！""埃及金字塔！"②以此表达对天才的赞美。

　　有些人并不欣赏这幅杂乱的场景，他们嘴角挂着轻蔑，在一旁冷眼观看。诺迪埃手里总是拿着扑克牌，借此逃避对吟诗作赋的场景发表评论。他装作心不在焉，反倒不用煞有其事……下文我们将看到，缪塞也有类似的招数。他也讨厌类似的朗诵会，觉得那些人都在不知羞耻地演戏，没有一点儿自谦的精神。

　　在雨果去世前的最后几年里，他就像刚刚建立起来的第三共和国的保卫者，人民对他的爱戴与日俱增。在

① 乌赛，《年轻时期回忆录》第 146 页。
②《熄灭的炉火——巴黎沙龙记》第 125—126 页。

1881 年雨果 80 岁生日之际，人们在他位于埃罗街的住所外游行庆祝。我们已经说过，埃德蒙·德·龚古尔对这件事没有任何正面评价。当天晚些时候，雨果接见了一批中学生，他们背诵了卡蒂勒·孟戴斯写给雨果的诗。但如果龚古尔看到莱昂·都德对当时情景的描述，他也许会很高兴：

> 　　一个名叫摩尔的鲁莽诗人[1]坚持要见雨果，并得以如愿。他也想恭维雨果一番，但在那样美妙的日子里，他喝了不少酒，最后只往地毯上吐了三四升紫红色葡萄酒了事。酒掺和着胃液，发出刺鼻的味道。在场的人一片惊愕。[2]

如此惊世骇俗的场景和味道，不禁让人回味无穷……

---

① 此人在 1893 年曾试图刺杀雨果儿子遗孀的后夫洛克鲁瓦，称雨果曾答应出版他的诗，但洛克鲁瓦没有信守雨果的承诺。1893 年 12 月 21 日，他被判 6 年劳教。
② 都德，《文学回忆录》第 60 页。

第十三章　派别之争

> 只对敌人充满仇恨，而对朋友充满友情的人实
> 在少之又少。
>
> ——儒勒·雅南《地下墓园》

1888 年 8 月 24 日，夏尔·克罗去世。利勒 – 阿达姆借机在《吉尔·布拉斯报》展开对 19 世纪 70 年代文学圣殿——美丽的妮娜·德·维拉尔的沙龙的回忆。文中提到一个讨厌的家伙，一个"世俗化的业余诗人"。这个人不停地提问，处处体现出无知，打扰了诗人们的闲谈：

"你们到底是靠眼睛还是靠耳朵作诗呢？"

"靠嗅觉，先生。"莱昂·迪埃尔面带忧郁地回答说。

"您开玩笑吧？好吧。可你们到底怎么表达感

情呢？"这个附庸风雅的可怜虫又转向斯特凡·马拉梅……"先生，您作诗的时候从来不会哭吗？"

"也不会擤鼻涕。"马拉梅用笛子般的嗓音略带教训地回答说。他的手在空中比画着，最后停在和眼睛差不多高的位置，做了个和尚施礼的动作。

年轻人虽然遭到冷遇，但仍坚持不懈地追问：

"先生们，你们不属于任何派别吗？"他依然不依不饶。

"我们是'无序言派'。"卡蒂勒·孟戴斯笑着回答说。[1]

何谓"无序言派"？就是指拒绝加入任何派别，保持自身独立，既不是浪漫派、现实派，也不是象征派，更不是其他什么派别。我们知道，作家最不愿意承认自己属于某个派别，尽管别人会竭力在他们生前或死后对其进行分类。条理清晰的文学史当然可以删繁就简，却不能给无法归类的作家找到合适位置。无论如何，我们无法否认文学流派的客观存在。虽然不同的流派有的清晰有的模糊，但都可以从理念和利益出发，将某个时代的作家划分成不同团体。

雨果竞选法兰西学术院院士的过程已经很清楚地向

---

[1] A.Raitt，P.-G.Castex 和 J.-M. Bellefroid 编著，《维利耶·德·利勒-阿达姆传》，"七星文库"1986 年版第二卷第 410 页。

我们表明，某派别作家（指当时的古典派）对待观念不同的作家可以何等无情。

我们并非从学术上探讨文学流派之争，而是从传记的角度记录这段历史。当然，两者之间肯定会有交叉。埃德蒙·德·龚古尔在 1875 年已经意识到这一点。他曾亲自邀请阿纳托尔·法朗士（在《时光杂志》上开有专栏）写一篇赞颂自己的文章，却发现文章中有些内容在指责他患有心理疾病。法朗士认为，龚古尔"心脏肥大"，可能患有"神经官能症"。类似的批评在当时非常流行。寥寥数语，龚古尔神圣的现实主义文学理念便沦为神经错乱的产物。1875 年 11 月 27 日，《龚古尔日记》中这样记录道：

> 我去他那儿，要他为我在《时光杂志》上写篇文章……我觉得他本应该说："亲爱的先生，您找错人了，我和您理想不同。"没想到他选择恶意攻击我，这个毛头小子。[①]

在 19 世纪错综复杂的作家关系中，能把源于"理想"不同的仇恨和"恶毒"的人身攻击区分开，一定要有过人的智慧！这其实是个观点问题，因为作家们对文学理

[①]《龚古尔日记》第二卷第 667 页。

念的捍卫完全发自内心，他们的首要目标是让自己的作品获得成功，希望自己的作品成为不朽的名作。其实作家本人更加乐观，所以应该说是"认为自己的作品都是不朽的名作"。

无论作家自称属于某个派别，还是坚决以独立姿态示人，他们之间的人际关系经常能动摇或巩固作家自身的派别和立场，淡化他们之间的冲突。

浪漫主义战争

如今，新古典主义已渐渐被人们抛到脑后，但在 19 世纪初，它在法兰西学术院仍占有相当重要的位置。新古典主义的消退让我们淡忘了当年那些年轻的浪漫主义作家曾通过怎样的斗争才争取到日后的地位。德拉维涅、斯克里布、巴乌尔－洛米昂之流绝没有白白给他们让位的打算。19 世纪 20 年代，拉马丁的《沉思集》获得巨大成功之后，戏剧界成为派别之争的主要战场。1823 年，司汤达在《拉辛与莎士比亚》中大力宣扬从 17 世纪戏剧程式和"假正经文学[①]"中解脱出来的新戏剧，这引起古典主义作家极大恐慌。法兰西学术院终身秘书长皮埃

---

① 司汤达著，《拉辛和莎士比亚》第 209 页，巴黎 GF-Flammarion 出版社 1970 年版。

尔·西蒙·奥热同样惊恐不已，于 1824 年 4 月 24 日在法兰西学术院发表带有警示性的讲话：

> 这是一种新的邪教，目前只有极少数公开信徒，但他们年轻而狂躁。①

1824 年，浪漫主义诗人亚历山大·苏梅入选法兰西学术院，这简直无异于狼入羊群！1824 年 11 月 25 日发表欢迎致辞的还是奥热。尽管新当选的院士很不乐意，奥热还是批判了拉马丁、雨果、维尼和司汤达。

3 年后，雨果在《克伦威尔》前言中进行了致命的还击，光荣地捍卫了浪漫主义事业。他在这篇文章中宣布悲剧时代的结束和浪漫主义戏剧时代的来临，因为后者的形式更加灵活，不再局限于时间、地点、情节的高度统一，从而摆脱了神圣不可侵犯的"三一律"桎梏；它的美学观更加大胆，荒诞和粗俗都在其中获得一席之地。更甚者是，剧作家不再忌讳直呼物体的名称——1829 年维尼把《奥赛罗》翻译成诗时，竟然敢用"手帕"一词，并因此引起一片哗然。

在这样的背景下，史诗般的"艾那尼之争"成为 19 世纪 30 年代相当具有革命性的事件。对于古典派来说，

---

① 《拉辛和莎士比亚》第 237 页。

雨果的著名作品《艾那尼或卡斯蒂利亚的荣誉》简直就是个畸形怪胎：剧情重复（其中包括唐·卡洛斯，即查理五世登基的情节）、违反礼数（故事最终以三个人物自杀结束）、无视舞台规则和社会习俗（贵族多娜·索尔居然爱上一个流放犯）。

这部戏剧第一次公演定于 1830 年 2 月 25 日，地点在法兰西喜剧院。人们预计它肯定会引起观众很大反响，整个巴黎都屏住了呼吸。泰奥菲勒·戈蒂埃为我们记录下雨果及其追随者们当时经历的场景：

> 谣传有人策划阴谋、布置陷阱，目的是一举挫败这部戏剧，从而扼杀新生的浪漫主义流派。文学仇恨比政治仇恨更凶狠，因为它涉及作家的自尊，能够触动他们内心最敏感的神经——对手的胜利即意味着自己的失败。[1]

说到"文学仇恨"，雨果同样丝毫不甘落后。作为战略家，他充分动员自己的部队，委托忠诚的副手内瓦尔和戈蒂埃找来现场鼓掌的"托儿"，其中包括大仲马、柏辽兹和彼得吕斯·博雷尔，也许还有巴尔扎克……这些人的任务很明确，就是在现场鼓掌，把自己的帽子扔

---

[1] Th.Gautier 著，《浪漫主义史》，巴黎 L'Harmattan 出版社"稀有丛书"1993 年版第 86 页。

向空中，同时大声喊叫，以此震慑守旧派。总之一句话，就是要确保演出成功。

终于到了 2 月 25 日，那是个星期四。下午 3 点，离演出开始还有好几个小时，剧院就早早打开了大门，比平常提前了不少。雨果的人已经占据了有利位置，他们扼守在"每个可能埋伏敌人（即古典派）的危险地带①"。过了一会儿，他们觉得等待有点漫长，便开始用背诵雨果的诗和模仿动物来打发时间。人群中的泰奥菲勒·戈蒂埃显得格外惹人注目。只见他身穿玫瑰红色紧身短上衣（而不是红色马甲，这一点有必要明确一下），款式是文艺复兴时期的流行款，露出一副扬扬自得的模样。42 年后，当他在《浪漫主义史》中回顾这段经历时，极力掩饰自己当时的穿着打扮和头上的长发。这么多年过去了，他更希望淡化斗争开始前的紧张气氛：

> 大家觉得有点饿。细心的人随身带着巧克力和小面包，还有人居然带来了味道浓郁的短香肠！不怀好意的古典派们说闻到了一股蒜味儿！②

时间一点一点地过去，剧场里的观众越来越多。大家从神态和穿着上便能分辨出对方是敌是友。"那些因

---

① "稀有丛书" 1993 年版第 88 页。
② "稀有丛书" 1993 年版第 91 页。

循守旧的胆小鬼是艺术的敌人、理想的敌人、自由的敌人，也是诗歌的敌人。他们企图用颤颤巍巍、虚弱不堪的手顶住通向未来的大门。"[①]最后，剧场楼上楼下坐满观众，演出马上就要开始，现场火药味十足：

> 只要看一眼现场的观众，你就会相信那不是一场普通的演出，而是两个体系、两个阵营、两个军队和两种文化之间的斗争。这样说并非耸人听闻，因为双方的仇恨刻骨铭心，随时准备向对方发动猛攻，结果必然像文学界其他仇恨一样导致一场战争。双方都虎视眈眈、剑拔弩张，稍有风吹草动便会爆发冲突。不难看出，留着长发的年轻人对面部溜光的先生们充满蔑视，认为他们都是顽愚不化的老古董。[②]

大幕终于拉开。舞台布景引起场下一片轻声议论。只见一间 16 世纪西班牙风格的房间出现在舞台上。一位老妇人正在拉窗帘。突然，有人敲门。妇人说道：

> 他已经来了？是从暗道传来的声音啊！

"暗道"一说出口，现场顿时失去平静。观众群情

---

①"稀有丛书"1993 年版第 83 页。
②"稀有丛书"1993 年版第 96—97 页。

激昂，纷纷站起来。有的嘀咕说："太有才了！"有的愤愤道："简直是闹剧！"《艾那尼》引发的斗争由此宣告展开。

演出结束时，浪漫派占据上风。现场的口哨声、嘘声、掌声和尖叫声交织在一起，年轻的卫士们战胜了保守派，成为战场上的赢家。"艾那尼之争"并没有就此结束，随后的每一场演出（1830年共演了39场）都是战争的继续，观众们早已知道哪些台词将引起追随者的欢呼和反对者的愤怒。总的来说，媒体对这场惊世骇俗的戏剧持批判态度，报纸上还出现过改编的台词，如："噢！不，致命的芦笛。"或"N，i，Ni，危险的卡斯蒂耶，晦涩的浪漫主义五幕剧，优美的诗中夹杂着滑稽的散文（指毕西尼的音乐）。"在此类文章中，多娜·索尔被戏称为"巴拉·索尔（法文意为'太阳伞'——译者注）"，唐·卡洛斯的名字被篡改成"唐·巴多斯（法文意为'夸张的唐'——译者注）"。

反对浪漫主义的呼声

区区一个卡齐米尔·德拉维涅显然很难同雨果抗衡。大批前卫的浪漫派作家团结在雨果周围，形成红极一时的势力。然而也有一些相当重要的作家，如司汤达和巴尔扎克，开始渐渐与浪漫主义拉开距离，尽管他们和那批浪漫主义作家同属一代人。

我们在上文已经提到，虽然司汤达发表《拉辛与莎士比亚》后成为第一批支持雨果小团体的作家之一，其本性却决定他很难同雨果和睦相处。他略带玩世不恭的态度始终没能跟激情澎湃的浪漫主义相契合。在他看来，雨果的小说《冰岛凶汉》（1823 年）算得上"最古怪、最恐怖的作品，充斥着不着边际的想象，肯定会把读者吓得血液凝固，脸色苍白[1]"。而雨果认为司汤达文风枯燥、乏味，他甚至说《红与黑》（1830 年）是用"土话"写成的。一天，司汤达的好友梅里美产生一个疯狂的想法——撮合司汤达和雨果的关系。为了给他们提供相互接近的机会，1830 年 1 月的一天，他把两人请到家里，同时还邀请了维埃勒－卡斯特尔和圣勃夫：

> 多么奇特的夜晚！雨果和司汤达像两只势不两立的野猫，浑身的毛都竖着，一副严阵以待的样子。除非确保自身百分之百安全，否则他们不会轻易收起自己的爪子。[2]

---

[1] K.G.McWatters 和 R. Dénier 编著，《司汤达在英国报纸上的专栏》第二卷第 107 页，格勒诺布尔 PULLG 出版社 1982 年版。
[2]《圣勃夫书信集》第二卷第 379 页，圣勃夫 1869 年 7 月 29 日写给科利尼翁的信，巴黎 Calmann-Lévy 出版社 1878 年版。

看来和解的时机尚不成熟。

虽然巴尔扎克在很多方面和浪漫派作家有相似之处（而且他似乎也参与了"艾那尼之争"），但他无法全盘接受他们的作品。他对现实的感知异常敏感，很难容忍不同的观念。他可以用最平淡无奇的事实为基础，尽情发挥自己的想象力，却不能忍受别人无视历史真相，篡改事实。1840 年的一个晚上，他在那不勒斯出席苏瓦鲁伯爵的聚会。苏瓦鲁是个和蔼可亲、腰缠万贯的俄罗斯富翁，生性喜好诗歌。巴尔扎克翻看着桌上随意摆放着的小册子和裁剪下来的报纸。诗人巴尔比耶就在离他不远的地方，观察着他这个"肥头大耳、五短身材的胖子"。"只见他拿着一根漂亮的手杖，穿着缀有金扣的礼服，举手投足之间就像陀螺一样左右不停地打着旋①"。突然，巴尔扎克充满不屑和愤怒地大叫："真是荒唐至极！"

原来他刚看到了维尼的《查特顿》（1835 年），这部作品之前早已引起众多评论，还给维尼本人招惹来不少仇恨。很多人（尤其是古典派作家）认为它为自杀辩护，对青少年非常危险，批评维尼企图成为"痛苦的年轻灵魂的拯救者②"。那天晚上并非巴尔扎克一人在场，还有作家、《哈姆雷特》的译者莱昂·德·瓦伊，他是维尼的好朋友。

---

①《个人回忆与时代剪影》第 222 页。
② 圣勃夫语，引自《维尼传》第 131 页。

瓦伊显然不能忍受别人对朋友的侮辱，即使是出自巴尔扎克之口也不行！他责令巴尔扎克做出解释，巴尔扎克回答说查特顿本人死于1770年，是个傲慢无礼的抄袭者，把这样的人塑造成"优雅的绅士、讲义气的英雄"十分荒谬，"他临死前干过很多扰乱社会秩序的蠢事[①]"。

瓦伊毫不示弱，认为文学不应重现生活中的丑恶。他和巴尔扎克随即展开一场文学争论，周围的观众都竖起了耳朵。巴尔扎克展现出"拉伯雷式的口才"，甚至有点"出言不逊"，但"讽刺大师[②]"瓦伊逐渐占据了上风。陷入困境的巴尔扎克想寻求周围人的帮助，认为维埃勒-卡斯特尔应该会出手相助，但没想到他反倒让局面更加糟糕。最后，巴尔扎克"备受奚落，恼羞成怒，拿起帽子，当着所有人的面粗鲁地说：'老天啊，我受够了，我走了。没想到我今天竟然掉进诗人的马蜂窝里。'说完，他随即离去。"[③]

19世纪中期，30年代曾红极一时的浪漫主义越来越受到质疑。缪塞和柯莱陷入感情旋涡后，现实主义代表人物福楼拜借机将缪塞攻击得体无完肤。除人身攻击外，福楼拜对自己一直憎恨的"文风"大放厥词，浪漫主义诗歌的悲伤、冲动和矫揉造作都成了他报复和嘲笑的对象：

[①]《个人回忆与时代剪影》第223页。
[②]《个人回忆与时代剪影》第224页。
[③]《个人回忆与时代剪影》第225页。

啊！这就是追随拉马丁的那帮笨蛋！一群不知羞耻、没心没肺的无赖！他们的诗简直让人恶心。活见鬼！我快要吐了！[1]

总之，拉马丁的作品尽是"青涩的烦恼和无病的呻吟……他像太监一样缺乏男子气概，连撒尿都要轻柔舒缓。"[2]这些刻薄的言论发表于1853年。但在1857年，福楼拜发现他深恶痛绝的拉马丁居然喜欢"平淡无奇"的《包法利夫人》，他怎能不万分惊讶！1857年1月25日，福楼拜和拉马丁进行了一小时的交谈，随后福楼拜写信给他的弟弟："我真不敢相信赞扬埃尔维尔的人居然会迷上欧梅（《包法利夫人》中的人物——译者注）！"[3]

放荡派作家

第二帝国时期的放荡派作家与以戈蒂埃、内瓦尔

---

[1]《福楼拜书信集》第二卷第310页，1853年4月20日福楼拜写给柯莱的信。
[2]《福楼拜书信集》第二卷第229页，1853年4月6日福楼拜写给柯莱的信。
[3]《福楼拜书信集》第二卷第674页，1857年1月25日福楼拜写给弟弟的信。

等为首的 19 世纪 30 年代放荡派作家大相径庭。这些新生代文学爱好者比前辈们更加穷困潦倒，大部分时间都生活在极度贫困中，罕有出头之日。他们在游荡中寻找力量，多变的立场和边缘化的社会地位是他们引以为荣的典型特征。这些无名无号的年轻人愤世嫉俗，崇尚艺术，尤其推崇现实主义，其实他们大多是在堂而皇之地宣扬颓废主义。他们的行为怪诞不羁，反倒让人觉得其中蕴含某种精神。他们颂扬天才，似乎这样自己也就成为天才。

对于一个如此特殊的群体，真正的作家（或者自认为是真正作家的作家）往往嗤之以鼻。很少有人像米尔热在《放荡派生活场景》中那样用善意的笔调描写他们。在《夏尔·德马依》中，龚古尔兄弟极力抨击放荡派以及他们和小道报纸之间的联系，并特意安排小说主人公死于流放中。在《龚古尔日记》里，龚古尔兄弟同样没有放过路易·布耶。此人是福楼拜最好的朋友，也是莫泊桑的文学启蒙老师。他写过不少诗，但大多不为人所知。龚古尔兄弟认为"他是当今放荡派和无名诗人的典型代表"，"眼中充满狂热的幻觉"，"像吸食鸦片的瘾君子一样满脑子幻想"。[①]

1862 年，在《可笑的殉难者》中，小说家莱昂·克

---

① 《龚古尔日记》第一卷第 1097 页，1864 年 9 月 12 日篇。

拉代尔批评这些衣着讲究、模样可笑的年轻人是自命不凡的社会寄生虫，一心想着毫不费力地取得前辈们没能取得的成功。波德莱尔（如今我们错认为当时他是被边缘化的倒霉诗人）为这部小说撰写了前言，还煞有介事地指出"这一小撮可悲的家伙[①]"身上愚蠢、放荡的本性：

> 他们像业余的江湖骗子一样，不知道"若想人前显贵，必要人后受罪"的道理，不知道灵感来源于日常的辛勤积累。他们品行不端，没有品味，颓废不堪却自命不凡。[②]

于斯曼也饶有兴致地批判过这些所谓的寄生虫："他们尽是些江湖艺人，是酒馆和妓院的常客……这些精神失常的家伙是故弄玄虚的诗人、拙劣的二手连载作家，整天只知道在下等咖啡馆里喝酒、打牌，从来没有也永远写不出伟大作品，因为真正的思想家和大作家都待在家里，从不在咖啡馆里创作。"[③]

魏尔兰、兰波、孟戴斯、莫雷亚斯等放荡派作家自

[①]《波德莱尔作品集》第二卷第 183 页。
[②]《波德莱尔作品集》第二卷第 184 页。
[③] J.-K.Huyssmans 著，《左拉传》第 25—26 页，巴黎 Bartillat 出版社 2002 年版。

称具有反抗精神，朱尔·勒纳尔对此有以下刻薄的评价：

> 虽然这些口口声声自称"我是造反派"的家伙装出一副老成的样子，实际上仍然乳臭未干。[1]

神一样的马拉梅

1884 年，魏尔兰发表《厄运诗人》、于斯曼发表《逆流》之后，位于巴黎罗马大街 89 号的马拉梅沙龙变得整日宾朋满堂。巴那斯派和象征派作家齐聚这位新晋大师家中，年轻作家有吉德、瓦莱里、克洛代尔等，年长的包括魏尔兰、邦维尔和于斯曼。马拉梅早年曾盲目追随波德莱尔，并视其为偶像。可是波德莱尔似乎并不了解他对自己的崇拜之情。1865 年 3 月初，马拉梅的朋友卡扎里斯写信给他："你的圣人波德莱尔好像很讨厌你。"其实即便是在马拉梅最辉煌的时期，也不能保证所有人都欣赏他。

1870 年，卡蒂勒·孟戴斯和夫人朱迪特·戈蒂埃以及维利耶·德·利勒－阿达姆前往马拉梅家做客。当时马拉梅正在阿维尼翁任教。他为他们朗诵《因果》（应

---

[1] 《勒纳尔日记》第 62 页，1891 年 2 月 3 日篇。

该说，这确实是部让人难以理解的作品）："（上帝在绝对偶然间创造了他的灵魂）他告诉芸芸众生，一定有人会有所动作，我的任务就是向你们宣告这样疯狂的人确实存在。"感情细腻的维利耶顿时为之倾倒。孟戴斯却没有那么信服，反倒觉得它晦涩难懂，毫无价值，只是没敢直言。后来，在《1867 年至 1900 年法国诗歌运动报告》中，孟戴斯坦言自己很失望：

> 什么？虽然马拉梅创作时绞尽脑汁，甚至废寝忘食，但就凭借这样一部词不达意、主题不明的作品，他就获得了成功？

多尔维利在《当代巴那斯派的 37 枚小奖章》里公开道出孟戴斯只敢在私下发表的言论，指责马拉梅模仿波德莱尔，欺骗读者："对于滑稽剧观众来说，他是最出人意料的演员。"1895 年，龚古尔评论说："马拉梅是'狡猾的斯芬克斯'，擅长'故弄玄虚'。"次年，普鲁斯特又跳出来，在《白色评论》上发表题为"反对晦涩"的文章，对晦涩的思想、描写和语法进行抨击，矛头直指象征派。吕西安·米勒弗莱德在该杂志上做出回应，马拉梅也亲自执笔撰写"论文学中的神秘"进行反驳。他分析普鲁斯特文章表面意思和深层含义之间的矛盾，否定了其内在的逻辑。

不容置疑的是，在中伤马拉梅的人当中，最让他意想不到的正是帮助他成名的于斯曼。在《逆流》中，于斯曼曾花费大量篇幅赞扬马拉梅，说他笔下的人物德泽善让人心生欢喜。然而，很多事实证明于斯曼内心并不喜欢这位故弄玄虚的作家。年轻的自然主义小说家亨利·塞阿尔在《真实的于斯曼》中描述道：

　　　　说到马拉梅，最初我们对他的调侃多于敬重。于斯曼在去世（1907 年）的前几天已是身心俱疲，但依然记得我们一起开过的玩笑。为缓解大家的悲伤情绪，也为让自己轻松一下，他躺在病榻上对我们说："啊！我今天可没办法流利地解释马拉梅的作品啦。"早年间我们做过一种游戏，就是看谁能又快、又准、又清楚地解释出马拉梅的诗。只是这位诗人为了显示自己的深奥，总是故意隐藏作品的表意和内涵。

　　于斯曼 1884 年 5 月 25 日写给左拉的信似乎证实了他和马拉梅之间的分歧。他向自然主义大师左拉解释说，德泽善正好代表马拉梅本人"喜好"的"绝对对立面"，还说："（他）让我产生一些病态的想法，让我不禁要为马拉梅喝彩——这简直是善意的玩笑！"
　　赞扬马拉梅真的是"病态的想法"吗？请注意，我们应该意识到于斯曼诋毁马拉梅有另一层用意。他给左拉写这封信的时候依然宣称左拉是自己的思想导师。于斯曼是自然主义作家，马拉梅属于象征派。于斯曼主动与马拉梅的神秘主义和颓废主义拉开距离，是否要让左拉看到他在自然主义信仰上的坚定性呢？文学纷争背后总有不为人知的故事，有时甚至是非常复杂的故事。

第十四章　内部争斗

莱昂·都德说："仇恨和友谊一样，有时也需要对象具有相似性，所以也应该有'手足恨'。"[1]而他本人恰恰有过这样的经历。在 19 世纪的文坛中，不支持战友的危险性远大过攻击对手。下文中我们将看到，派系内部争斗更加微妙、残酷，猛烈程度丝毫不逊于派系之间的斗争。

多少流言蜚语，多少近乎赤裸的嫉妒，多少背叛，多少不忠，到头来却都只是一场空？难怪年轻的皮埃尔·路易在 1890 年 7 月 22 日参加完一场文学宴会（由大名鼎鼎的马拉梅、罗当巴克、孟戴斯、洛兰为巴那斯派作家莱昂·迪耶克斯举行）后大声疾呼："多么丑陋的一群人！他们一刻不停地相互诘责着[2]"。

---

[1] 都德，《文学回忆录》第 30 页。
[2]《皮埃尔·路易传》第 108 页。

雨果的小圈子及背叛者

我们在上文提到过雨果的小圈子，他们在 19 世纪
20 年代聚集于冉冉升起的浪漫主义之星雨果周围。我们
还记得圣勃夫是较早加入小圈子的"信徒"之一，戈蒂
埃和内瓦尔的到来打破了田园圣母大街雨果住所里的平
静氛围，圣勃夫为此心中多有怨恨。然而并非所有"雨
果派"成员都像这两位新加入者一样立场坚定。

实际上，从一开始就有人反对雨果，其中甚至包括
一些现代文学的支持者，但他们大多没有加入过雨果的
小圈子。亨利·德·拉图什和雅南等人批评雨果大师完
全在情理之中。普朗什和圣勃夫后来也同雨果反目，但
他们两个属于特例，因此个中不仅有学术分歧，更有私
人恩怨。除他们之外，只有一个真正的变节者、背叛者，
此人便是缪塞。

天才的年轻诗人缪塞作诗时信手拈来，毫不费力，
让人瞠目结舌。他很早就在雨果的圈子里占有一席之地，
但他很快发现和雨果交往不是件轻松的事。在雨果的威
严下，所有圈中人士都要遵守他订立的规矩。如果仅仅
是每次朗读完雨果作品后鼓鼓掌的话，缪塞倒也能勉强
接受。可是他们还必须每周陪雨果爬一次巴黎圣母院，
在圣母院北楼上欣赏落日。这件事怎么看都是个苦差事。

雨果却乐此不疲，因为在他眼中，圣母院建筑的外形就像个大写的"H"，他声称这能给他带来灵感。缪塞被折腾得够呛，觉得在司汤达和梅里美身边更能找到自己的位置，所以开始琢磨怎样躲避雨果的活动。

后来，缪塞开始对雨果冷嘲热讽，他的作品也和早期浪漫主义渐行渐远。19世纪40年代，缪塞和雨果的关系一度归于平静，但第二帝国时期两人再度对立起来，并且染上一层政治色彩——缪塞支持拿破仑三世，雨果却与拿破仑三世势不两立。

这下子热闹了。雨果再也难以容忍缪塞的背叛行为，甚至对缪塞获得的成就表示质疑。1876年，埃内斯特·勒古韦为拉马丁塑像的建成仪式写了一篇讲话，雨果觉得讲话中把已经去世很久的缪塞捧得过高，认为缪塞只不过是"文学潮流中一段意外的插曲"，是徒有虚名罢了。[①]

雨果的言辞实属温和，相比之下雨果追随者们的攻击则更加猛烈。他们认为缪塞是浪漫主义的叛徒，四处宣称他是"养虎成患[②]"的最好例证。雨果大师"得意门生[③]"之一的奥古斯特·瓦克里在《侧脸和鬼脸》中大肆攻击缪塞，其言语都是雨果不屑启齿的：

---

① E.Legouvé 著，《六十年回忆》第384页，巴黎 Hetzel 出版社1886年版。
②《雨果派回忆录——19世纪30年代作家》第156页。
③《雨果派回忆录——19世纪30年代作家》第156页。

什么？老实说，有人会看他写的玩意儿吗？如果有，那肯定是用来消磨时间的。趁情妇没来的时候胡乱编出四五句拙劣的谚语，这就是他的杰作，人们居然对此津津乐道……什么时候他才能在动笔之前查查字典，看看他要写的东西究竟是不是法语？[1]

小人物的愤怒和粗鲁掺杂着卑躬屈膝的奴性，在此尽显无余。

缪塞遭受到猛烈攻击，但我们应该看到，他的"背叛"仅仅是浪漫主义群体中的特例，在雨果的追随者中并不具有代表性。浪漫主义作家之间确实存在争斗和冲突，但这些作家从未形成严格意义上的文学团体。由于缺乏具有约束力的理论体系（这一点和自然主义有所不同），他们不仅幸免于各种对比，也没有背负上离经叛道的罪名。虽然雨果的地位十分重要，傲慢的浪漫派作家们却从未承认过雨果是他们的派系首领。

雨果虽然功绩卓著，在诗歌、戏剧和小说上都有不可动摇的地位，但还有夏多布里昂、拉马丁，以及卡齐米尔·德拉维涅与他抗衡！是啊！雨果的命运从

---

[1] A .Vacquerie，《侧脸和鬼脸》第39—40页，巴黎 Michel lévy frères 出版社 1856 年版。

一开始就是悲剧！夏多布里昂承认他是个杰出的晚辈，但不会把头把交椅让给他。拉马丁就像骄傲的君主，对雨果说"你将成为国王"，表情中却流露出皇帝的威严。大仲马是天才小说家，他信心满满，认为自己将成为"伟大的仲马"……而躲在象牙塔中的维尼眼中只有自己。[①]

阿塞纳·乌赛的这段话生动地描述出浪漫派大作家之间的关系：谁都难以制服谁，谁对谁也谈不上忠诚。

但在 19 世纪后半期，情况发生了一些变化。

世纪末的争吵

随着各种文学流派的逐渐成形，派系内部的争斗变得更加激烈。文人们已经难以再像以前的浪漫主义大师们那样得到公众的一致认可，他们必须通过斗争来确立自己的地位。同时，也很少有人能再像诺迪埃、梅里美那样桀骜不驯、独善其身。埃德蒙·德·龚古尔自称一代宗师；左拉创立自然主义学派，认为只有自己能将其真正运用于实践；甚至连让·莫雷亚斯在 1886 年发表象征主义宣言后都自认为独成一派，虽然他的学派并未得

---

① 《忏悔录——半个世纪的回忆（1830—1880）》第 238 页。

到太多认可。

与此同时，文学界里也开始分出三六九等。魏尔兰和马拉梅先后被冠以"诗歌王子"的美誉，城市公园里也竖起他们的雕像。为著名作家举行的宴会和纪念仪式频频出现。例如 1877 年 4 月 16 日，于斯曼、塞阿尔、埃尼克、亚历克西、米尔博和莫泊桑在位于圣·拉扎尔街和蒂沃利街交叉口的特拉普餐厅聚会，将福楼拜、左拉和龚古尔尊崇为"当代三杰[①]"。

追捧催生背叛和阴谋，同时也显示出派系的形成除共同理念外，更多出于共同利益。随着出版物和广告的盛行，创作和阅读文学作品的环境发生很大变化，加入某个团体不再是一种束缚，而成为一个有分量的砝码。1891 年，朱尔·勒纳尔在日记中记录下阿方斯·都德的一些言论，颇能说明问题。

都德说：文学流派是法国特有的产物。如果当初我也成立一个派别与左拉抗衡，我早就获得更大成功了。当时我们无所谓，所以都加入了他的派系，今天所有舆论都站在了他那边。[②]

诗人们的情况更是如此。19 世纪末，赫策尔和阿谢特等大出版社受经济形势所迫不再出版诗歌。刚入行的诗人不得不加入巴那斯派，因为该流派的作品都能在阿

①《龚古尔日记》第三卷第 736 页。
②《勒纳尔日记》第 66 页，1891 年 3 月 5 日篇。

方斯·勒梅尔那里获得出版机会。

推而广之，任何一位想赢得销路的作家都必须寻求外界支持，都要结交一些记者，接受一些"采访"（这个词出现于 19 世纪 80 年代）。在上半个世纪里，作家们虽然也都想获得出自圣勃夫、普朗什或雅南之手的赞美文章，但那只是文学评论，并非广告。十九世纪末，出版物的发行量持续飙升，评论性文章的影响力也随之大大提高。赢得某位著名作家的青睐、作品在出版物中占据显著位置常常是在文学之路上获得成功的前提条件。

20 世纪初，夏尔·佩吉的个人经历可谓生动十足。我们知道他的《半月丛刊》和个人作品都未取得太大反响。一天，一个年轻人来到佩吉位于索邦大街的出版社，向他请教"如何在巴黎闯出自己的天地"。佩吉冷冰冰地回答说："先生，您觉得我闯出自己的天地了吗？"可怜的年轻人没有得到想要的答案，又鼓起勇气炫耀说：阿纳托尔·法朗士鼓励过他（普鲁斯特以法朗士为原型塑造了作家贝戈特的形象）。这下子可触到了佩吉的痛处！他怒斥道："如果您知道法朗士曾对我说过什么，您会为他感到羞愧的，您会脸红到耳朵根的！"唉！老法朗士嘴上虽然说得天花乱坠，却不采取任何支持佩吉的实际行动，佩吉正是对这一点大为不满。"有些赞扬的话他跟我重复了足有 20 遍，但就是不肯在《费加罗报》

上发表哪怕其中的二十分之一，因为他一点责任都不想
承担！"①

斗争狂人

1860 年，埃德蒙·德·龚古尔和弟弟儒勒发表讽刺
文学界的戏剧作品《文学战争》，后将剧本改编成小说《夏
尔·德马依》，然而龚古尔本人晚年也成为文坛至高无
上的权威人物。19 世纪 80 年代至 90 年代，龚古尔以一
代作家思想导师的身份自居，将保罗·博纳坦、约瑟夫·亨
利·罗尼、保罗·马格里特等人聚集在奥特耶的"阁楼"
里。我们上文提到过，这些人参与了 1887 年著名的"五
人宣言事件"。龚古尔在遗嘱中提到死后设立龚古尔学
院，但对学院成员尚存疑虑。由于这直接涉及谁能领取
学院津贴的问题，他们便愈发顺从于龚古尔。罗尼的重
要作品《白蚁》（1890 年）很好地再现了当时的紧张气
氛。朱尔·勒纳尔描述道：1895 年 3 月，年迈的龚古尔
接受荣誉勋位玫瑰勋章时非常激动，"和他握手的时候，
你能感觉到他柔软的手在轻微颤抖，就像满载着他激动
的心情一样……也许大师内心的喜悦在于他觉得自己的

① M.Péguy 编著，《夏尔·佩吉散文集》，巴黎 Gallimard 出版社 "七
星文库" 1957 年版第 75 页。

晚辈都将一事无成[①]"。

因此，当左拉企图抵制龚古尔对现实主义小说施加的权威式影响时，他们之间的争斗随即公开化。左拉也创建了自己的学派，并在身边聚拢了一些推崇《小酒店》（1877年发表时引起巨大反响）的年轻小说家。1880年，左拉发表《梅塘之夜》。梅塘是左拉居住的小镇，他在那里招待到访的宾朋。左拉派的最终成员包括莫泊桑、于斯曼、埃尼克、亚历克西和塞阿尔。

左拉在这些年轻的追随者面前表现得很有"统治欲"，他甚至把他们当作自己的私人武器，其作用只是为了捍卫自己的成功。没过多久，有些人开始想挣脱这种日益沉重的束缚，于斯曼就是其中之一。他1874年发表颇具波德莱尔风格的诗集《糖果盒》，并由此步入文坛。1884年，他发表《逆流》，主人公德泽善是个丧失希望、自甘堕落的花花公子。这部小说一问世即获得成功，很快便被颓废主义作家奉为宝典，于斯曼也因此变成自然主义作家中的异类。将近20年后的1903年，也就是左拉去世后一年，于斯曼在某书序言中声称，创作《逆流》是为了挣脱左拉的控制。他详细叙述了这部小说如何造成他与左拉的决裂，左拉如何指责他是自然主义的叛徒：

---

①《勒纳尔日记》第211页，1895年3月2日篇。

记得发表《逆流》之后，我去梅塘待了几天。一天下午，我们两个一起在乡间散步。他突然停下来，横眉立目地批评起我的小说，说我给自然主义带来沉重打击，把自然主义引入了歧途，还说我写这样的东西是自毁前程，区区一本小说很难形成任何流派。他很直率，友好地邀请我回到他开辟的道路上，劝我多研究社会风俗……一想到德泽善和他创作出的人物一样真实可信，他就坐立不安，恼羞成怒。[①]

实际上，学者们认为于斯曼笔下的这次会面并没有发生过[②]，左拉在《逆流》获得成功后是否怒不可遏也无法通过他们之间的信件加以证实。但至少有一点可以肯定，那就是于斯曼没有立即和自然主义决裂，此后一段时期仍沿用自然主义文风。尽管如此，他后来坚持把《逆流》搬上舞台，并以左拉对立者的面貌出现。这些举动再次证明，小说家要想生存，就必须打败想象中的敌人，扫清成功之路上的障碍。

莫泊桑等另一些作家超越了与左拉思想决裂的初期阶段，这从他和福楼拜的通信中就能窥见一斑。1879年，

① 于斯曼，《逆流·前言》，"老书丛书"第一卷第572—573页"小说卷"，P.Brunel编，巴黎 Robert Laffont 出版社 2005 年版。
② 于斯曼，《逆流》，见 A.Pages "论《逆流》是否属自然主义小说"和 R.Griffiths "于斯曼和《逆流》的秘密"，巴黎 Robert Laffont 出版社 2005 年版。

莫泊桑嘲讽左拉的"自然主义体系"把科学凌驾于一切之上：

> 您觉得左拉怎么样？我认为他彻底疯了。您看过他写的关于雨果的文章吗？还有关于当代诗人的文章，以及有关共和体制和文学的小册子吗？例如："共和国应该是自然主义的共和国，否则便不能称其为共和国"，"我只是个科学家"！！！（真够谦虚的！）他出版的书是不是都要写上"根据自然主义配方创作出的伟大小说"和"我只是个科学家"！！！！！！太骇人听闻了，简直让人哭笑不得……①

如果感叹号的数量能够代表愤怒的程度，那么左拉昔日的弟子莫泊桑已经愤怒到了极点。福楼拜显然完全同意这位年轻朋友的看法，挖苦道：

> 我看过左拉的小册子。太过分了！如果他能说清楚什么是自然主义，也许我也会变成自然主义者。但可惜我至今也没弄明白它是个什么玩意儿。②

---

① 《福楼拜书信集》第 188 页，1879 年 4 月 24 日篇，巴黎 Flammarion 出版社 1993 年版。
② 《福楼拜书信集》第 189 页，1879 年 4 月 25 日篇。

福楼拜看不惯左拉借助媒体进行炒作的行为，所以攻击自然主义的时候也不甘落后。两年前在特拉普餐厅聚会的幸福时光已经一去不复返。

火爆的巴那斯派

巴那斯派诗人以希腊神话中女神居住的巴那斯山为自己的学派命名，他们聚集在泰奥菲勒·戈蒂埃周围，将他的宣言诗《艺术》奉为至上宝典。《艺术》于1857年发表在《艺术家》上，其中"为艺术而艺术"的信条至今仍被奉为经典。巴那斯派和浪漫派一样，要求诗歌不掺杂任何政治和社会因素，追求绝对的美。这些都与现实主义及自然主义相去甚远。《当代巴那斯》创刊于1866年，利勒、魏尔兰、邦维尔、埃雷迪亚、孟戴斯、普吕多姆、科佩、迪埃尔、梅拉、瓦拉德等人以它为平台，努力将追求绝对完美的理念付诸实践。尽管巴那斯派作家追求美好的事物，推崇淡雅的古典文学形式，这些作家之间的关系却算不上和谐。

魏尔兰的火暴脾气很让人生畏，即使是最忠实的崇拜者也对他心存敬畏。他在咖啡馆用小刀攻击过小说家、剧作家莱昂·埃尼克。舆论普遍认为，既便是面对对手，行为也不该如此激烈。此外，他还在1866年12月攻击过阿方斯·都德。后者当时追随龚古尔兄弟的前自然主义，在讽刺集《巴那斯集》中公开指责过巴那斯派。那天魏尔兰看到都德在饭馆里参加聚会，就推门进去，大喊道："啊！就是他！这头猪！"然后重重地给了都德背部一拳。都德站起身，想要收拾这个粗鲁的家伙，但朋友们赶快架走了醉醺醺的魏尔兰（经常喝醉）。只要有魏尔兰在场，即使是巴那斯派作家也会有点害怕。大家总担心他把手杖拿来当剑使。在妮娜·德·维拉尔的沙龙里，所有的刀都被藏了起来，以防他这个施暴狂闹出事端。[①]一天，在一个咖啡馆里，法朗士在别人朗诵《好歌集》时显出一副不耐烦的样子，魏尔兰就拿刀抵在了他的胸口。尽管法朗士及时逃脱，身上还是划出了血痕，衬衣也被割破。利勒拒绝邀请喜欢惹是生非的魏尔兰参加周六聚会，不仅如此，在利勒位于圣·米歇尔街的寓所里，客人们只能喝茶。

另一个坏小子兰波也在巴那斯派内部遭到冷遇。兰波待在巴黎的时间并不长，他以为效仿老朋友魏尔兰会给自己带来好处，结果没过多久就遭到大家唾弃，其中包括曾经推崇过他的诗人，如邦维尔、夏尔·克罗、莱昂·瓦拉德和阿尔贝·梅拉。当时，连最吵闹不堪

---

① 德雷福斯著，《我要说的话——半个世纪所见所闻》第39页，巴黎 Ollendorff 出版社 n.d.

的反叛文人，如 1871 年 10 月底成立的 ZUT 诗社成员，也把兰波视为危险的疯子。ZUT 诗社成员经常在圣·米歇尔大街的异乡人酒店（拉辛街与医学院街交叉口）四层聚会。他们一边喝苦艾酒，一边抨击世俗社会。《ZUT 诗集》反映了他们当时放纵的情景，其中滑稽的模仿诗和放肆下流的语言不仅用来攻击敌人，也用来讽刺友人。

然而这种（相对）和谐的氛围只持续了几个星期。1871 年 11 月 15 日，巴那斯派成员集体到剧院为某戏剧捧场，魏尔兰和兰波也在其中。第二天，《主权人民》上就出现了这样的描写：

> 所有巴那斯派成员都到齐了，有的在来回走动，有的在休息室里闲聊……忧郁诗人魏尔兰也挎着一位年轻小姐——兰波来了。[1]

上述文字出自勒佩勒捷之笔，他是魏尔兰从小一起长大的朋友。兰波对魏尔兰的影响越来越大，这让他心生嫉妒。1872 年 3 月 2 日，卡尔扎事件发生。相对于 ZUT 诗社而言，"粗人诗社"远没有那么放肆和极端。在"粗人诗社"的一次聚会上，兰波的过火行

---

[1] Cl.Jeanclos 著，《兰波传》第 351 页，巴黎 Flammarion 出版社 1999 年版。

为引发了这起事件。当时大家正在听一位无名鼠辈——奥古斯特·克雷塞尔朗诵诗作，兰波烦躁不堪，在每一句诗结束时都大声说一句"妈的"。别人让他安静点，他却恶语相加，摄影师卡尔扎（当时拍下了为后人熟知的兰波照）毫不客气地把他赶了出去。当时的兰波已经醉醺醺的，他愤怒地抄起魏尔兰存放在门厅的手杖（宝剑），向卡尔扎刺去，但没有刺中。缴械后，兰波被赶出了大门。

很多人想起这起荒唐的闹剧时还会心生愤怒，也会对魏尔兰心存怨恨。兰波不知跑到哪儿去了，魏尔兰却继续和这些人交往。这也正好给法朗士提供了报仇的机会。

法朗士出身于小书商家庭，比别人更清楚"提高社会地位"的含义。他最初在勒梅尔出版社当小伙计。该出版社位于舒瓦瑟尔街一栋建筑物的底层，上面一层就是巴那斯派聚会的大本营。1866年底至1877年初，孟戴斯看过法朗士写的几首诗之后，帮他实现了心中的梦想——把他引荐给楼上的作家们。和魏尔兰一样，法朗士当时也是23岁，终于有机会接近巴那斯派至尊人物——49岁的利勒。

几年后的1875年7月，法朗士的地位再次得到提升。勒梅尔委托他和邦维尔、科佩一起为第三期《当代巴那斯》（勒梅尔出版社发行的诗集）挑选作品。法朗士决定好好利用自己手中的权力。我们已经提到过，他曾利用职权报复夏尔·克罗，因为后者从他那儿抢走了妮娜·德·维拉尔。不仅是克罗，这次魏尔兰也遭到法朗士算计。他的诗被法朗士无情地"枪毙"掉：

　　不行。这个作者不够格，他的诗是我看过最差的诗。[1]

　　"不够格"？ 1875 年 1 月，魏尔兰刚从蒙斯监狱出来，此前他因著名的枪击兰波案被判入狱。法朗士无情的评价直接导致魏尔兰被淘汰出局。

　　这还不算完，魏尔兰还要继续忍受巴那斯派和象征派同行的侮辱。1889 年，经济拮据的魏尔兰参加了《巴黎回声》主办的诗歌比赛。按说评审团的组成对他比较有利，因为其中包括马拉梅、孟戴斯和西尔韦斯特（巴那斯派诗人，兰波在《ZUT 诗集》中嘲笑过此人），主席是邦维尔，但他还是没能赢得一等奖 1000 法郎，因为他只获得 4 票，没有达到一等奖要求的 5 票。在不掌握证据的情况下，魏尔兰指责孟戴斯和利勒公报私仇。马拉梅提议给魏尔兰 500 法郎作为特别奖，但没有得到响应。1891 年，魏尔兰再次遭受侮辱。让·莫雷亚斯邀请

----

[1]《手迹》杂志 1928 年 3—4 月第四期，A.Blaizot 出版社。

他于2月2日到马格利餐厅和马拉梅一起主持象征主义作家宴会，但请柬上只印有主持人马拉梅的名字！难道自己的名字不配印在请柬上吗？他非常气愤，向马拉梅和莫雷亚斯提出抗议，决定不出席宴会。虽然他没有到场，马拉梅还是在宴会上向他表达了敬意。

依然还是马拉梅。让我们后退几年，补述一下"《当代巴那斯》事件"。那时，马拉梅把《野兽之作》寄给勒梅尔，并坚信会得到评委们的赞赏。但万万没想到，邦维尔的几行评语看起来不像是"同意"，倒更像是弃权；科佩比较谨慎，只说了声"不"；法朗士自觉大权在握，做出的评语更加严苛："不能入选，否则我们将遭到嘲笑。"[1]马拉梅的诗没有入选，一向以和善、彬彬有礼出名的他终于按耐不住：

> 如果情况真是那样，我必须得去教训那三个评委，不管他们是谁。我要踹他们几脚！[2]

这件事在巴那斯派内部闹得沸沸扬扬。要想平息马拉梅的怒火，只有给他的诗找个出版商。最后，迪埃尔、

---

[1]《手迹》杂志1928年3—4月第四期。
[2] H.Mondor 和 L.J.Austin 编著，马拉梅 1875 年 7 月 28 日给孟戴斯的信，《马拉梅书信集》第二卷第 65 页，巴黎 Gallimard 出版社 1965 年版。

克拉代尔和孟戴斯出面干预，马拉梅老爷才稍感安慰。他们给他找到一个出版商——一直专注于出版妇产科学术作品的阿方斯·德雷纳。马拉梅的诗经过修改后取名为"野兽的下午"，最终于次年以精美小册子的形式出版，书中还配有马奈创作的扉画。

克罗、魏尔兰、马拉梅等人都是法朗士的敌人。后来，法朗士也越来越难以忍受利勒，况且他们两人还都是参议院图书馆的同事。利勒曾是法朗士的思想导师，但他生硬而固执己见的态度将法朗士的忍耐推向极限。法朗士认为无法和他相处。其他人也都同意法朗士的看法，例如莱昂·都德曾评价利勒"整天无所事事，就盼着别人得瘟疫死掉"。"我觉得他内心痛苦不已，由此产生的强烈仇恨又无处发泄。他整天像一个不知所以的刽子手，连自己的铡刀都忘了带，有劲使不出来。"[1]与此同时，法朗士越来越被一个新的诗歌流派所吸引。在《时光》上的一篇文章中，他对象征主义大加赞赏，认为它和巴那斯派相比少了些书本气，多了些现代气息。利勒认为法朗士在对他进行人身攻击。于斯曼不失幽默地说："象征主义只是法朗士故弄玄虚的产物，目的就是让巴那斯派难受。"[2]1891年4月，儒勒·于雷代表《巴黎回声》采访利勒，利勒借机挖苦野心勃勃的法朗士。1891年4月29日，于雷收到

[1] 都德，《文学回忆录》第50—51页。
[2] J.Huret 著，《文学发展调查》第197页。

法朗士的一封信，法朗士自称对敌人过于和蔼，"放松了对一个上年纪的人的警惕"。于雷把信转交给利勒，并予以发表。已经72岁的利勒仍然脾气火暴，尤其不喜欢别人拿他的年龄开玩笑。1891年5月3日，于雷发表利勒的简短回复：

　　5月3日星期日下午两点半，我和两个朋友在家（圣·米歇尔街64号）等你。①

　　不知所措的法朗士自然没有赴约。

　　看起来，法朗士虽有伶牙俐齿，但仍不免被以牙还牙。如今我们已经无法感受到法朗士在后半生最辉煌时期享受到的荣誉：还未去世就有人为他树立塑像；不仅是法兰西学术院院士，还受到权贵青睐；左派和右派都很尊敬他，都认为他是不可忽略的人物。可以说，当时他是"正统文学"的最高代表。法朗士于1924年去世，享年80岁，一场轰轰烈烈的口诛笔伐随即展开，借此我们可以毫不费力地回到20世纪意识形态之争的氛围中。超现实主义作家曾散播过一本名为"僵尸"的小册子，内容全是对法朗士的猛烈攻击，说只有"愚蠢的莫拉斯和痴呆的莫斯科文人"才能看得上他这样的作家。阿拉贡的评价阴

---

① 《文学发展调查》第414—417页。

损至极："难道你们还要打僵尸耳光？"

保罗·瓦莱里态度虽然没有那么粗鲁，但似乎更加让人心神不安。他于1925年接替法朗士在法兰西学术院的位置，但在1927年的新院士欢迎会上，他的致辞中硬是一次都没提到法朗士的名字。为什么？因为他还对50年前法朗士阻挠《野兽之作》发表的事耿耿于怀！

结束语

> 文人之间的事真是奇怪，他们彼此敬重，又相互攻击。
>
> ——朱尔·勒纳尔

一段文坛幕后花絮即将进入尾声，在此有必要澄清一点：我们在撰写这段文人之间的爱恨情仇时，内心充满对他们的温情。

书中提到的诸位主人公若能看到此书，想必会一笑了之。

虽然夏尔·蒙瑟莱早已被人遗忘，但还是让我们用他在1859年写的寓言故事印证我们的感受吧。

我的敌人

　　早年间的某个深夜，我昏昏欲睡。我打不起精神，因为一成不变的生活早已腐蚀了我的想象力。那时，一个名叫埃内斯蒂妮的女人刚刚背叛我。后来，于我而言，这样的遭遇比写一部五幕喜剧更平常。但在当时，我意识到在接下来的几个月里很可能没有人会来爱我。既然这样，不如找个人来恨我，一个和我一样知道如何运用说话和写作艺术的人来恨我。第一个情人之后，应该有第一个敌人了。

　　这样的想法让我很高兴。我已经体会过第一次约会和第一次牵手时的心情，现在急切想看到别人愤怒地握紧拳头时的表情。我怎么会一直都没有敌人呢？简直太匪夷所思，太滑稽啦！从今往后，我必须要有个敌人来充当生命中的调味品。于是我马上投入寻找文学敌人的行动中。

　　第一个敌人最珍贵，也很难遇到。他会逃脱你的伏击，躲避你的进攻；他会在你面前装傻充愣，微笑着原谅你的言行，那股宽容大度的劲头实在让人恼火。我哆哆嗦嗦地拿石头砸邻居家玻璃窗时领略过类似的不快——一个文雅的男士从窗户里探出头，对我说："小朋友，当心点！如果你前半生用来砸别人家玻璃，后半生就要在安装玻璃中度过啦！"

我时常想起这个优雅男士的话，差点因此放弃自己的计划。但邪恶感战胜了内心的迟疑，我再次贪婪地寻找起敌人来。只是我已经厌倦了一边拿着刀向陌生人挑衅，一边念叨着："您不想把我当成罪大恶极的坏蛋吗？"我试着采用另一种方法。我根据个人经验得出一个结论：要想树敌，最好拿朋友开刀。拿朋友开刀，那我的选择可多了，有棕色头发的、金色头发的、栗色头发的，甚至还有红色头发的可供我挑选。我犹豫着，主动权虽然在我手里，但也要赶紧做出决定。我最终选择了一个儿时的伙伴，像吕西安·德·吕邦普雷写文章攻击达尼埃尔·达赫德那样，开始了对伙伴的攻击。我打算把所有谩骂都奉献给他的作品，一部小说接一部小说，一部喜剧接一部喜剧……

　　第二天，就在第二天，我就遇到了这个朋友。我脸上满是灿烂的笑容，期待着朋友的一顿怒斥。但他用胳膊搂住我的脖子，非常和蔼地说："你犯什么病了？怎么突然变得这么好斗？"接着，他毫不掩饰地说："走吧，如果那是你的真实想法，我不怪你。"

　　他的反应简直让我痛苦不已……

　　在我看来，有敌人真是一种幸福。在敌人的注视中，我将小心翼翼，如履薄冰，他在我面前也是一样。我会更加用心地去写作，更加在意自己的文风。作品发表之前，我会惴惴不安地问自己："我的敌人会怎么评价？"

或者这样安慰自己："他爱说什么就说什么，反正在我的作品面前，他所有的攻击都会显得苍白无力。"

有一次，我的敌人打算离开巴黎，去意大利甚至更远的地方散心。他说他要走两年。我愤怒得快要窒息了！失去一个敌人，一个如此来之不易的敌人？！我接受不了这样的现实。往后我和谁较劲？谁还能带给我写作的冲动和熬夜时内心的窃喜？谁还能每天早晨在我耳边吹响起床号？没有敌人就没有激情。我的敌人抛弃了我，这个没心没肺的家伙！为什么？就为了周游世界、消遣散心、寻找刺激？一听到这个消息，我顿时四肢瘫软。如果让我看到他，我会跪倒在他脚下，用最哀婉动人的话语祈求他留下。我要让他意识到他的行为有多么可憎，我将会多么孤独。我肯定能打动他。但这个叛徒没有出现，他已经不在法国了。这个懦夫！他已然是一副旅行者的模样，辜负了我的信任和期望！

我跑去追赶他。他见到我时一脸惊讶和愤怒，还没有意识到我已经离不开他。他请我不要再打扰他，让他安静度日！他的话让我出奇地愤怒。看到我怒不可遏的样子，他再也无法保持平静。我当然没有要他性命的意思，相反，我还要让凤凰戏剧公司给他上份保险。我们开始撕扯起来，我急需被他打伤，因为我觉得这样一来我们的仇恨将永远不会消亡。

"啊，我的敌人！我感谢你！"塞代纳曾如此感叹道。

那场厮杀之后，舆论站在了我这边。人们同情我，认为我的敌人太过分，谴责他不应毫不留情地攻击像我这样一个刚出道、"有前途的年轻人"。

我达到了自己的目的，拥有了一个永远属于自己的敌人。从今往后，我可以肆意攻击他。唉！我真是大错特错了！世事无常啊！就在我最意想不到的时候，就在我最不可能失去这个敌人的时候，也就是在那篇酣畅淋漓的文章发表之后，我和他都被逼得没有退路的时候，我却真真正正地失去了他！

我的敌人不再进行反抗，他做出了一个极端的决定。

他跑到证券交易所赚了一笔钱，从此当上了证券经纪人。

在我眼里，一旦他不再是文人，他也就死了。

这就是我和第一个敌人的故事。我经常感到惋惜，因为我还没有找到替代他的人。①

---

① Ch.Monselet 著，《舞台》第 261—268 页，巴黎 Poulet-Malassis et de Broise 出版社 1859 年版。

感　谢

　　在此，我们谨向出版商埃莱娜·菲亚马致以深深的谢意。在本书创作过程中，她始终陪伴着我们，用和蔼、宽容的态度和高效的工作支持着我们。

　　我们还要感谢贝特朗·马沙尔教授和阿兰·瓦扬教授，他们为本书的校订工作提供了宝贵支持。

　　最后，我们要对我们的家人致以最真挚的谢意，并谨以此书感谢他们的支持和资助。

　　感谢所有的朋友们！

附　录

主要作家简介（按生卒年份排列）

1. 弗朗索瓦·勒内·德·夏多布里昂（François René de Chateaubriand, 1768—1848）：法国浪漫主义文学代表人物之一。出身贵族，曾任内政大臣、驻外使节、外交大臣等职。1797 年发表《革命论》，对法国大革命进行反思。主要作品有《基督教真谛》《墓畔回忆录》等。

2. 司汤达（Stendhal, 1783—1842）：法国 19 世纪杰出批判现实主义作家，以准确的人物心理分析和凝练的笔法闻名，被认为是最重要和最早的现实主义实践者之一。代表作有《红与黑》《巴马修道院》等。

3. 阿方斯·德·拉马丁（Alphonse de Lamartine, 1790—1869）：法国 19 世纪第一位浪漫派抒情诗人。

诗歌语言朴素，节奏鲜明，但情调低沉、悲惋。著有诗集《沉思集》《新沉思集》等。名篇"湖"等在法国至今仍妇孺能诵。

4. 阿尔弗雷·德·维尼（Alfred de Vigny，1797—1863）：法国浪漫派诗人、小说家、戏剧家。主要作品有剧本《夏特东》、诗集《古今诗集》等，代表诗作《狼之死》。

5. 奥诺雷·德·巴尔扎克（Honoré de Balzac，1799—1850）：法国19世纪伟大的批判现实主义作家，欧洲批判现实主义文学奠基人和杰出代表。代表作《人间喜剧》被称为法国社会的"百科全书"。

6. 亚历山大·仲马（Alexandre Dumas，1802—1870），人称大仲马，法国19世纪浪漫主义作家。一生各种著作达300卷之多，主要以小说和戏剧著称于世。代表作有《三个火枪手》《基督山伯爵》等。

7. 维克多·雨果（Victor Hugo，1802—1885）：法国浪漫主义作家，人道主义代表人物，19世纪前期积极浪漫主义文学运动代表作家，法国文学史上卓越的资产阶级民主作家，被称为"法兰西的莎士比亚"。一生著作等身，涉及文学所有领域。代表作包括长篇小说《巴黎圣母院》《悲惨世界》《笑面人》《九三年》等。

8.普罗斯佩·梅里美（Prosper Mérimée, 1803—1870）：法国现实主义作家，中短篇小说大师，剧作家，历史学家。他的代表作《卡门》经法国音乐家比才改编成同名歌剧而获得世界性声誉，"卡门"这一形象成为西方文学史上的经典。

9.欧仁·苏（Eugène Sue, 1804—1857）：法国19世纪中叶著名小说家，他的作品揭露了该时期法国社会种种弊端，描绘了下层人民的贫困状况。1842年发表《巴黎的秘密》引起强烈反应。

10.夏尔·奥古斯丁·圣勃夫（Charles Augustin Sainte-Beuve, 1804—1869）：法国19世纪文学批评代表人物，一生写出大量古典文学和当代文学评论著作。他的评论往往从作家个人条件（如性格、气质、心理等因素）去解释作品。代表作有《16世纪法国诗歌和法国戏剧概貌》《当代肖像》《月曜日丛谈》和《新月曜日丛谈》等。从圣勃夫以后，法国文艺评论才成为专门领域并获得蓬勃发展。

11. 儒勒·雅南（Jules Janin, 1804—1874）：法国小说家、专栏作家，拥护浪漫主义戏剧。

12. 乔治·桑（Georges Sand, 1804—1876）：法国女作家，一生著作等身。小说创作大致可分为激情小说、空想社会主义小说、田园小说、传奇小说等不同阶段。曾是大文学家缪塞、音乐大师肖邦的情人。

13. 奥古斯特·巴尔比耶（Auguste Barbier, 1805—1882）：法国诗人，作品颇丰，包括诗歌、短篇小说、翻译等。他的《个人回忆与时代剪影》是关于浪漫主义时期的重要文献。

14. 居斯塔夫·普朗什（Gustave Planche, 1808—1857）：法国文学评论家，因在《两个世界评论》上发表文章而出名。一生树敌无数，但和乔治·桑、维尼、巴尔扎克交好。主要作品包括文学评论集《文学肖像》和《新文学肖像》。

15. 巴尔贝·多尔维利（Barbey d'Aurevilly, 1808—1889）：法国作家，兼有小说家、诗人、文学评论家、记者等身份，为19世纪下半期法国文坛的蓬勃发展做出了一定贡献。出身名门旺族，早年生活奢侈，后成为忠实的天主教徒。文学评论集《作品与人》语言犀利，表现出不妥协的精神。

16. 阿尔弗雷·德·缪塞（Alfred de Musset, 1810—1857）：法国 19 世纪浪漫主义四大诗人之一，早期受雨果影响，曾加入浪漫主义文社。他的诗作想象丰富，语言形象生动，比其他浪漫主义诗人更注重诗句的形式美。代表作有长诗《罗拉》和自传小说《世纪之子的忏悔》。

17. 路易丝·柯莱（Louise Colet, 1810—1876）：法国女作家，著有多部诗集。她在 1842 年至 1859 年间主持的沙龙成为当时法国文坛著名作家经常聚会的地点之一。一生有过多位情人，如库赞、维尔曼、缪塞、维尼和福楼拜。

18. 泰奥菲勒·戈蒂埃（Théophile Gautier, 1811—1872）：法国浪漫主义诗人，提倡"为艺术而艺术"。主要作品有诗集《珐琅与玉雕》、小说《莫班小姐》等。

19. 阿塞纳·乌赛（Arsène Houssaye, 1815—1896）：法国作家，曾担任法兰西喜剧院院长，推崇浪漫主义戏剧。

20.勒孔特·德·利勒（Leconte de Lisle，1818—1894）：法国诗人，巴那斯派先驱人物，倡导将科学与艺术相结合，"客观"地创作诗歌。

21.夏尔·波德莱尔（Charles Baudelaire，1821—867）：法国19世纪最著名的现代派诗人，象征派诗歌先驱，代表作《恶之花》。

22.居斯塔夫·福楼拜（Gustave Flaubert，1821—1880）：19世纪现实主义杰出代表，被誉为现代主义"鼻祖"。晚年曾悉心指导莫泊桑写作。代表作有《包法利夫人》等。

23.龚古尔兄弟：法国作家，兄弟二人。哥哥埃德蒙·德·龚古尔（Edmond de Goncourt，1822—1896），弟弟茹尔·德·龚古尔（Jules de Goncourt，1830—1870）。两兄弟毕生形影不离，都没有结婚。他们共同创作，坚持写作数十年，代表作有多达22卷的《龚古尔日记》等。根据哥哥埃德蒙遗嘱成立的龚古尔学院每年颁发龚古尔文学奖，为法国最重要的文学奖之一。

24.泰奥多尔·德·邦维尔（Théodore de Banville，

1823—1891）：法国诗人、戏剧家、批评家，巴那斯派
重要代表人物之一。

25.阿方斯·都德（Alphonse Daudet，1840—1897）：
法国 19 世纪著名现实主义小说家，早期代表作品有长篇
自传体小说《小东西》。1870 年普法战争爆发后应征入
伍，后期以战争生活为题材创作了不少短篇作品，如《柏
林之围》《最后一课》等。

26.埃米尔·左拉（Emile Zola，1840—1902）：
19 世纪后半期法国批判现实主义重要作家，自然主义创
始人和自然主义文学流派领袖。主张以科学实验方法从
事文学创作，强调深入体察社会，大量掌握生活素材。
代表作有《萌芽》《娜娜》《卢贡－马卡尔家族》等。

27.斯特凡·马拉梅（Stéphane Mallarmé，1842—
1898）：法国诗人，曾参加早期巴那斯运动，在《当代
巴那斯》上发表《蔚蓝的天》《海风》《窗子》等。在
写作中力求以最少的文字表现丰富的内容，讲究艺术手
法和遣词用字。他的诗歌观念影响了新一代诗人，促进
了象征主义运动的发展。

28.若里－卡尔·于斯曼（Joris-Karl Huysmans,

1843—1907）：法国小说家，前期是自然主义拥护者，后期为现代派先锋。曾任龚古尔学院第一届主席。代表作有《逆流》等。

29. 保罗·魏尔兰（Paul Verlaine，1844—1896）：法国象征主义诗歌代表人物之一，主要作品有《感伤集》《无题浪漫曲》《智慧集》等。

30. 阿纳托尔·法朗士（Anatole France，1844—1924）法国作家、文学评论家、社会活动家。1894年德雷福斯事件发生后，政治态度开始左倾，与左拉一起参加为德雷福斯伸张正义的斗争。主要作品有《黛丝》《鹅掌女王烤肉坊》《企鹅岛》等长篇小说。1921年获诺贝尔文学奖。

31. 居伊·德·莫泊桑（Guy de Maupassant，1850—1893）：19世纪后半期法国优秀批判现实主义作家，文学成就以短篇小说最为突出，被誉为"短篇小说之王"，对后世产生极大影响。代表作有短篇小说《羊脂球》《项链》《我的叔叔于勒》等，长篇小说《漂亮朋友》等。

32. 马塞尔·普鲁斯特（Marcel Proust，1871—1922），法国伟大小说家，意识流小说大师。作品具有独特语言风格，句子如九曲十八弯的江河，蜿蜒伸展，但有时也极其简洁锋利。代表作《追忆随水年华》以叙述者"我"为主体，将其所见、所闻、所思、所感融合一体，既有对社会生活、人情世态的真实描写，又是一份作者自我追求、自我认识的内心经历记录。整部作品没有中心人物，没有完整故事，没有波澜起伏、贯穿始终的情节线索，可以说是一部交织着几个主题曲的巨大交响乐。

图书在版编目（CIP）数据

法国文人相轻史／（法）安娜·博凯尔，（法）艾蒂安·克恩著；一梧译
—— 武汉：长江文艺出版社，2018.10
ISBN 978-7-5702-0549-3

I.①法… II.①安…②艾…③一…III.①文人 - 人物研究 - 法国 IV.① K835.655.4

中国版本图书馆 CIP 数据核字 (2018) 第 168804 号

著作权合同登记图字：17-2018-120 号

Une histoire des haines d'écrivains De Chateaubriand à Proust
By Anne Boquel & Étienne Kern
Copyright ©2010 Flammarion
Simplified Chinese edition copyright
©2018 by Changjiang Literature and Art Publishing House
All rights reserved

法国文人相轻史

[法] 安娜·博凯尔，[法] 艾蒂安·克恩　著　一梧　译

选题产品策划生产机构 | 北京长江新世纪文化传媒有限公司
总　策　划 | 金丽红　黎　波　安波舜
责任编辑 | 张　维　　　　封面设计 | 刘　洋　　媒体运营 | 刘　峥
法律顾问 | 张艳萍　　　　内文制作 | 张景莹　　责任印制 | 张志杰　王会利
版权代理 | 何　红
总　发　行 | 北京长江新世纪文化传媒有限公司
电　　话 | 010-58678881　　　　　　　传　　真 | 010-58677346
地　　址 | 北京市朝阳区曙光西里甲 6 号时间国际大厦 A 座 1905 室　　　邮　编 | 100028

出　　版 | 长江出版传媒　长江文艺出版社
地　　址 | 湖北省武汉市雄楚大街 268 号湖北出版文化城 B 座 9-11 楼　　　邮　编 | 430070
印　　刷 | 大厂回族自治县彩虹印刷有限公司
开　　本 | 787 毫米 ×1092 毫米　1/32　　　　印　　张 | 10.375
版　　次 | 2018 年 10 月第 1 版　　　　　　　印　　次 | 2018 年 10 月第 1 次印刷
字　　数 | 183 千字
定　　价 | 48.00 元
盗版必究（举报电话：010-58678881）
（图书如出现印装质量问题，请与选题产品策划生产机构联系调换）